国家社科基金 2022 年度教育学重点课题
"我国青少年社会与情感能力培养研究"
（课题批准号：ABA220028）的研究成果

社会与情感能力研究丛书　|　黄忠敬　主编

社会与情感能力培养

案例与评析

Cultivation of Social
and Emotional Competence

Cases and Reviews

唐汉卫 等◎著

华东师范大学出版社
·上海·

图书在版编目(CIP)数据

社会与情感能力培养:案例与评析/唐汉卫等著. —上海:华东师范大学出版社,2023

(社会与情感能力研究丛书)

ISBN 978 - 7 - 5760 - 4182 - 8

Ⅰ.①社…　Ⅱ.①唐…　Ⅲ.①青少年—心理健康—健康教育　Ⅳ.①G444

中国国家版本馆 CIP 数据核字(2023)第 197555 号

社会与情感能力培养:案例与评析

著　　者　唐汉卫 等
责任编辑　蒋　将
特约审读　郑　月
责任校对　廖钰娴　时东明
装帧设计　卢晓红

出版发行　华东师范大学出版社
社　　址　上海市中山北路 3663 号　邮编 200062
网　　址　www.ecnupress.com.cn
电　　话　021 - 60821666　行政传真 021 - 62572105
客服电话　021 - 62865537　门市(邮购)电话 021 - 62869887
地　　址　上海市中山北路 3663 号华东师范大学校内先锋路口
网　　店　http://hdsdcbs.tmall.com

印 刷 者　杭州日报报业集团盛元印务有限公司
开　　本　787 毫米×1092 毫米　1/16
印　　张　18
字　　数　333 千字
版　　次　2023 年 11 月第 1 版
印　　次　2023 年 11 月第 1 次
书　　号　ISBN 978 - 7 - 5760 - 4182 - 8
定　　价　77.00 元

出 版 人　王　焰

序

提升社会与情感能力，助推"全人"教育发展

黄忠敬

全球来看，教育正在发生"情感"转向，从认知教育转向非认知教育，从智商教育转向情商教育，发展孩子的社会与情感能力已经成为全球性的政策改革运动。无论是联合国教科文组织（UNESCO）、经合组织（OECD）和世界银行等国际组织，还是美国、英国、澳大利亚、德国、日本等一些发达国家，都在政策和实践上大力推进社会与情感能力的发展，提升学生的幸福感。教育越来越超越功利主义、工具主义的价值倾向，超越人力资本理论所强调的教育的经济发展功能，而越来越强调教育在促进人的社会与情感能力发展和幸福感的作用。

2018 年 OECD 开展了青少年"社会和情感能力研究"（Study for Social and Emotional Skills，简称 SSES）全球大规模测评项目，着眼于促进青少年非认知领域的发展，旨在测评全球青少年的社会和情感能力发展以及影响这些能力发展的因素，以指导各国政策制定和学校实践。全球 10 个城市参与了首次国际测评。华东师范大学作为 OECD 开展全球大规模的唯一中方代表，与苏州市教育局合作，开展了为期三年的首轮测评，对 7 200 多名学生、7 000 多名家长、3 700 多名教师和 150 多名校长进行了测评和问卷调查，2021 年 9 月向全球发布了中国青少年社会与情感能力发展水平的报告，引起了国内极大的反响，促进了教育领域的"情感"转向，为深化和发展素质教育与学生综合素质评估改革探索了新的思路。2022 年，OECD 在全球开展 SSES 第二轮测评工作，华东师范大学再次作为中国唯一代表，在济南市开展大规模测评工作。这种持续跟踪研究对原创性学术研究具有重要意义，对基于研究的学校变革实践也具有重要价值。

超越学科学习，超越知识传授，超越分数评价，关注学生社会与情感能力培养，关注人的全面发展，已经成为世界教育发展的重大课题。培养"全人"也成为我国新时代高质量教育发展的指南针和风向标。我国的教育政策越来越强调关注人，回归

人，强调学生的身心健康、幸福感和生活满意度，这就要求教育要从"育分"到"育人"的转变，改革我国教育中存在的重"智育"轻"德育"、重"应试"轻"素养"、重"知识"轻"体验"的等问题，更加注重学生学习的主动性、人格品质和心理健康发展，通过情感与社会能力的培养，预防和降低目前我国中小学出现的诸多如校园欺凌、暴力冲突、心理疾病、反社会行为等突出问题。为此，社会与情感能力培养，就成为孩子成长的必修课。

在此背景下，华东师范大学社会与情感能力研究团队积极响应国家高质量教育发展的重大战略，在前期参与 OECD 青少年社会与情感能力全球大规模测评的基础上，开展了一系列的理论研究和实践探索，形成了诸多的学术成果，这些成果就成为了本丛书的主要内容，从理论、政策和实践等不同方面展现国内外社会与情感能力研究和实践的前沿领域，具体包括：《社会与情感能力：理论、政策与实践》《社会与情感能力测评》《社会与情感能力培养：案例与评析》等。期待这些成果能够为理论研究者、教育管理者和广大的教师提供理论思考与实践基础。

目录

导　言

　　社会与情感能力(Social and Emotional Competence)作为 21 世纪关键能力,在世界范围内引起了广泛的关注,美国、欧盟、日本等一些发达国家和地区纷纷出台政策,推动青少年社会与情感能力的培养。OECD(Organization for Economic Co-operation and Development 经济合作与发展组织,简称经合组织)也于 2018 年开始组织大规模的社会与情感能力国际测评,对当前青少年的社会与情感能力现状进行诊断、比较,以进一步引起人们的重视,为青少年社会与情感能力提升和培养提供实证依据。苏州市作为我国代表积极参与了 OECD 的第一轮国际测评,现在济南市正代表我国参与第二轮测评。测评提供了很多有价值的发现,从第一轮测评结果来看,中国学生的社会与情感能力发展水平总体表现良好,苏州学生所有 15 项能力指标的平均值都高于均值 500 分,特别是在合作、共情、毅力、乐群等方面表现突出,但是在情绪控制、抗压力、自控力方面表现一般,尤其是抗压能力的分数最低。从社会与情感能力的个体差异来看,在性别、年龄、城乡和学校类型等方面有所不同,但均没有达到显著的水平。从社会与情感能力的影响因素来看,学校归属感对学生社会与情感能力发展影响最大。从影响结果来看,社会与情感能力对教育、健康与生活质量均产生重要作用①……这些发现为青少年社会与情感能力发展提供了必要的群体画像,为教育政策制定、实践开展提供了坚实的数据支撑,也从不同角度深化了人们对社会与情感能力本质、特点、发展水平、影响因素、预测作用等方面的认识。

　　除了以量化、群体、相对静止的横切面描述为特点的大规模测评之外,以质性、个体、动态发展性的规范性阐释为特点的“临床分析”也非常重要,因为每一位青少年所处的具体社会环境都带有鲜明的个性特征,青少年在与社会环境互动的过程中也有很强的主动性和选择性,教育的目标也是在全面发展的基础追求个性发展、特色发展和多样化的发展,不同青少年的社会与情感能力发展状态和同一个体的不同发展维度都会呈现出不同特点。所以,从青少年社会与情感培养的角度看,需要综合运用多种方式、多种手段去认识和了解青少年的社会性情感,研究其时代特征、年

①　黄忠敬. 社会与情感能力:国际测评与中国表现[J]. 上海教育,2021,No. 1171(26):6—13.

龄特征、区域和文化特征、个体特征等，突出目标导向、问题导向和需求导向，提供更有针对性的方案和措施。

在实践中，教师每天都会与学生打交道，无论是通过课堂教学，还是课后的辅导、谈话、活动开展、校外实践、家访等，教师都自然而然地和学生建立起"交往关系"，这种"交往关系"本身就构成了学生成长的重要"社会"环境，它也是社会与情感能力发展的重要影响因素。与此同时，这种"交往关系"也给教师提供了一手的实践经验，提供了个性化研究和分析学生不可多得的真实场景和机会。教师要充分利用好这种机会，把师生交往以及师生交往过程中对学生的了解由不自觉上升到自觉状态，基于对学生社会与情感能力的真实感知、真实状态、真实问题、真实需求进行引导和教育，这样更有利于达成教育目标。在此意义上，教师要想成为好的实践者，首先得是研究者、思考者、观察者，只有基于思考和研究之上的实践才能提高专业性和科学性。

本案例集是教师思考、研究的成果，也是付诸行动的实践成果。这些案例是从全国征集的大量青少年社会与情感能力培养案例中遴选出来的，在出版过程中，又经过反复打磨，不仅体现了实践者的问题意识和研究心态，也体现了"青少年社会与情感能力培养研究"课题组的学术主张，还反映了社会与情感能力运动在我国教育实践中的新进展。尽管学界对社会与情感能力这一概念有各种解释，在实际测评中也有不同的分析框架和模型，但总体上讲，社会与情感能力不是处理人与自然的关系的能力，而是面对复杂的社会环境和社会关系，如何达至社会适应和社会平衡，胜任一定社会任务的能力。当社会生活发生变化，特别是出现重大转折或危机时，青少年的社会与情感状况也会随着发生变化，甚至出现普遍性的问题或危机，这就更需要教育者的悉心关照和培养。在当下全球性的大变局、大发展、大转型的时代，青少年的社会与情感能力更应引起教育者的关注。

从本书呈现的案例来看，我国青少年的社会情感能力在情绪管理、冲突化解、沟通与合作方面问题比较突出。情绪管理主要是针对个体如何识别和调控自己的情绪，青少年的情绪控制能力弱不仅有所处年龄阶段的原因，与家庭、社区和学校环境也有很大的关系。青少年的人际冲突主要体现在亲子关系、师生关系、同伴关系三个方面，特别是亲子关系和同伴关系，由于学业压力大、竞争氛围激烈、沟通不畅等原因造成了人际关系的紧张。沟通与合作是从正向的角度来看的，每个人都是社会性、群体性存在，因此必须走出自我，超越自我的利益、视角、诉求、偏见、偏好，用其他人也能接受的原则和方式，学会与他人共处、共同生活，学会过集体生活。超越自我不是不要自我，而是要找到自我和他人、自我和集体的"最大公约数"，沟通的目的是学会共同生活、更好地合作，而不是互相排斥，在此过程中，情感能够发挥重要的作用。以上三类问题分别构成了本书的前三编：第一编，情绪管理：如何做情绪的主人;第二编,冲突化解:从共情走向共识;第三编,沟通与合作:从"我"到"我们"的艺术。除了以上三类问题,学校中还存在一些"特殊"学生,这些学生"特殊"的原因、表现和影响各有不同,但从全纳、包容、承认和发展的角度看,需要对各种"特殊"之处予以仔细分析和研究,"特殊"的学生更需要因材施教。本书第四编就针对"特殊"学生存在的问题,展示了如何从积极情感的角度来转化"特殊",提高"特殊"学生的社会适应性与情感能力。第五编和第六编主要侧重于社会与情感能力培养的路径和方法。路径,是指不同"社会"领域中要培养什么能力、如何培养借助这些领域提升青少年的社会与情感能力,其中关涉家庭、学校、社会等社会领域,其中每一个领域又可以细分,像学校领域可以分为整体变革、课堂教学、活动开展、班级管理等方方面面。总之,只要是学生生活和交往的所有时空,都不可避免地涉及社会适应性和社会情感,不同的交往对象、社会情境、交往内容、社会性任务,既对社会与情感能力有不同的要求,也对其发展产生不同的影响。当然,学生的社会情感能力是多领域"合力"的结果,不同领域社会生活的交叉复合作用造就了每一位学生人格和能力的个性特征。方法,是指在社会与情感能力培养实践中行之有效的操作技术、方式策略等。这些方法和技术,有些是从国外引进又结合实际情况加以改造的,有些是案例提供者在实践摸索出来的。不管来自何处,这些方法都经过了实践的检验,证明了实际效果,可以为社会与情感能力培养提供直接的工具和脚手架。

总之,本书的六个部分,分别涵盖了社会与情感能力培养的重点内容(热点问题)、"特殊"对象、路径与方法,从不同维度展示了实践工作者的经验和智慧,无论是理念与情怀、观点与思路,还是具体操作路径与方式方法等,都可以为关心青少年社会与情感能力发展者提供一些启发,尤其是为教育实践工作者提供经验上的借鉴。在此对案例提供者表示衷心的感谢。虽然这些案例是从大量的案例中精选出来的,同时又进行了反复的修改和加工,力图兼顾针对性、专业性和可读性,但由于在当下复杂多变的社会环境中,青少年的社会与情感能力面临诸多新挑战和新问题,深度、系统的研究和实践探索还处于起步状态,所以目前的案例仍然存在一些不尽如人意之处,还希望读者能够提出宝贵的意见和建议,以供我们进一步修改和完善。

本书作为黄忠敬教授主持的国家社会科学基金 2022 年度教育学重点课题"我国青少年社会与情感能力培养研究"(课题批准号:ABA220028)的子课题研究成果,从案例征集到书稿定稿,各个环节都得到了黄教授的悉心指导。在案例修改过程中,课题组成员张怀浩、郁琴芳、王洁、张静等几位老师也提出了专业的意见,张红、张小雨、倪羽佳、邱晨、胡宇彤等几位研究生协助收集、整理和修改案例,在此一并致谢。本书能够顺利出版,还要感谢华东师范大学出版社蒋将老师,她严谨负责的精神令人感动。

第一编 ／

情绪管理：
如何做情绪的主人

正面管教：小学生情绪疏导五部曲

许多小学生，由于年龄较小，情绪的自我调控能力差，冲动性较为明显，因此，一旦自身需求没有得到满足，就会为一点儿小事大喊大叫，与身边的人吵起来，甚至动手。这种不良的情绪状态，会让同学关系疏远，师生关系紧张，造成人际交往或学习生活中的挫败感。不良情绪对学生的身心发展十分不利，因此，如何对小学生的不良情绪进行疏导，如何让学生学会调控自己的情绪，这是一个值得深思的问题。在人的一生中，小学阶段是培养学生情绪情感能力的最佳阶段，这个时期的学生可塑性强，但由于不同的家庭环境和性格特点，不同的学生会呈现出不同的情绪情感表现，这就需要教师发挥在学生发展中的重要作用，做好正面管教，引导学生正确面对和化解自己的不良情绪，培养学生情绪调节能力和控制能力，为学生今后的身心健康发展奠定基础。

一、问题出现

在一年级上学期一堂计时练习口算的数学课上，计时时间到后，我说："好了，同学们，请将你的口算纸从后往前传……"话音未落，就听到浩浩"哇"的一声哭了起来，一边哭一边急躁地拍桌子、捂脑袋，满脸痛苦的表情。全班同学的目光都被他吸引，他的同桌是个温柔的小女生，也被吓得躲到一边不敢动。我问："浩浩，你怎么了？"他怒气冲冲地喊："我还有好几道没有做完呢！"说完更加伤心地大哭起来。后边同学催他交口算纸，他一边使劲摁在桌子上，一边大声喊："我还没写完呢！"旁边的男生说："写不完也得交。"边说边去抢他的口算纸。见状，我赶紧制止了这位同学，让他先去收别人的作业，等所有同学的作业都收完后，我正想询问浩浩完成得怎么样时，突然有一个声音赶在我话前："老师，浩浩还没交呢！"有人提醒我。"用你管吗？"浩浩的情绪一直很激动，站起来想去打人，被我呵斥才收住了手。此时，我也有些愤怒，冲他吼道："浩浩，你干什么？""他嘲笑我，刚才他冲我笑！"他的吼声比我还大。我的目光转向那个男生，他无辜地回答："我没有嘲笑他，只是看了他一眼。"全班同学乱作一团。我立刻组织全班同学坐好并安静下来，而浩浩却仍在哭着发脾气。

课后,我认真地回想了浩浩同学一直以来的行为表现。是的,他是一个特别爱发脾气,总是控制不住自己情绪的男生。整个一年级上学期,老师和同学们都在浩浩一触即爆的情绪中度过。他发脾气哭闹的原因有很多很多,比如:听写出错、上课举手老师没有叫到他、校级小小书法家评比他没有入选,甚至写字时找不到橡皮他也会哭闹半天,完全不顾周围同学的感受,任由自己发泄情绪。综合观察他发脾气的这些表现,我发现浩浩其实是一个非常有上进心的孩子,他不想比别人差,他不能接纳自己的不完美,总是因为自己没有达到某种目标,没有实现自己的心理预期而冲自己发脾气,冲周边的人发脾气。

二、分析问题

了解孩子的家庭教育方式,能帮助教师寻找表象背后的根源。只有做到"知家"才能"助校",孩子养成这样的性格一定与他从小在家庭中所受到的教育有关,人们都说:父母是孩子的第一任老师。经过和浩浩父母长时间的沟通,我了解到浩浩从小就是被全家人宠爱的对象,大家对他几乎是百依百顺,稍有不如意他就发脾气,家长就会尽全力满足他的所有要求。幼儿园三年,浩浩是在妈妈工作的幼儿园度过的,幼儿园的老师和同学也是处处让着他,这样的成长环境让他习惯了以自己为中心。他一直觉得自己比别人有优越感,认为自己是最优秀的,听不得半个"不"字。了解到这些情况后,我将浩浩一年级上学期以来的表现情况及时反映给他的父母,让他们意识到目前孩子存在的问题以及严重性。在对他的教育问题上,我们逐步达成了一致意见,使得学校教育和家庭教育在核心思想与基本态度原则上统一了起来。

三、解决问题

明确了问题根源后,我选择采用正面管教五部曲的方式来疏导浩浩的不良情绪。

第一步:静下来,跳出情绪圈。实践证明,对于这样的孩子,如果老师企图采用语言暴力压制孩子的情绪、否定孩子的感受是毫无效果的,甚至会火上浇油,使孩子的情绪更加激动。面对这样的学生,老师必须先冷静下来。哪怕什么都不说,就这样静静地看着他,一分钟后,他的情绪也会慢慢平复一些,还可以问问他:"知道自己在做什么吗?""发现自己和别人不一样了吗?""这样做好吗?""慢慢说,可以吗?""等下课再说,可以吗? 先让老师把课上完,下课后我会认真听你讲。"暂时让孩子从自己发脾气的原因中跳出来,思考这几个问题,让他平复自己的情绪,想一想自己处理问题的这种方式是一种好的选择还是不好的选择。

第二步:共情,建立情感链接。当学生的诉求得不到表达,不被理解时就会产生情绪失控的现象,这时共情是安抚失控情绪、化解冲突的有效方法之一,等孩子平复情绪之后,再与孩子进行这样的交谈:

我:"我知道没有写完练习你很难过,我非常理解你,你希望能够全对,得到老师表扬,对不对?"

浩浩:(不说话,点了点头)

我:"那平时再多加练习,提高自己的做题速度就好了呀。"

浩浩:"我平时一直在练习,但是还是有一些慢。"

我:"你已经很不错了,凡事都有一个循序渐进的过程,老师像你一样大的时候,还不如你呢,练习速度慢,出错还多呢,而且你现在比之前已经进步很多了。"

浩浩:"真的吗!"

通过这样的交谈,先让孩子接纳自己,获得安全感,产生积极的自我认同,同时让孩子感到老师是真的在乎他、理解他的,让他有好的心理感受,那么事情自然就会向好的方面转变发展。

第三步:移情,换位思考。这一步既是为他人考虑,也是对自己的反思,引导学生学会换位思考,跳出情绪的漩涡。后来,我问浩浩:"你作业没有写完就要到收的时间了,你当时是什么心情?"他说:"我当时特别着急。"我接着说道:"那么现在来换位思考,假如你是收作业的这位同学,突然有同学冲你大喊大叫,甚至还想对你动手,你是什么心情呢?"经过一番思考,浩浩红着脸对我说:"我要是收作业的这位同学,我肯定会很委屈,也很生气,老师,我错了,我太激动了,我的行为会让同学很不高兴,接下来我知道该怎么做了。"通过移情或者角色扮演引导孩子设想他人的情绪和想法,从他人的情绪反应中,让孩子逐渐领悟到积极的情绪能让自己和对方都快乐,消极情绪会给自己和对方造成痛苦,反而不利于事情的解决,学会站在对方角度去思考问题,愤怒的情绪就会渐渐平息或者消失,最终化为心平气和。

第四步:合理宣泄情绪,不再失度。当浩浩意识到自己的问题后,我又说道:"其实,我们每个人都有情绪,宣泄情绪没有错,但一定要注意宣泄的方法,不能恶语伤人,不能影响他人。心情不好的时候,我们可以找一些合适的方法去宣泄,比如,跑步、画画、唱歌等等,这样就能把因愤怒而激发出来的能量都释放出去了。"在这一过程中,我坚持无条件地认可浩浩产生情绪的权利,避免直接批评,保护他的自尊心,并给出情绪疏导的正确方式,帮助浩浩学会合理宣泄情绪,不让情绪问题成为学生成长的阻力。

第五步:扬长互助,体验积极情绪。学会控制情绪不是教育的终点,引导学生建立自我调控情绪的能力才是教育的目标。发现学生的特长、亮点是帮助学生获得积极体验最直接的方法。虽然有些学生平时表现不佳，但只要我们细心观察，就能发现他们的优点，并使其成为学生控制情绪的原动力。我发现浩浩在阅读分享方面很有天赋，就与语文老师联系，成立一个阅读兴趣小组，由浩浩担任组长。自从做了组长，浩浩把课余时间大多数的精力都集中到了阅读兴趣小组上，他经常与同学们分享他的阅读书目，这个阅读兴趣小组让浩浩极大地体验到了成功的快乐，并且人际关系也有了很大改善。这学期，班级内还科学划分了学习小组，我充分利用小组合作的力量，指定组内一人与浩浩结成帮帮团，利用小组积分评价助推浩浩改正不良习惯。从此，浩浩有了亲密的小伙伴，遇到不良情绪时，他可以和他的小伙伴进行交流与沟通，同学也积极帮助浩浩解决情绪问题。这种扬长互助的方式使学生体验到成功的滋味，获得积极的情绪体验，提高主动控制情绪的能动性。

四、成效与反思

一段时间之后，浩浩渐渐地有了一些变化，发脾气的次数越来越少，每次发脾气哭闹的时间也在缩短。同时，在班级岗位认领活动中，他主动认领了擦黑板的任务，每天积极认真，为班级服务。在我们的共同努力下，浩浩在悄然发生着变化。

"正面管教五部曲"旨在当学生产生不良情绪问题时，通过让学生开放地感受、表达，使某些原本正常的情绪感受不因压抑而变质。当孩子在表达情绪和控制情绪之间取得平衡的时候，他们便能以建设性的态度来积极调控自己的情绪。情绪管理是一个漫长的过程，不可能一蹴而就，需要我们不忘初心、锲而不舍的坚持。

（济南市天桥区可悦小学　刘昳、王静）

忍不住的"暴脾气"：用合理情绪疗法调控学生情绪

学生"暴脾气"，仅仅是关乎情绪调控的问题吗？答案是否定的。案例中的小孙难以控制自身的情绪，而这背后隐藏着的却是自我认知的问题。对此，老师运用合理情绪疗法，挖掘问题背后的潜在因素，帮助学生有效调控情绪。

一、"暴脾气"的小孙

小孙（化名），男，小学五年级学生，性格耿直倔强，但脾气暴躁，爱发火，做事易冲动，难以控制自己的情绪。他对自己的评价是"聪明、天才以及有各种兴趣爱好"。当问到他有什么缺点和不足的时候，他认为没有。实际上他学习中等，自尊心强，有一定的上进心，遇到问题能虚心向同学求教，但是学习的内部动机不强。另外，在班级里的人际关系一般，跟同学发生矛盾冲突后从不轻易承认自己的错误，甚至会强词夺理。

目前他家里共三口人，爸爸、奶奶和自己。他认为爸爸很严格，平时忙于工作，不苟言笑，奶奶很心疼他，对他有求必应，但是奶奶的话对他并没有约束力。在学校他很渴望得到老师、同学们的关注。他印象比较深刻的一件事情是有一次他不小心把家里一个很贵重的物品打碎了，受到了父亲严厉的批评，但是他也是不小心弄坏的，所以觉得很委屈。还有一次，弟弟来他房间把乐高积木盒撞倒了，积木颗粒撒得到处都是，爸爸看到之后就很生气地训斥了他，当时他觉得很委屈很生气，就摔房门，结果和爸爸闹得很不愉快。

二、"暴脾气"带来的困扰

小孙同学对情绪的控制能力较差，这给他带来了不少麻烦。比如，上个星期的数学课上，他举手回答问题，但是回答错了，引起同学们的笑声，当他意识到自己回答错误后想改正过来时，老师已经叫别人回答了。他觉得数学老师故意跟自己过去，这是对自己智商与能力的不认可和嘲笑，结果他情绪激动，十分气愤，坐下后大声地拍桌子表示不服气。

小孙也承认自己常常难以控制情绪，很开心或者很生气的时候都会做出一些比较冲动的行为，比如三年级有一次考试他考得很好，一激动就把试卷撕掉了。

另外，他觉得自己总是受到其他同学的排挤，比如在课间跳绳的时候，有些同学不想跟他玩，他觉得是因为自己跳得好，别人怕赢不了他，所以就不跟他一起玩。他还觉得同学们故意孤立自己，有一次跳绳的时候跟同学闹得不开心，他感到气愤便大打出手。他自己也知道这种方式不对，但就是忍不住发脾气，并控制不住自己做出的冲动行为。后来他也发现同学们和老师越来越不喜欢自己，自己为此感到十分苦恼。

三、"暴脾气"从何而来

该案例表面上看是中小学生心理辅导中比较常见的情绪调控问题，但随着辅导的逐步深入，我发现它本质上属于自我认知类的辅导个案。

情绪管理是情商的一个重要方面，小学生身心发展还不够成熟，认知发展和情绪情感都不完善，意志力和控制力不强。容易因为一些小事产生小矛盾和小摩擦，但是又不知道用什么方法去解决，由此就会出现一些情绪控制方面的问题。而本案例中的学生小孙，表面上看，他确实是存在情绪调控的问题，但是总结发现，令他情绪失控的这些事件都是与自尊相关的。无论是与老师在课堂上产生正面冲突，还是与同学游戏时产生误会而大打出手，或是在家受到委屈批评后的歇斯底里，这些事件都是因为触动了他内心脆弱的自尊心才显得尤为令人气愤。具体而言：

一是个人因素。五年级小学生正处于青春期，自我意识增强，以自我为中心的特点愈加明显，但同时对自身的认知又不够全面客观，容易过度放大自己的重要性，从而忽视他人感受。自我意识过剩也容易导致学生不能站在他人角度看问题，习惯性地主观揣测和推断他人想法，进而产生一些误会和矛盾。他们有着较强的自尊心和好胜心，但不愿付出努力，受挫能力差。

二是家庭因素。家庭结构不完整，单亲家庭，奶奶对他百般呵护，父亲对他的教管方式简单粗暴，并且平时没有闲暇时间来陪伴孩子。家庭成员教养方式不同，使得他一方面发脾气时很任性，做出很多冲动行为，另一方面又不想承认自己的错误，为自己找借口。

三是教师因素。老师对他自我中心、冲动行为持有消极态度，不了解他的真实想法。

四、如何应对"暴脾气"——三次心理辅导

（一）第一次辅导：建立关系，了解主要辅导问题，确立辅导目标，并与学科教师进行核实与沟通

首先，了解他在学校里情绪难以控制的一些经历，采用叙事的方式进行回顾叙述和反思。在回忆了与同学和老师相处不愉快的经历之后，首先让他重新审视事情的原因和经过，并总结出不恰当的情绪控制带来的消极后果，使他认识到自己的火暴脾气与冲动行为只会增加别人对他的误会和消极看法。在这个过程中与他分享了小男孩生气钉钉子的故事，让他认识到生气会伤害自己身体，也会给别人带来伤害。

其次，分析如何采用正确积极的方式重新看待这些令自己十分气愤的事情。尝试对自己当时的愤怒情绪评级，并且想一想换个角度后重新看待这件事的愤怒等级是否下降。通过这种方法使学生感受到自己可以意识到当时处于哪种程度的愤怒等级，并且有能力和方法降低自己的愤怒程度。

再次，运用合理情绪 ABC 理论等学习控制情绪的方法。例如意识到自己的不良情绪要发作的时候，数 7 个数再决定自己是否要发火。遇到令自己愤怒的事情，三思而后行，采用积极的认知方式和积极乐观的态度重新审视。采用认知训练（即分为 A 事件—B1 消极想法—B2 积极想法—C 后果），先进行书写训练，再进行口头表达，进而最终形成内化。

（二）第二次辅导：了解家庭背景，并对家庭成员进行评价，通过谈话发现问题端倪

首先，了解他对家庭成员的喜爱和亲密程度排序。他对自己的评价最高，两次辅导过程中都发现该生自我中心意识强，认为自己是天才，自己是最厉害的。因此，可以推测他渴望得到家人和同学的积极关注。

其次，帮助他采用上次学习的认知训练进行重新审视，并学习如何与家人进行积极的正面沟通。他的自我中心和敏感的性格反映了他的家庭成员给予他的溺爱和放任，但同时也可能是他脾气暴躁的根源。

（三）第三次辅导：复习前两次学习到的控制情绪的方法，并运用到实际生活中

该生的主要问题在于过度以自我为中心，下一步的辅导方向则是让他形成正确客观的自我评价，不要太注重自我感受，学会替他人考虑，学会换位思考。

五、效果评价

通过以上三次的辅导与评估，结合认知疗法、合理情绪 ABC 疗法，我们从情绪

控制的根源和情绪控制的方法两个层面进行指导。其中对于"暴脾气"，他需要学会情绪调控的方法来控制，而"忍不住"则是因为他的自尊心脆弱，他还需要提高自我认识，通过树立自信心和安全感来克制不良情绪反应。

这个案例跟踪了大概三个月，除了三次时间比较长的辅导，平时在课余时间我还会和小孙交流一下最近的学习生活，适时地提供一些建议。在科任老师和同学的反馈中，小孙的情绪管理有了进步，和父亲的关系也有了改善；在学校，小孙上课比以前认真了些，但还是会做些小动作，作业能够完成并上交，没有再出现与任课老师顶嘴的现象，和同学的关系也有了缓和，有时候和同学起了小摩擦还能积极主动认错。在辅导过程中，我一直保持对小孙的积极关注，同时还发动科任老师、心理委员、同桌的力量，为小孙的成长提供良好的环境和强大的动力。现在小孙反映自己近一个月都能够有效控制自己的情绪，保持心情愉悦。小孙与老师、同学的情绪对立减少了，同伴关系也有所改善。他在情绪管理上有了较大的进步，能够掌握一些简单有效的方法去调节自己的情绪。但在学习方面，小孙的学习基础比较差，还需要开展进一步的辅导。

六、案例反思

联合国专家预言："从现在到 21 世纪中叶，没有任何一种灾难能像心理危机那样，带给人们持续而深刻的痛苦。"在跟学生沟通的时候，教师要严格遵守保密的原则，并告诉学生谈话内容不会影响他的学习、生活，更不会记录成长档案，影响今后的工作，让学生放下戒心。教师可以通过谈话的方式，让学生设想遇到的困难，并逐个击破，帮助学生解决困难，释放心理负担，用积极的想法替代消极的想法，乐观地生活。另外，学生的问题通常都需要老师、同学、家长多方联合解决。我们要及时告知家长其孩子可能存在的心理问题，让其配合学校营造良好的生活氛围。除此之外，我们要让老师和同学多多关照有心理问题的学生，营造良好的学习氛围。如果发现学生可能存在经常性的、长时间的情绪失控等重度心理危机问题，教师要及时告知家长，建议家长为该生寻求专业的医院规范治疗。我们还要建立心理问题学生的动态跟踪机制，定期监测学生的心理动向，及时发现，及时帮助学生解决心理问题。

（济南市天桥区汇贤小学　宋晓洁）

降"龙"秘籍：助你成为情绪的主人

　　四年级我接手了一个新班级，而这个班中有一个"全校闻名"的 A 同学。A 同学的问题较为明显的表现是情绪控制较差，不会情绪表达，同伴交往能力较弱。可在和他经历了"手撕文化墙"冲突事件后，我发现他并不是一个真正有心理和情绪问题的孩子，相反，恰恰是学校和家庭分别在他表现出较弱的社会与情感能力后，给出了较为激烈的反馈，导致他的"问题"愈演愈烈。于是之后，我分别从学校环境（班级友爱环境）建设、课程开发（十分钟微班会）以及家校合作三个方面，对其情绪调节能力、交往能力等维度的社会情感能力进行了重点关注和培养，并将这些"降龙修炼招数"编进了自制的班级学生社会情感能力培养"降'龙'秘籍"。

一、飞"龙"再现（事件回顾）

　　我与 A 同学的初次"交手"发生在我接手这个班后的一次课堂中。一次上课中，A 同学又和同学发生了矛盾，他们的争执声渐起，扰乱了课堂。看到他咄咄逼人的架势和暴起的青筋，老师请 A 同学先到教室外冷静。因不满老师的处理，他当场大发脾气，即使老师和在教室后面陪读的妈妈合力将他拉出课堂，他也还是执意要冲回教室，继续争论，走廊中还边挣扎边手撕文化墙。听到他怒吼的声音后，我从办公室出来，和妈妈一起抱住他，可是他一直在挣脱我们企图回教室，过程中他有两次差点误伤我。我原本以为他会肆无忌惮只顾达到自己的目的，却不成想，两次，他都是有意识地收起力气，面对差点对我造成的伤害而感到惊慌，转而用不断地重复和呐喊"我要回去！让我回去！"来表达自己的想法和愤怒。这份挣扎一直在长达 30 分钟的牵制后，才慢慢稳定住直到下课。最后，A 同学将矛盾转移到妈妈身上，对于妈妈总是出现在他的课堂陪读表现出了强烈不满，上课铃响，A 同学便使出浑身力气把妈妈往教室门外推，让她离开。

二、剖析"龙"心（分析原因）

在那场冲突中，我两次捕捉到了他对老师的敬畏与温柔，我嗅到了他个性中善良的一面。在我的眼里，他并不只是条张狂暴力的小白龙，更像是一只以张狂掩盖善良本性、以暴力保护自己的受惊的小鹿。

冲突过后，我和他的母亲进行了长谈。他妈妈告诉我，教室外，他执着地要求回课堂，是因为对于老师只把他赶出课堂产生了强烈的不满，为什么争执角色中还有一个人，却每次都是对他施以措施。显然，孩子的学校归属感很低，没有感受到被公平对待，没有安全感，没有被重视感，于是就"破罐子破摔了"。妈妈还说，孩子不会表达自己的情绪，当他觉得自己受了委屈就开始变偏执，不会从自身的角度去反思自己的问题。这也是情绪调节能力的不足，让孩子没有办法更客观地面对问题、解决问题。妈妈还说孩子一直以来确实有些调皮，但是一开始还只是上课坐不住，喜欢以戏谑的方式和别人玩，后来因为班级里有一个体格健壮、喜欢动手的小男孩，总是以保护他人为借口伺机攻击他，而每每两人发生冲突时，老师总是更多地站在对方那一边，让他觉得自己被另眼相待。久而久之，他便习惯了放纵自己的情绪和表达，老师解决不了的矛盾，他就通过自己的方式解决，比如偷扔别人的笔、和别人约架、威胁他人等等。

A同学对妈妈出现了强烈的抵触，这让妈妈无奈又惭愧，因为A同学一直以来的表现也一度让她崩溃。她曾在家里买了一把戒尺，坐在A同学的身后逼迫他写作业。小儿子一看到妈妈和哥哥发生争执就会提醒："妈妈，快去打哥哥。"在和A同学母亲的沟通中，我还得知他们的家庭中缺少亲子间亲密的情感沟通，父亲的性格也对孩子产生了负面影响。没有良好的家庭关系，家校协作不利，师生关系失衡，生生关系崩塌，正是这个孩子问题越来越严重的重要原因。

三、降"龙"招式与修炼（突破方式）

（一）修炼第一层：家校齐输内力，初稳乖张情绪

第一股内力：家庭的改变和爱。我建议妈妈可以借助专业心理咨询，参与类似角色扮演的"情境化人际交往"课程，并建议妈妈带着全家人一起学习。最重要的是，爸爸一定要参与共同学习。A妈妈十分配合，她坚持每周带着全家参加心理课程，监督爸爸的陪伴式教育，全家循序渐进地转变教育思维方式"读懂孩子"。妈妈还在我的建议下设计了"一周夸夸日"活动，在每个星期的周日，家长全天给予孩子赞美，以此促进家长和孩子之间的关系。

第二股内力："我不发火"公约。老师带头以身作则，遇到任何问题，"绝不发火、绝不咆哮"，以此约束全班同学，遇到问题，先稳定情绪，不人身攻击，以解决问题为第一要义。无论遇到怎样令人着急上火的情况，我都坚守住"不发火"的底线，避免出现硬碰硬的情况。我用自己的实际行动告诉孩子们，不发火也能解决问题，与同学的相处如果也能做到这一点，将会顺利得多、也幸福得多。

迈出第一步，A同学的变化显而易见。后来，妈妈和我聊天时透露，在心理课上，老师设计了孩子被冤枉的情景，并让A同学表达他的感受。A同学一反往日一旦被冤枉就用暴力输出而拒绝语言的常态，非常清楚平静地表达出："我很不开心，我很想打他，但是他或许也有他的理由，我也可以听他说说。"在家庭相处中，妈妈说，她首先做出改变后，也清晰地看到了孩子的蜕变。一次，当A同学作业又没有完成，妈妈稳定住情绪，温柔地摸摸他的头说："老师说你今天上课表现不错，作业可以由你自己决定完不完成。"谁知，A同学低下头说："妈妈，你陪着我一起完成吧，我有很多不会。"在教室里，当A同学再一次因为和同学发生冲突而在一旁咆哮落泪时，我没有问事情缘由，没有判定谁错谁对，而是坚持"我不发火"公约，温柔地抱了抱他。A同学从以往的暴力抗议，手撕文化墙，到现在只在我臂弯里低声嘶吼。我想这就是两股内力的力量。虽然他的眼睛里还满是"仇恨"，但是身体上却因为我没有发火，没有带着愤怒追问事情详情而稳稳地定在那里，很快，他脸上的表情也平缓下来。

(二) 修炼第二层：课程助力处事，构建友爱环境

在"我不发火"公约之后，我又进一步建立了"良好的行为习惯、友善的同学相处、端正的学习态度高于学习成绩"的评价机制，给予在行为习惯、情绪、交往上优秀的同学大力表扬，树立标杆，这其中就有不断进步的A同学，以此建立他的信心。

一次A同学与同学的冲突后，我组织了"我该这么说"主题微班会。我首先播放了一段网络上比较流行的面对语言暴力的现场展示视频，演讲者面对挑战者：你今天穿得真愚蠢，你是一个笨猪么。对于这么低智商且带有挑衅性的语言，请同学们谈一谈：听到这些话的感受如何？你有什么应对的好方法？在同学们义愤填膺的讨论之后，我看到A同学把头埋得低低的，没有了往日的张狂。我适时向学生展示专家给予的语言反击方法："你不能被对方激怒，你被对方激怒，你就输了，你可以这么说'你是在嫉妒我么？我喜欢你嫉妒的样子等等'"，并将今天的事件告诉了同学们，让他们知道我们班也有这么睿智的同学。

我当场采访了与A同学发生冲突的B同学，问他今天在面对同学的戏谑时，为什么没有反击？B同学说："我什么也没听见，我知道他的性格，他就是和我玩，我真的就当什么也没听见就不会在意了。"我趁机让大家用热烈的掌声表扬他的睿智，并

告诉大家正确处理这件事的步骤：可以私下告诉老师，协助处理，也可以先提醒当事同学，再寻求协助等。A同学一节课默不作声，下课跑来和我解释："张老师，我没有真想骂他，我就是逗他玩，你要相信我，我错了。"我轻松地说："如果没有恶意，那就快去找同学们去解释一下，和他们一起玩吧。"他那份紧张、那份在意、那份温柔，让我目睹了他的转变。

我们还开过"学会赞美""我是真的很生气"等主题明确的微班会，这些班会告诉了孩子们正确处理事情的方法，调整了同学间的关系，帮他们学会共情、学会包容，让孩子们更加信任我，信任老师。面对我不同寻常的做法，A同学很惊讶，班里的孩子们也很惊喜。孩子们越来越愿意接近我，一个有爱、温暖的班级环境渐渐开始建立。

（三）修炼第三层：精益求精提升，降"龙"渐入佳境

在这期间，我对A同学表面上不动声色，给予他很多自由，同时又关注他的一点一滴，安抚他的情绪，引导同学帮助他、尊重他、信任他。

在我们长期良好的沟通、一致的原则贯彻下，A同学的进步有目共睹，他不再是"炸药桶"，一个温暖的眼神便让他安静下来；他不再是个破坏王，一个拥抱，想去撕文化墙的手就软了下来；他更不再是个捣乱鬼，课堂上不再招惹别人，变成了一条安静的"小白龙"。我觉得是时候可以对他进行进一步教育了，于是我加强了对他的约束，缩小了对他的"特权"，加强对他抗压能力、责任感的培养。

在保证行为习惯不倒退的基础上，我和他建立了约定：上课不乱下座位，记住每节课上的一个知识点，家庭作业需要按时提交，考试成绩要保持在目标分数段不滑落。

一次数学考试，作为监考老师的我，在宣布收卷以后，A同学还没有交来试卷。对他的偏爱让我又给了他2分钟时间，结果2分钟后他仍然不交。我给他强调了规则，他不以为然，我非常生气地告诉他他的试卷不收了。于是我夹起试卷离开了教室，A同学慌了神，一路追赶我到办公室。数学老师也觉得这是一次教育契机，于是数学老师也给A同学设了坎，没有收他的试卷。这下他乱了手脚，偷偷跑进传达室给妈妈打电话寻求帮助。在妈妈的指导下，他找到数学老师，恳求批阅他的试卷。他一连跑了办公室3次，眼里噙着泪水，再次遇到我，原本以为他会迁怒于我，我问他："试卷的事解决了么？"他说："数学老师答应给我批试卷了，但是可能会小惩罚我一下。"那副努力弥补自己违犯规则的样子，让办公室的老师们都惊呆了，这还是那个以前那个遇到问题就暴力相待的A同学吗？

四、降"龙"心得（结语）

集体影响个人，个人也推动集体的发展。整个班级因为A同学的不断进步，班

级规范凝聚力也越来越好，而同学间的感情也越来越深厚。我在班级中不单单是降A同学这一条龙了，更是在不断地护龙、培龙。社会情感能力本质上是在集体和爱当中自然而然产生的一种能力，我们如果给予学生更多的关注、关心，尊重学生，让他们感受到被重视，他们便会对老师信任，对同学友好，自然也会在老师的引导下滋生出合作、共情的能力，在集体交往、家庭交往、社会交往中充满信心，不断提升自己各方面的能力。

（济南市市中区经纶小学　张娟）

小 A 的情绪调控之路

在疫情期间,部分学生出现缺乏自主学习能力、成绩下滑等学业问题以及恐慌、焦虑、心理压力增大等心理问题,暴露出青少年儿童在自主管理、情绪调节等社会与情感能力方面的严重缺失。本文以一个初中男生小 A 作为线索,叙述他几次冲突之后的成长历程,力图整理出他内心的成长轨迹,通过提升他的社会与情感能力,从而提升他的认同感和幸福感。

一、学生中的"战斗机":小 A 初印象

2021 年 9 月,根据学校工作安排,我担任初一三班班主任工作。开学第二周,周一下午第一节课间,我正在走廊上跟一个老师交流情况,值日班长跑过来对我说:"老师老师,小 A 和小 C 打起来了,您快去看看吧!"我匆忙跑进教室,"战况"已经结束了,但事情不能不了了之。我把小 A 和小 C 叫进办公室,两个人余怒未消,都很激动,争先恐后地急于表达。看这情况,我知道,即便给他们说话的机会,效果也不会好。所以我便说:"你俩谁也别说话,都先冷静一下,谁的情绪先平复谁先说,可以吗?"两人认可了。过了一小会儿,小 A 就说:"老师,我好了,我先说。"我答应了。小 A 开始陈述经过,刚说了两句话,小 C 就不干了,说他说得不对,事情不是这样的。小 A 的脾气也上来了,眼看他们又要吵起来。没办法,动嘴陈述是行不通了,弄不好他俩还会动手,只能再换个方式。我把他俩分别安排在不同位置,一人给了一张纸,让他们把事情经过详细写出来。两人把纸张交还给我的时候,情绪已基本平复。在我的耐心引导下,小 A 和小 C 终于能安静地听对方讲述,心平气和地说出自己的想法,并相互道歉。我对他们说,今后遇到事情要学会克制情绪,冷静面对。要做情绪的主人,而不是做情绪的奴隶,一旦情绪失控是会有大麻烦的。

这是小 A 升入初中后第一次打架,也是我初次见识到他的火爆脾气。后来,因为类似的口角或芝麻大的小事儿,小 A 又先后与好几个男生发生过冲突。同学们戏称他是"小钢炮""战斗机",但好在都是小打小闹,没有失控,也没有造成太大、太坏的影响。这期间,我多次与家长沟通,主要是他的妈妈,他的爸爸工作忙,顾不上孩

子。爸爸说，孩子的事儿都是妈妈在管，具体的事情他不参与，并以此为由拒绝加入班级家长群。我无奈、无力，只能更多地与任课老师沟通，与同学交流，密切关注小A的状态。

二、向老师开战：小A的"超级火力"

初一上学期阶段性测评后，学生的水平差异也显现出来。对一部分学生来说，这次考试是一次暴风骤雨式的沉重打击。无情而难看的成绩击碎了他们从头开始的雄心壮志，打破了自己编织的理想蓝图，也击溃了他们的自信心。小学期间落下的课业导致他们基础薄弱，最后，他们选择了逃避、放弃，开始自暴自弃，破罐子破摔，小A就是其中一个，而且是很典型的那个。小A状态急转直下，以前努力维系的向好表现功亏一篑，随之而来的是一系列坏习惯的一一呈现：作业不做；上课不听讲，东张西望；刚上课就想往厕所里跑，常打着"肠胃不好，闹肚子"的旗号，在厕所待着。老师们对此很无奈，多次与小A及其家长沟通，毫无改进。

之前几个课代表就跟我说过小A的作业一直不交，交上来的也是空本子。让他补写，刚开始还答应，虽拖拖拉拉，但勉强当日也能完成。慢慢地，他失去了耐心，就只答应不落实。我多次与之谈心、与家长沟通未果。面对老师们课上课下"追债"式的轮番轰炸，不满、冲突的种子在小A心中悄然生根发芽，终于在一次早读时爆发了出来。

那天早读，小A和小E两个同学待在男厕迟迟不出来，课代表着急收齐作业上交。事前我让值日班长进去探看，两人在厕所窗前聊得很欢。早读早已开始，他俩还在磨蹭，这个时候进入教室肯定要扰乱课堂秩序，干扰老师上课。这种现象最近频繁出现，我生气了，于是大声地把他们喊了出来。我问缘由，小E坦承是在抄补作业，而小A却不承认，只说自己是在上厕所。因为此前跟家长沟通过，孩子并没有肠胃问题。违反纪律还撒谎，这不是小问题，我批评了他。结果小A爆发了，大喊："你们管天管地，还管得着人家上厕所吗?!"他把手中的笔摔到地上，打开教室后门，骂骂咧咧、大摇大摆地进到教室，把桌椅弄出很大的声响，然后坐到了座位上。这一系列操作让正在上课的老师和同学们都惊呆了。这种行为性质非常恶劣，我不能允许他在这种情况下继续上课，所以我请他出来，他不肯，没办法我只能上报学校政教处理。

小A的"超级火力"吓到了我，也吓到了老师和同学们。事后，学校与家长沟通，做了相应处理，小A也认识到自己的错误，当着全体同学的面跟老师和同学们真诚地道了歉。他成了我的重点关注对象，不时谈心交流，逮到机会就大力地表扬他，尽量放大他的优点，忽略或尽量无视他的小缺点，希冀以自己的爱心、耐心，整合老师和学生的力量形成合力，让小 A 一步步走向正轨，尽最大努力让他性子暴躁、容易激动引发事端的现象慢慢减少直至消失。我与班内的同学达成共识，让他们多帮帮小A，尽量让他能更多地感受到同学的关心和班集体的温暖，尽早地在班集体中找到归属感。

三、原因追踪：小 A"战斗机"养成记

显而易见，小 A 的问题不是短时间内形成的。通过与小 A 谈心交流，咨询小 A 小学时期的班主任和任课老师，与其他学生交流，以及到小 A 家家访等形式，我了解到了越来越多小 A 的生活既往和现实状况。

从小学开始，他的学业成绩不好，但"威名在外"，可谓"打遍天下无敌手"。处理问题的方式简单粗暴——遇到问题只会用拳头处理。正因为如此，请家长到学校占了他小学生活的很大部分。据了解，他的原生家庭相对特殊。父母年龄差偏大，妈妈在很年轻的时候就生下了他，自己也还是个孩子，根本不知道该怎么教育孩子。爸爸呢，又是个急脾气，暴脾气一上来，只会用武力解决问题，先把孩子揍一顿再说，导致小 A 见到爸爸就像老鼠见了猫。随着年龄增长，小 A 逐渐进入青春期，叛逆心随之增强。他学会了迂回战术，回家报喜不报忧，不跟爸爸硬杠，但是妈妈的话也不听，导致现在家庭教育处于"半脱管"状态。在这样的氛围下，可想而知，他学会的应对事情的方法就会变得十分简单、直接、暴力。

但无疑，小 A 又是自卑的，他的字体非常小而紧凑，就像拘谨、封闭的空间里透出胆怯、迟疑、畏缩。刚入学时，可能是处于适应期，他沉默寡言，很少开怀大笑。慢慢地，他的本性释放了出来，入学第二周就没忍住脾气，开始与同学打架。与高年级学生打架，他洋洋得意，沾沾自喜；与同伴同学相处，以"大哥"自居，高高在上，唯我独尊；在老师面前也不再收敛，不守规矩，我行我素。小 A 的状态面临失控的危险。

我认识到了问题的严重性和迫切性。越是这个时候，越需要老师、家长、学校、社会多方面的关心与帮扶，越需要我们付出更多的爱心、耐心、恒心。我集合了老师、同学、家长各方面的力量，共同来关注、关心、关怀小 A，以期通过爱心的"狂轰滥炸"把小 A 从失控的边缘拉回来。经过大家的共同努力，在进一步深入了解的基础上，他慢慢有了可喜的向好发展的苗头。

四、可喜的转变：小 A"变形记"

可能是感受到了老师和同学们的善意与用心，也可能是在班集体内找到了久违的存在感和认同感，也可能是经历过一些事情后自己的反思、成长，逐渐地，小 A 不

再别扭，不再与老师和同学对立，他眼中的戾气越来越少。与人对视时，更多的是柔和、腼腆，真正成为了一个帅气的少年。当然，与同龄人相比，小 A 还是敏感的、自卑的。但是可喜的是，他在与同学相处、跟老师交流时流露出的更多的是善意和笑意。虽然成绩仍然不尽如人意，但是他一直在努力；虽然在受到挑衅时，他仍然会满身戒备、眼神危险，但他已经知道控制自己，不会再做出过度的举动，给自己、老师和家长带来不必要的麻烦。小 A 用自己的行动证明了自己的转变，扭转了自己在同学和老师心目中的形象。那个全身紧绷、眼神乖戾，面对老师和同学如临大敌、时刻都要炸毛的少年，完成了自己的"变形"。

五、缘事析理、解决之道：青少年社会与情感能力培养途径

在学校、班级中，像小 A 这样的学生不在少数。从小学开始，他们就缺少认同感和归属感，不善于与人交往，因此，他们的人缘不是很好，很少有知心朋友。"情商"不是很高的他们，根本不知道该怎么与同学相处，遇到问题更不知道怎么正确处理，只会简单粗暴地用拳头来解决问题。这样的他们，在学校不受欢迎，在家里不受待见。因为得不到认可和欢迎，他们更加孤立、孤僻。上了初中，青春期到来，难免会有一个冲突爆发期。

像小 A 这样的学生，知识的吸纳对他们来说是次要的，他们亟需的是社会与情感能力的指导和培养。但是，在实际教育教学中，有一个不可避免的突出问题：学校和老师基于"学考指挥棒"的导向，忽略或无法做到知识传授和社会与情感能力培养并驾齐驱、齐头并进。出于对学生全面发展和终身发展的关注，培养青少年社会与情感能力势在必行。

学校教育中，传授课本知识是教育的基础，更重要的是培养孩子的个人品德和能力，让孩子得到全方位的发展。

班主任层面：要充分认识到培养、提升学生的社会与情感能力是应对师生冲突的良方，必须时刻放在心上，潜移默化地进行，在师生关系处理、课堂教学、班级管理中时刻渗透。可以通过班会，结合实际案例，采用小剧场、角色互换、小游戏等方式教会孩子怎么应对实际问题。

学校层面：一方面，充分发挥心理老师的作用，可以设计校本课程，形成具有学校特色的培养学生社会与情感能力的系列心理课，潜移默化地帮助孩子学习如何正确地处理社会与情感问题。另一方面，要努力营造安全且积极的学校氛围，形成互动共赢的家校合作机制。在小 A 身上，家庭教育对孩子健康成长的重要性体现得尤其明显。一个家庭的分工、父母的职业、家庭收入等情况也是影响学生社会与情感能力的重要指标。学校可以通过举办家长学校，开展系列家长课堂活动，以案例形

式给予家长切实可行的亲子关系处理举措,便于家长实际操作,帮助他们提升能力,积极应对孩子成长过程中出现的问题。如济南市历下区通过推广"家长空间APP",力行家校协同,推荐家长学习海量好课,帮助家长成长为智慧型父母。

家长层面:父母也要认识到自身成长的重要性和迫切性,及时充电,减小与孩子之间代沟的距离。有句话说得好:父母好好学习,孩子才能天天向上。实际工作中,我们会不定期向家长推荐关于亲子教育的文章,力荐家长多多关注"家长空间APP",与孩子签下"君子协定",双向奔赴,一起努力,成就各自更好的自己。

社会层面:要更加重视对青少年社会与情感能力的培养,通过各种方式营造提升学生社会与情感能力的氛围,为建立信任、和谐的人际环境搭建交流平台,帮助家长、学生共同成长。

(济南市历下区龙奥学校　常秀梅)

情绪管理三部曲：做情绪的小主人

小 A 和小 B 是一年级五班的学生，也是幼儿园同学，并且住在同一小区。刚开学的前两周，两人一直形影不离。但随着班集体的建成和同学之间了解程度的加深，我发现这个由小 A 和小 B 组成的双人小团体之间的平衡逐渐被打破，性格开朗又擅长运动的小 B 在新班级里朋友越来越多，课间活动和体育课上，许多同学都喜欢主动找小 B 玩。

一天体育课下课后，小 B 委屈巴巴地找到我，说："我们跳绳的时候邀请小 A 一起跳，但是她把我的跳绳抢过去扔在了地上。"听完小 B 的描述后，我并没有立刻找来小 A 询问原因，而是悄悄对她进行了观察。我发现小 A 和开学初相比明显情绪低落了，尤其是当她看到她的好朋友小 B 和其他同学玩得热火朝天的时候就格外闷闷不乐，这种低落的情绪有时候还会转化为愤怒的行为，比如小 B 提到的"抢跳绳"。

经过两天的观察，我发现小 A 的这种低落情绪不仅影响到了她和班级同学的交往，而且在完成一些需要同学合作的课堂任务时，她往往也带着情绪，不能快速地融入集体。可是，当我单独询问小 A："你为什么不开心呢？能和老师说说你遇到什么困难了吗？"的时候，她只是告诉我她很生气，却不能准确地说清楚自己为什么生气。

小 A 虽然能意识到自己在生气，但是却说不出具体的原因，看来，小 A 虽然对不同的情绪有着强烈的体验，但是遇到不良情绪的时候还不会准确表达、合理宣泄，所以才会把愤怒和生气无缘无故转移到其他人身上以及课堂上。

美国心理学家埃利斯的情绪 ABC 理论认为，正是由于我们常有的一些不合理的信念才使我们产生情绪困扰，进而引发情绪障碍。在小学生的成长过程中，由于思维发展的水平限制，情绪认知和情绪管理能力不足，尤其是低段的学生容易产生个人情绪困惑或引发同伴交往冲突。因此，教师要及时有效地介入，引导学生认识和接纳各种情绪，找到调节情绪的方法，帮助他们在认识自我的同时，学会处理人际关系，进而了解集体、认识社会。那么对于一年级的孩子，我们该如何引导他们正确认识情绪、接纳情绪，做好情绪管理的主人呢？

情绪看不见、摸不着，却非常重要。我们要在学习生活中循序渐进地培养学生们的情绪管理能力。情绪管理的第一步是认识和接纳。因为学生们只有明确了情绪"是什么"，才能坦然面对和接纳各种各样的情绪体验。但情绪的概念十分抽象，在和小A的聊天过程中，我明显感觉到她虽然知道自己在生气，但是并不能说清楚具体感受和原因，那么怎么才能让一年级的孩子们清晰地察觉和理解情绪呢？我们采用了借助绘本、创设情境的方式对情绪进行描述。孩子们根据绘本《我的情绪小怪兽》中色彩丰富、内容有趣的特定情绪表现，给小怪兽的情绪进行分类，并分组合作，借助道具或用不同的肢体动作和表情模仿体会各种情绪的外化表现。这一过程中，由于体验类的环节较多，孩子们的注意力被成功地吸引，尤其是小A同学也从开始时的害羞和慢热变得逐渐主动参与，模仿体验了开心、难过等表情，并在小组氛围的感染下，和其他组员合作完成了情绪的分类。整个绘本学习的过程，不仅让孩子们认识到人有欢喜、愤怒、悲伤、惊恐等各种情绪，而且帮助他们一边梳理一边去理解各种各样的情绪没有优劣和好坏之分，即使是负面情绪也是正常的。情绪绘本的阅读通过具象化的内容帮助孩子们初步认识和接纳了各种情绪。

情绪管理的第二步是识别和疏导。任何情绪都应该被允许，伤心和愉快、愤怒与平和都有它们存在的合理性，但不良情绪如果长时间占据头脑，就会影响我们思考和解决问题的能力。所以在认识和接纳自己情绪的基础上，我们还要教会学生勇敢面对、用正确的方式进行情绪识别和自我疏导。班级作为学生情绪释放的空间，应该利用好这一特殊环境优势为学生的情绪疏导提供支持。于是，我们专门在每间教室都开辟了一平方米的空间，作为"情绪冷静角"，孩子们一旦有情绪无法立刻疏解的时候都可以在"冷静角"休息，借助解压玩具和儿童绘本释放紧张情绪。"情绪冷静角"设立之初，很多孩子并不知道如何利用好这一空间，比如我观察到小A还是会在不开心时一个人在座位上生闷气，与周围的欢声笑语格格不入，后来我开始尝试把她带到"冷静角"这一固定空间，帮助她和周围的环境进行短暂的隔离，开始的时候会拉着她的手，简单地和她聊聊天，帮助她恢复平静，后来她已经完全了解了"冷静角"的用处，并成了这里的"常客"。在这一空间里，小A学会了借助解压玩具或解压糖果罐转移注意力，暂时从愤怒的情绪中抽离。并且，这一相对独立的冷静空间也变成了班级同学们的"秘密基地"，小伙伴之间遇到小摩擦时，他们的第一反应大都是两个人或几个人到"冷静角"去尝试坐一会儿，找老师打小报告的情况也明显减少了。小朋友之间遇到矛盾的时候，"情绪冷静角"为他们提供了一个短暂的过渡空间，让他们停下来识别情绪并进行自我疏导。

情绪管理的第三步是学会处理人际关系。这是情绪管理的较高级形式，是个体在与社会的互动过程中，驾驭自己的情绪、与他人建立积极的关系、用负责任的决策来解决社会生活中的各种问题的一种综合能力。但就一年级学生的认知水平而言，很难做到稍加引导便自主形成。于是，我们从课程干预的角度出发，以情绪为主题，在全年级进行课程统整。借助情绪感知课，同学们体会到了情绪是多变且复杂的；

通过不同的情绪活动,同学们可以主动探究情绪的表达方式并寻求情绪调节的小妙招,做情绪的小主人。情绪主题课程的实施不仅帮助小 A 在小组合作中能积极参与课堂实践,课下她也重新绽放了笑脸,现在她不仅恢复了和小 B 的友谊,而且也拥有了更多的新朋友。其他孩子们也在层层递进的学习中认识自己、接纳自己,并通过实践交流尝试识别和理解他人情绪,学会在集体中更幸福地生活。

从认识与接纳情绪,到识别与疏导情绪,再到学会处理人际关系和在集体中与他人和睦相处,同学们通过循序渐进的方式逐步了解情绪,调节自身行为,同时也完成了对自我的认知,加深了对集体与社会的了解。

对小学生进行情绪管理的教育不仅是促进孩子身心发展的必然要求,也是新时代课程改革背景下,提高学生综合素养的必经之路。情绪主题课程的开展也对教师的情绪管理能力提出了进一步的要求,只有教师不断加强情绪管理的相关知识,才能对学生情绪做出有效引导,对学生冲突进行巧妙化解。

另外,能够调试自我情绪、形成和维持良好的情感体验和表现行为也是自我管理的重要组成部分。因此,从更高层次看,学校也应该发挥统筹作用,从自我认知、自我管理等社会情感培养的角度设计全校性的多层支持实践策略;从学校环境建设、学校课程设置、课堂教学方式、教学效果评估、家校社合作等多个维度进行改革。比如,学校首先要建立良好的校园文化氛围,包括良好的师生关系、生生关系,为学生提供解决冲突和修复受损关系的路径,可以安排晨会、暮省等方式,在学生之间建立反思和交互的意识。学校还要开设专门的社会情感类课程,教授学生关于对自我、他人、集体的认知和管理等维度的内容。同时也要利用好班会、综合实践、主题统整课程等隐性阵地,做好潜移默化的熏陶。另外,通过创设支持性教学氛围、设置恰当的学习期望和挑战、合作学习、组织讨论、采用多元的教学活动设计等方式培养学生的社会情感与能力……学校是包含样态丰富的人际交往情境,是个体从家庭走向社会的中介,在动态的学校场域内,真实有效的改革方式还需要我们在教育教学中不断探索和实践。

（济南市辅仁学校　于洪菲）

"健康紫儿"：小学生情绪管理能力提升的校本化实践

2023年4—5月，恰逢学校首届心理健康教育季活动"晴满校园，润泽心灵"举行。为了更好地了解学生的情绪问题，老师组织同学们开展了"我的情绪小蛋糕"调查活动。前期，同学们可以根据探究单的提示，通过"who（谁的情绪蛋糕）、what（哪种情绪）、when（什么时候）、how（具体表现）、why（写出产生这种情绪的原因）"这样轻松有趣的问题导引，对自己的情绪做一个梳理。

待学生完成探究单后，各班老师将它们收集起来，借助数据分析，靶向聚焦，发现学生的情绪类型多样，占比由高到低依次是开心、生气、伤心、害怕、尴尬、紧张、吃惊、焦虑。其中生气、伤心、害怕、焦虑、忧愁等消极情绪明显高于积极情绪。这些情绪伴随着学生日常生活与学习，帮助学生学会情绪管理刻不容缓。

一、情绪管理能力调查

情绪管理能力评价不同于学科评价，更不是专业评比，其目的在于提升学生认识与觉察情绪、感受与理解情绪、体验与表达情绪、反思与调控情绪的能力。这四种能力都是小学段孩子相对比较缺乏的。

以"反思与调控情绪能力"为例，前期的心理小蛋糕调查结果显示，很多孩子自我调节情绪的能力有限。因此，在首轮粗略调查结果的基础上，学校邀请华东师范大学心理系的老师和学生，针对"社会与情感能力之情绪调节"，为我校学生做了第二次的跟进调查。

跟进调查发现，12岁男生在情绪控制和抗压力上得分最高，8岁的女生在乐观方面得分最高。情绪控制、抗压力、乐观的能力水平在小学各年龄段学生群体间和性别上均没有显著差异。各年龄段男女生的生活满意度随年龄变化趋势不同：男生在8—11岁呈现逐年下降趋势，11—12岁生活满意度上升；女生则与之相反，在8—11岁呈现逐年上升趋势，11—12岁生活满意度下降。研究表明，良好情绪调节能力对生活满意度具有积极作用。这提示教师在关注学生的成绩之余,也应关注学生的情绪,通过培养学生的情绪调节能力,来提高学生的生活满意度。

二、小学生情绪管理能力提升实践

(一) 建构小学生情绪管理能力模型

根据小学生不同学段的身心特点,我们从时间、能力内容和主题三大维度构建小学生情绪管理能力模型:在时间维度,把小学生划分成低年段(1—2 年级)、中高年段(3—5 年级)以及跨学段衔接期(幼小衔接、小初衔接);在内容维度,将情绪管理划分为情绪觉察、情绪理解、情绪表达和情绪调控四个层面;在主题维度,围绕自我、人际、学习与生活四大主题展开(见图 1-1)。

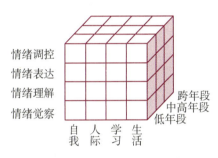

图 1-1　小学生情绪管理能力模型

(二) 开发健康情绪课程

基于学生情绪管理能力的关键指标,学校从办学理念和学生培养目标出发,面向全体学生,围绕不同学段或年段的情绪问题,聚焦情绪表达和情绪调控,开设"乐跨越""好心情"课程;面向不同群体存在的特殊情绪管理问题,设置适性"心辅导"课程和医教结合"暖治疗"课程;构建评价共同体,开发全程、全方位记录儿童情绪体验的评价手册,形成了由"理念——目标——实践——评价"四个方面构成的四级联动课程体系,增进学生健康知识、健康习惯和健康行为,提升小学生情绪管理能力(见图 1-2)。

以"好心情"课程为例,该课程由"自我""人际""学习""生活"四个模块构成。每个模块下设置"我情我知""情系他人""怡情乐学""悦享生活"四大主题综合课程(见表 1-1),并设计了与之匹配的课程体验手册。教学时,师生围绕情绪小故事、问题小讨论、心情小游戏、心情小记录四个环节展开。

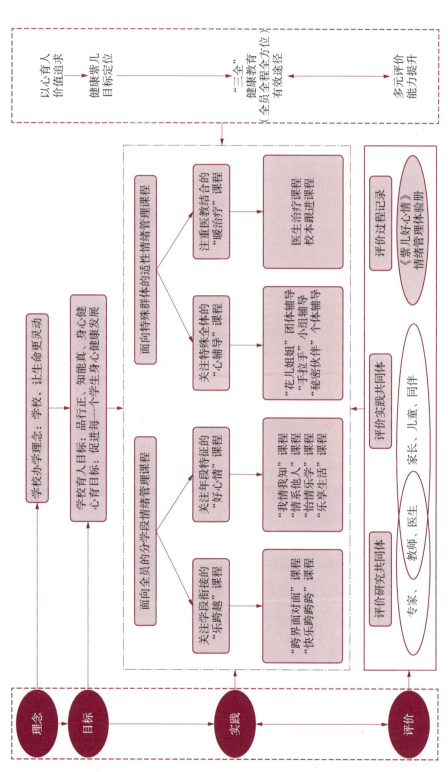

图1-2 提升小学生情绪管理能力的课程体系

表1-1　紫儿好心情-情绪校本课程内容

模块	主题	《紫儿好心情》课程内容				
自我	我情我知	生命多美好	猜猜我是谁	最独特的我	爱上我自己	未来不是梦
人际	情系他人	与同伴共成长	与父母乐沟通	与师长交朋友	与邻里好相处	与他人友互动
学习	怡情乐学	我有学习小目标	我有学习小妙招	我是学习小能手	我是乐学小紫儿	我从失败中成长
生活	悦享生活	一起劳动真快乐	争当运动小达人	乐做生活美化师	班级生活趣味	假期生活真精彩

　　在课程内容的设置上，学校坚持学生立场，以学生所处的社会生活环境中遇到的真实问题为设计依据，课程主题内容全部原创，素材来自学生校园生活和家庭生活中的真实事件。例如，根据部分学生存在"缺乏对生命的敬畏之情，不能感知生命的美好，不热爱生命"这一问题，研发"生命多美好"课程；针对学生"对自己的认识不全面，不能客观地认识自我"的问题，开发"猜猜我是谁"课程；面对学生"在学习生活中不能发现自己的'与众不同'，表现出自卑情绪"的问题，设置"最独特的我"课程等等。

　　在这样的情绪课程教学中，学生发现这些问题他们经常会亲身经历，或看到同伴发生，共同的困扰让学生在心灵上产生共情。在教师的适时引导下，在主题综合的表现性任务探究中，学生灵活运用已有的生活经验和关键能力，深入思考，团结合作，积极寻找解决问题的适切方式，消除负面情绪，不断提升自我的情绪管理能力。

（三）创新情绪教学方法

　　教学是情绪课程实施的重要环节，也是健康素养培养的关键。我校从"促进每一个孩子身心健康发展"的培养目标出发，在教学中开展体验式的主题综合学习，直面校园和家庭生活中的真实问题，在解决问题的学习环境中不断提升学生的情绪管理能力。学校创生了校本情绪课程教学法，如：沉浸式绘本观察法遵循"绘本故事，情绪觉察——问题讨论，情绪理解——情景体验，情绪表达——评价反思，情绪调控"的教学思路；体验式实践研学法遵循"任务驱动——设计问卷，家校调查——小组讨论，合作探究——实践体验，情绪管理——改善认知，价值认同"的教学思路；个性化心理疗愈法则遵循"个性需求——建立小组，确定目标——艺术辅导，调节情绪——家校联动，管理情绪"的教学思路，让学生在积极的问题解决情境中，学习情绪觉察、情绪理解、情绪表达和情绪调控，具有自信心、同理心、包容心，形成追求真、善、美的内在原动力。

　　具体以"紫儿好心情"之"悦享生活"主题的第一课《一起劳动真开心》为例，该课就运用了"沉浸式绘本观察法"。教师针对独生子女多数娇生惯养、衣来伸手、饭来张口,一不如意就要对家长大发脾气的毛病,精心挑选绘本《朱家故事》,引导学生在阅读绘本中觉察书中人物的情绪变化;就"绘本中的妈妈为什么不告而别?"展开讨论,并选择其中一个人物,画出他(她)的心情变化,理解每一个人物情绪背后产生的原因,体谅妈妈的辛苦,感恩妈妈的无私付出;再回到真实的生活情境中,老师请学生根据"家务年龄表"自主选择力所能及的家务,每天坚持劳动,并记录下自己劳动的心情;最后在多元评价中学会管理自己的情绪,感恩家人,爱上劳动,践行绿色健康的生活方式。

(四) 优化评价方式

在校本情绪课程的评价中,我校以中国学生核心素养为评价导向,构建起"评价研究的共同体"和"评价实践的共同体"(见图 1-3)。由专家、教师、医生组成研究共同体,在专业培训、医教联合、多向互动中不断提升健康育人理念,共商支持策略,论证科学方法。评价实践共同体则由教师、医生、家长、儿童及其同伴组成,共同实施评价,在多元评价中不断反思,调整评价行为。

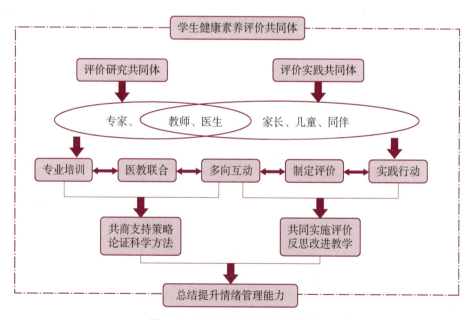

图 1-3　小学生健康素养评价共同体

两个共同体一起开发《紫儿好心情》情绪课程体验手册,进行综合性、表现性和情境性评价。如在"紫儿好心情之乐享生活篇"中的第一课《一起劳动真开心》里,制定出评价目标、表现性任务及三级评价标准,分别由学生、家长、教师对不同维度的能力做出评价,学生对自己在劳动中的情绪进行评价,家长评价孩子在劳动中的意志力,教师则对学生设计的家务达人挑战表的合理美观作出评价(见图 1-1、图 1-

2),多元评价凸显了情感、态度、价值观因素在学生发展中的重要地位。

完整的评价过程记录,多元主体的协同评价,尤其是将学生及其同伴纳入评价实践共同体,有利于激发学生的自我评价意识和主动积极情绪,促进学生个性化学习和体验式探究,从而绘出学生在小学五年里健康成长轨迹的数字画像。

三、总结与展望

本次教育教学实践,从汇总梳理学生面临的真实情绪问题入手,建构了适切的小学生情绪管理能力模型,架构起全员参与、全程与全方位教育的健康情绪课程,建立了与情绪课程相适切的教学范式,创新了情绪课程健康素养的评价方式,汇集了基于不同年段不同学生情绪问题的个性化支持方案,形成了促进教师情绪管理能力提升的教师专业发展系统,构建了"家—校—社"协同的情绪管理保障体系,为精准化实施健康素养评价提供了有力的支持,让学生在积极向上的氛围中,在温暖有爱的环境里,健康快乐地成长。

在未来的实施与推进中,还需进一步完善情绪管理的课程体系,丰富个性化心理辅导的方式,细化学生情绪管理能力的评价标准,为每一个孩子提供高质量的教育,不断提升学生情绪管理的能力,让他们成为身心健康、全面发展的社会主义接班人。

(上海市华东师范大学附属紫竹小学　张勤凤、钱洁)

针对"情绪适应"问题的改进策略

随着社会和经济的快速发展，学生所要面临和适应的生活与学习情境越来越多样，所要承受的情感形态也越来越多变。小学阶段正是学生能力发展的关键时期，而从目前的教育现状来看，大多数的学校和家庭教育往往过于关注学生知识技能的发展，而忽视了学生情感能力的发展。因此，关注小学生社会情感能力的发展情况，并且运用适当的策略进行干预、引导具有非常重要的意义。本案例从社会情感能力五维中的情绪调节能力出发，以杭州市某小学五年级学生出现的情绪问题为例展开研究，进一步探讨小学生情绪适应问题的改进策略。

"情绪适应"是指学生对于所有可能遇到的生活情境中所出现的情绪变化有充分的认知，了解自身的情绪需求；对于生活中产生的情绪能够流畅地与他人进行沟通，能够有效抒发自己的情绪；对于生活中的积极情绪和消极情绪都能恰当地进行调节，能够自主地控制自己的情绪。

一、小学生"情绪适应"现状

受疫情影响，学生的情绪适应问题受到越来越多的关注，为进一步了解小学生情绪适应的现状，笔者以 D 小学的五年级学生和家长为例，开展了问卷调查及访谈，共发放了 308 份问卷，回收有效问卷 302 份。经过调查统计，发现小学生主要存在以下一些常见的"情绪适应"问题（见表 1-2）：

（一）情绪认知不足，无法明确情绪需求

表 1-2　情绪认知情况统计表

	非常符合	基本符合	不确定	比较不符合	完全不符合
我清楚地知道自己的情绪。	19.54%	42.12%	12.52%	14.57%	11.26%
我清楚地知道情绪产生的原因。	17.88%	32.52%	18.81%	18.87%	11.92%

从问卷中可见，大部分学生对于自己的情绪感受有一定感知，但是对于这些情绪状态产生的原因是未知的，这种情绪认知的不足会导致学生在后续的情绪调节过程中遇到困难，无法"对症下药"。

(二) 情绪表达不畅，无法有效抒发情绪

学生对于情绪表达对象的选择往往是同伴，而同伴的情绪承接力往往弱于成人，无法给予正确、恰当的引导。同时父母对于学生的情绪关注度不够高，学生对于情绪表述的方式不够清晰，也导致了学生情绪表达的不畅。

(三) 情绪调节不当，无法自主控制情绪

超过半数的学生情绪调节能力较弱，导致学生易长期沉浸于某一种不良的情绪状态中。而在与同学发生矛盾时，学生对于情绪的自我控制能力也比较弱，会出现一些发脾气、打架等问题行为。

二、"情绪适应"问题原因分析

(一) 学校对学生情绪教育关注度较低

1. 缺乏专题情绪教育课程

现阶段学校对于学生情绪教育的关注度比较低，大部分的情绪教育只是作为心理辅导课中的一个环节进行展开，或者只是以学期或学年为单位开设 1—2 节情绪专题的心理健康课，课程时间短，内容比较单一、浅显，未能对情绪有一个全面的介绍，对于专业的情绪疏导方法的教学也相对缺乏。

2. 缺乏师生情绪沟通通道

在日常教育教学中，常常是当学生之间出现矛盾时，老师才会关注到学生的情绪变化。而老师在处理矛盾时，常常只是着眼于矛盾发生的原因，判断双方的对与错，纠正学生在这一矛盾中出现的问题行为，而忽略了对学生在这一过程中产生的不良情绪进行疏导。

学校情绪教育的缺失直接导致了学生对于情绪认知不足，情绪产生的原因、可能带来的影响，以及所想要得到的情感需求对于学生来说都是未知的，同时也不知道该如何恰当地表达或者控制自己的情绪。

(二) 父母对学生情绪应对方式不当

学生情绪表达不畅的很大一部分原因是父母对于学生情绪表达的应对方式不当。学生无法从父母处得到认同感，对父母缺乏信任，不愿与父母分享情绪，从而导致情绪表达途径不畅，情绪需求得不到满足，消极情绪得不到有效疏解。

同时父母的情绪表达方式也会直接影响孩子的情绪表达方式，父母消极的情绪表达方式，直接导致孩子也习惯用发脾气等方式来表达情绪。

（三）学生自我情绪调节意识弱

当然，在调节"情绪适应"问题中处于主体地位的还是学生自身。而从问卷调查和访谈中可以发现，学生对于调节自己的情绪缺乏主观能动性，很多学生虽然知道自己的情绪调节方式存在问题，但是并没有主动地做出改变，而是放任情绪随意发泄。但这样的方式会对学生的性格发展产生负面影响，容易形成暴力倾向等问题性格。

三、"情绪适应"问题改进策略

针对目前存在的"情绪适应"问题，如何有效地提升学生的"情绪适应"能力成为了一个非常迫切的研究话题。根据调查情况，笔者提出了以下几个改进策略。

（一）提关注：团辅活动，提高情绪教育关注度

心理团辅活动是一个很好地帮助学生打开心扉，促进学生情感表达的方式。学校可以增加情绪教育的频次，每周或每月设置一节情绪教育的心理团辅课，帮助学生了解情绪知识，感受、表达情绪，并学会控制调节情绪。

1. 情绪小讲堂，丰富情绪知识认知

班主任可以在班级中专门设置一个情绪小讲堂，每周一个主题，帮助学生进一步了解情绪，可以有如下的一些内容（见表1-3）：

表 1-3　情绪小讲堂主题及目标

周次	主题	目　标
1	情绪模仿秀	通过语言、神情、动作等表现出自己的情绪，由其他同学猜，帮助学生更清楚地感知情绪的表现形式，了解情绪。
2	情绪知识会	以小组为单位，介绍自己了解到的跟情绪相关的知识，包括情绪的分类、情绪的表现、情绪的影响等等。
3	情绪故事会	分享自己跟情绪有关的小故事，讨论不同情绪可能产生的不同影响。
4	情绪体验会	给定情境，进行角色扮演，将当下情境中的情绪表现出来，并以小组为单位讨论表达方式是否合理。
5	情绪清理站	分享在生活中遇到的情绪问题，通过小锦囊等方式共同寻找调节方法。

2. 情绪专属角，开辟情绪体验空间

学校可以在校园里开辟一个相对比较封闭、安静的角落作为学生们的情绪角，在情绪角里安放一个沙发，配备好柔软的枕头或者沙袋。学生可以在这里充分感受

自己的情绪变化,通过捶枕头或者打沙袋等方式尽情地发泄情绪。

3. 情绪日记本,开发情绪表达通道

日记是学生用来记录和表达的一个重要方式,老师可以给每位同学发一本情绪日记本,鼓励学生每天晚上记录自己一天的情绪感受,可以是纯文字的,也可以是图文结合的。在描述情绪变化时需要将影响情绪变化的事件和情绪变化的过程完整地描述出来。

4. 谈话三部曲,通畅情绪沟通路径

对于情绪起伏较大的学生,教师可以按照"谈话三部曲"的方式,每周与该生进行 1—2 次的个别谈话。"谈话三部曲"包括:

① 微笑询问,放松心情

当学生出现消极情绪反应时,建议老师们主动去找学生,微笑询问原因,帮助学生把紧张的情绪放松下来。

② 表达理解,取得信任

在询问中,可以通过"老师相信你不是一个会随便骂同学的小朋友,一定是发生了什么事,你能告诉我吗?"这样的表述,让学生感受到老师对他的信任。

③ 耐心等待,逐句引导

通过一问一答式的谈话方式引导学生在回答问题的过程中慢慢地稳定情绪,理顺思路,表达想法。

(二) 明责任:专家讲座,明确父母情绪应对角色

父母本应是学生情绪表达最重要的对象之一,但从调查中发现学生的情绪需求并未能从父母处得到完全的满足,这主要是因为父母对情绪的认知存在偏差,缺乏对学生消极情绪疏导的策略,总是习惯性地站在"大人"的角度通过"说理"来应对学生的消极情绪反应。

所以建议学校可以利用家长学校,定期邀请专家就家庭教育中常见的学生情绪问题展开专题分享,比如开展亲子沟通技巧、学生情绪问题疏导技巧等内容的分享。

利用专家讲座,提高家长对于情绪教育的关注度,明确家长在学生情绪应对中所扮演的重要角色,培养家长的责任意识。

(三) 强意识:四步调节,强化情绪主人意识

在访谈中发现学生无法合理调节情绪的很大一部分原因是"无从下手"。所以除了让学生了解情绪以外,老师还要向学生教授一些调节和控制情绪的方法。

比如情绪调节四步法:

1. 深呼吸——保持冷静

在和同学发生矛盾时,先做深呼吸,在头脑中不停告诉自己不要冲动,等到情绪平稳后再解决矛盾。

2. 换位思考——发现错误

在想要做出行为反应前，尝试换位思考："自己做的真的就没有错吗?"主动发现自己的问题行为，勇于承认错误，尝试通过沟通去解决问题。

3. 寻求帮助——倾诉心情

当消极情绪得不到疏解时，积极寻找老师和父母的帮助，尝试把情绪说出来。

4. 专属角落——发泄情绪

当实在无法疏解自己的消极情绪时，可以到情绪角通过喊叫、捶打等方式发泄情绪。

通过情绪调节四步法，学生明确自己情绪主人的角色，能主动选择恰当的方式去自我调节、控制情绪。

四、成效与反思

笔者尝试运用以上的这些策略，帮助本班学生提升"情绪适应"能力，在经过一个学期的实践后，对学生进行了问卷后测，结果如下：

（一）情绪认知充分，情绪需求得到满足

问卷调查显示 82.41％的学生能清楚感知情绪，72.5％的学生能感知情绪产生的原因，及其背后所代表的情绪需求。

（二）情绪表达对象、途径多样化

问卷显示 70.61％的学生愿意与老师、父母分享情绪，说明父母和老师应对方式的改变，让学生感受到了信任与爱，愿意敞开心扉，同时能够主动通过语言、文字等方式表达情绪。

（三）社会情感能力全面提升，性格发育更完善

同时我们也惊喜地发现有 72.32％的学生能够主动调节情绪，比原本人数增加了近30％。而在与同学发生矛盾时，有 74.56％的学生能够及时地控制好自己的情绪。可见在改进"情绪适应"问题的过程中，除了"情绪调节"能力的提升，学生的自控力、责任感、抗压力、与同伴的共情能力、合作能力、交往能力、对事物的好奇心、包容度、创造力都有了不同程度的提升，学生的社会情感能力得到了全面的发展，性格变得更加充满活力、乐观和果敢，性格发育更完善。

良好的社会情感能力对于学生的成长具有非常重要的意义，能够帮助学生更好地适应不同的生活情境，促进学生各方面能力的发展和提升，同时让学生拥有更加完善的个性品质。

（杭州市丁信小学　张秀琼）

生命中的"苦"与"甜"：如何培养高中生情绪调节能力

　　小苏，高一在校男生，热爱篮球，与其他同龄男生一样，喜欢新奇、冒险的事物。父母平日管教严格，故小苏虽然经常与朋友们三五成群、打打闹闹，但除了在学习上不积极主动外，并没有明显的问题行为。小辛是小苏心中的"好兄弟"，两人相识多年。小辛家境优渥，初升高时，没有考进理想的高中，便按照自己的意愿选择了中职院校。小苏觉得小辛的人生才是精彩的，不必为了未来而担忧，可以做自己。小苏经历着学习的"苦"，也在等待明天的"甜"；小辛感受着自由带来的"甜"，暂时躲避了生活的"苦"。他们原本有着完全不同的人生轨迹，却在一场突如其来的意外发生后，将"甜"和"苦"的人生交织在了一起。

一、事件发生——"甜"与"苦"的交织

（一）"意外"突然来袭

　　在一个燥热的夏日傍晚，疲惫不堪的小苏回到家，发现平日管教严苛的父母并没有下班，便心血来潮，约小辛一起去公园划船。因为不久前，小辛提起父母为自己买了一只气垫船，从来没有尝试过气垫船的小苏便有了划船的想法。小辛的母亲担心安全，便与他们结伴同行。以防遇到危险，他们还带了一些救生设备。

　　两人将设备准备完毕，便开始下水划船。小辛的母亲站在岸边，时刻关注他们的动向。此时，小苏提议下水游泳，小辛欣然答应，但他知道站在岸上的母亲一定不会答应，他们二人便想法子支开小辛母亲。禁不住小辛的软磨硬泡，小辛的母亲觉得短暂离开应该也无大碍，便勉强答应了。小辛的母亲离开后，他们便抱着漂浮块跳了下去，两人虽然都会游泳，但并不熟练。下水后没多久，他们便体力不支，无法控制漂浮块。小苏感到危险来袭，拼命往岸边游去，他想回头提醒小辛赶紧往回游，但此时小辛已经从湖面消失。小苏到达岸边，缓过神来大声呼救，等有人赶到时，已为时过晚。小辛的妈妈也闻声赶来，可悲剧已然酿成。

（二）允许"阻抗"发生

　　小辛的人生戛然而止，短暂的人生里有小苏羡慕的"甜"，留下的更多的是无尽

的"苦"。它是父母的相思"苦",是朋友惋惜的"苦",而对于小苏来说,有更多的"苦"像是深渊一般笼罩着自己的生活。小苏开始变得沉默,不管在哪里见到他,都是面无表情、垂头丧气。班主任担心他的身心状态,便每周在固定的时间带着他到心理咨询室。

笔者作为小苏的心理老师,陪伴小苏走了一段充满荆棘的情感之路,最后,幸运地看到了小苏的变化。但在开始咨询的很长一段时间里,小苏都是沉默不语、一言不发。我知道这种沉默会持续很久,而我能做的唯有无声的陪伴,不要求、不越界,仅仅和他待在一起,感受他无声和沉默背后强烈而悲伤的情绪。我非常清楚小苏需要时间去沉默,因为沉默虽然看起来是阻抗,但是却有它存在的原因和必然性。我理解小苏的悲伤,他也许需要一段时间才有心力去应对事件的发生。也许是坚定的陪伴让小苏感受到了支持和理解,小苏终于愿意支离破碎地讲述他的情绪和感受。

二、情绪纠缠——为"苦"找到出口

(一) 因何而"苦"

小苏说:"以前的我是苦水里的'甜'瓜,虽然有父母的责骂、老师的批评、学业的压力,但是觉得生活是有希望的。现在父母、老师不再像以前一样对我有那么高的要求,但我心里的'苦'无边无尽。"

小苏言语中的"苦"是事件给他带来的复杂的情绪感受。他经历着事件,却不知道该如何评价和看待事件。对于小苏来说,如果小辛与自己一起游玩放松是错的,他应该承担事情的责任,受到责备,这反倒可以让他愧疚的心情有个表达的出口。恰恰相反,所有的人都选择原谅他,包括小辛的父母也理解小苏的感受,并没有太多的指责。这反而让小苏内心很不安,他觉得自己有错,但却不知道错在何处,应该向谁承认错误。他应该向小辛的父母认错,因为自己一个冒险的想法让他们痛失爱子。他也觉得自己应该向小辛道歉,如果他当时有余力就可以及时挽救小辛的生命……这些无尽而莫名的愧疚常常席卷、吞噬着他,而他只能在无数个黑夜里独自承受。

(二) 表达内疚

感受到了这种"苦"和"甜"对于小苏来说的特殊含义,笔者看着小苏回应说:"我们都愿意做苦水里的'甜'瓜吧?"这句话似乎引发了小苏的共鸣,因为他多么希望事情没有发生,他还是那个有权利快乐的孩子。于是,他开始描述事情发生的场景。小苏在咨询室里一遍遍地讲述着事情的过程,假设了很多挽救小辛生命的可能,不安、愧疚的情绪也一遍遍侵袭着小苏的内心。笔者追问小苏:"你此刻还能为你的'苦'做些什么呢?"小苏说:"除了道歉,我什么也做不了。"笔者鼓励小苏道:"那就去道歉吧！为你的自责、不安、愧疚，找到一个出口。当遗憾发生时，我们的道歉不是托词和借口，虽然我们的道歉改变不了事实，但是却能为那么多那么悲的情绪找到归处。"

也许是他人感受到了小苏道歉里的诚意、反悔、自责，也许是小苏的道歉让他与自己爸妈、小辛父母产生情感连接和互动，小苏说自己不再是"一个人"，而是"一群人"，是那"一群因为失去小辛而悲伤不已的人"。

三、情绪识别——为"苦"安一个家

（一）被"苦"吞噬

心理学中把一个人区分并识别自己情绪体验的能力叫情绪粒度。高情绪粒度的人可以清晰、精细地区分情绪；相反，低情绪粒度的人则很难区别相同效价不同种类的情绪，比如，伤心和悲恸、兴奋和愉悦。小苏属于后者，面对突如其来的变故，他无法准确表达自己的情绪感受，纵有千万种情绪，却看不清、道不明，任由它们肆意吞噬自己。笔者尝试帮助在经历巨大创伤事件后被情绪裹挟的小苏识别、觉察和表达情绪，尝试在心里给"苦"安一个家。

意外发生后，小辛和小苏的关系没有因为阴阳两隔而割裂。小苏说，事情发生后，他的脑海里每时每刻都有小辛的影子。他不想忘记，也不敢忘记，唯有记住才能让自己安心。可尽管这样，也没能让小苏每天正常学习、生活。他常常失眠，不敢快乐，强烈的负罪感让他活得惴惴不安，仿佛自己享受了生活的一丝丝"甜"，都是对离开的小辛的一种背叛。可是，他又常常觉得自己的生命和小辛的生命在意外发生后便结合在了一起，应该像小辛一样活得洒脱。小苏逐渐地失去了自己，失去了让生命鲜活的能力。

（二）善用"隐喻"

笔者没有否定小苏任何的情绪，明白小苏无法用自己年幼的生命面对沉痛的事件，他想把事件埋葬在自己的内心深处，给自己更多的时间去接受它，他也明白了错误的冒险行为会付出生命的代价，更知晓了有些生命之重需要用一生去承受，但却不知道要如何去平衡这些感受。

于是，笔者问小苏："如果你心里的'苦'一直在，是否可以为它安个家？如果'苦'一直在感受你的惴惴不安，它会不会很辛苦？你是否愿意偶尔让它回到'家里'休息一会儿？"低情绪粒度的小苏，也许无法精准表达自己的感受，但是，当把所有的情绪称为"苦"，把"苦"形容成一个人时，他便能够理解自己的需求和感受。他也在这个隐喻中明白：自己虽然是小苏，但也是小辛生命的另外一种延续。允许自己偶尔自责、悲伤、坠落，但也应该让这些感受偶尔"回家"，好让自己可以努力生活，好好

长大,有能力去承担照顾、孝顺小辛父母的责任,成为小辛父母的另外一个孩子,帮助小辛的家庭延续某些情感的同时,也让自己在付出和承受中学会平衡。

四、情绪力量——找到生命之"甜"

(一) 认知重建

小苏花了很多时间梳理自己的"苦",他不再一味地自责,而是能够重新构建对事件的认知。小苏在这件事中让自己陷入深深自责的主要原因是没有力量挽救小辛的生命。而他也理解了同样作为孩子的自己,在生命出现威胁的那一刻,已经做了最大的努力和尝试。事件发生时,两人都凭借生命的本能做了一系列的自救行为。我问小苏:"如果可以,在那一刻,你还想做什么?"小苏说:"当时我拼命往前游的时候,听见身后的小辛很慌乱。我心里很想告诉他,别紧张,往前游。但是,已经来不及了。"我又问小苏:"你是不是很希望他能像你一样做出正确的自救行为,或者你能有力量去挽救他的生命。"小苏说:"是的,我觉得自己当时应该有更多的力量去挽救小辛的生命,哪怕及时给出语言的指引,也有可能避免悲剧的发生。"我们都清楚水火无情,人在大自然面前的渺小,是自己无法预估的。哪怕经历过生死的小苏,也想不通为何一个生命在自己面前转瞬即逝,毫无挽救的余地。

(二) 行为转化

小苏在咨询室中的疗愈是无声的,只有带来行为的转化才是有意义的。小苏说,他希望自己的经历可以警醒更多的人,让更多的人明白生命是何等脆弱。他愿意用自己的人生挽救更多在危险中的人,不让悲剧再次上演,他也真的在生活中践行,表明希望自己以后可以从事消防员的工作,能够在危险发生时用自己的专业知识和力量挺身而出、保护他人。

我们从情绪角度帮助小苏理清意外发生后的各种关系,让不安的小苏逐渐恢复平静的生活。笔者陪伴着小苏,没有要求小苏立刻从事件的泥潭中走出来,而是用坚定的陪伴走进那些裹挟着小苏的情绪漩涡,让小苏有机会看清自己的情绪。小苏也在情绪中明白,需要处理的核心关系是他与自己的关系,懊悔、自责都无法让自己承担起这个事件的责任,唯有找到价值才能救赎心灵,所以他希望之后能用自己的力量去挽救更多的生命。有时让我们惋惜的不仅是逝去的生命,活着的生命更令人担忧,因为这是一份无法承受的生命之重,愿小苏能够感受生命之"甜",化逝去之"苦"。

五、结语

小苏的故事没有结束,我们甚至在很多高中生身上看到小苏的影子。他们虽然不会经历生离死别的事件，但不可避免地也会遇到裹挟他们情绪的"荆棘"甚至"深渊"，他们或茫然不知如何处理人生中的"苦"与"甜"，或在低情绪粒度的泥潭中挣扎向前……

　　其实，情绪问题没有"大小"之分，"小麻烦"如果不能很好地被调节，日积月累可能会变成"大问题"。可见，情绪调节能力作为社会与情感能力中非常重要的一部分，在高中阶段培养学生这方面的能力显然具有十分重要的现实意义与社会价值。作为教育者，我们应该帮助学生个体在与社会的互动过程中，形成管理自己的情绪、识别自己的情绪、与他人建立积极关系、解决社会问题的能力。作为学生生命的摆渡人，我们要引导他们淌过一条条充满激流的成长河，让他们有力量掌握生命之船的方向，用自己的方式走进情绪，处理好生命中的"苦"与"甜"。

（上海市嘉定区封浜高级中学　沈洁）

项目式学习：助力情绪调控

2022年12月，疫情迎来转折点，学校教育由线下转为线上。我所教的七年级同学在家里进行了一个多月的网课。他们无法与班中熟悉的老师和同学面对面地进行沟通与交流，感受到了独自学习带来的精神压力。同时许多同学在短时间内感染上了新冠病毒，在身体和心理上都颇感不适。甚至部分同学产生了一些情绪问题，感到紧张、担忧、沮丧等。本学期所学的道德与法治课中，正好有关于如何调节情绪的内容。所以，根据同学们的实际情况，并结合刚刚学过的道法知识，本人开展了一个旨在解决学生情绪问题的项目式学习活动，探究设计情绪问题的情境和解决方案，从而帮助学生熟悉学科知识，提升学科素养，同时学会调整自己的情绪，解决自身的实际问题。

一、目标设计

1. 根据《义务教育道德与法治课程标准（2022年版）》的五大核心素养目标，尤其是"健全人格"目标，要求学生学会正确认识自己，珍爱生命，能够自我调节和管理情绪，具备乐观开朗、坚韧弘毅、自立自强的健康心理素质。

2. 增强学生调节情绪的能力，提高社会情感能力中的自我管理能力。

3. 提高学生发现、分析和解决问题的能力。能够通过观察自己和他人的情绪感受，判断、选取自己想要解决的情绪问题，并筛选出合适的调节方法付诸实践。

4. 提升学生项目化学习能力。学生结合自己实际情况自主选择和学习不同的学习资源，掌握适合自己的项目化学习方法。

5. 学生增强创造活力和创新意识。学生通过创设自己亲身经历的、自己观察到的、与人交流获得的或自己想象出来的情绪问题的情境，创造性地构思解决方案，并通过各种方式呈现出来。

二、项目实施

（一）形成实施计划

为了顺利地完成本项目,教师可以通过以下步骤来形成一个比较完整的实施计划:

1. 通过PPT展示,告知学生即将要开展的项目化学习主题是"情绪调控"。并抛出驱动性问题:为了更好地调节情绪,你会设计一个怎样的情绪调控方案? 同时,也分享与之呼应的几个子问题,并给出初步的项目学习单。

2. 教师可列举某种情绪及解决方案。如提供情境:"情绪莫名其妙地低落该怎么办?"提出解决方案:比如通过和朋友去户外运动来改善低落的情绪;呈现方式:利用一些动画APP中两个虚拟人物对话的形式,设计本情境,提供一种解决方案。

3. 完善学生调控情绪的知识构建:学生通过学习道德与法治(七全册)第二单元"做情绪情感的主人",了解青春期情绪的特点,了解学会合理调节情绪的重要性,明确一些情绪调节方法:改变认知评价、转移注意、合理宣泄和放松训练等。

4. 学生自由组队,并分配各自的任务。

5. 组织学生小组讨论如何开展调控情绪的项目化学习。每一个小组可以按自己小组的实际情况和需求,适当修改子问题,也可以修改教师提供的调控情绪的项目化学习单,以便更好地开展项目化学习,并顺利形成项目化成果。

6. 组织不同小组分享自己小组的讨论结果,分享之后,学生可以再次修改自己小组的学习单。

7. 学生活动:查阅资料、讨论、实施。通过资料查阅,梳理出自己想解决的情绪问题,获得更多的情绪调控方法,通过与小组成员分享、讨论,评估采用某种办法的可行性,形成或调整将要实施的可操作计划,并去具体实施。实施时间可以在课后,地点可以在学校、家庭或社会生活中。

8. 组织学生分享项目实施的过程和收获,同时完成过程性评价。

9. 学生根据自己的实践,完成本项目化成果。

10. 开展多种形式的展示和评价。教师可组织学生在组内进行分享和评选,优秀作品还可在班级中进行分享和评价,也可将思维导图、漫画、小报等贴在教室外的宣传栏中,请其他班级的学生观赏,并给出点赞贴纸,还可将微视频等作品在班级群中进行分享展示。

11. 学生谈谈本次项目化学习的收获和反思,可形成图文并茂的通讯稿,发表在学校公众号中。

（二）开展探究实践

通过提出 3 个子问题，推动学生更好地思考并解决问题。

1. 提出子问题一：目前你最想解决的情绪问题是什么？

由于受到新冠疫情的影响，学生们的身心都受到一些冲击，问题也偏向于对自己身体状况的担忧，同时，也有对自己学业的担忧，以及因为没法及时和朋友沟通而产生的一些消极心理。

因此，在这个过程中，教师要及时引导、鼓励学生们结合课本、生活思考自己或身边人真实的情绪，从而梳理出最想解决的一个情绪方面的问题。而学生提出的情境也是类型多样的，有关于学业、家人、兴趣爱好、宠物等等。

2. 提出子问题二：选择一种或多种调节方法去调节上述情绪问题，结果如何？

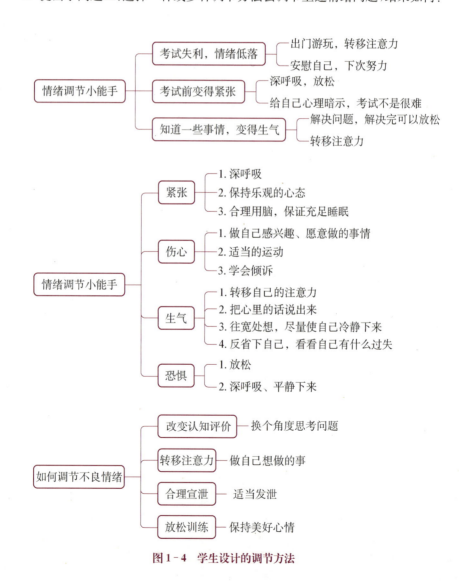

图 1 - 4　学生设计的调节方法

学生们需要了解基本的情绪表达方式，掌握一些情绪调节的方法，并通过实践选出自己比较推荐的调节方法。由于这是建立在实践基础之上的，因此大家所推荐的方法也有一定的参考价值。在这个过程中，有的同学从源头出发，利用思维导图来理清思路，有的同学罗列最常用的调节方法，通过多种方式，大家对调节方法发挥的作用都有了进一步的认知和理解（见图1-4）。

3.提出子问题三：你打算用什么方式来呈现你所碰到的情绪问题以及相应的解决方案？

同学们平常参与的各学科的项目化学习也有不少，对于更好地展示成果的方式、手段也有所了解。在课上的反馈与讨论环节，大家纷纷倡议用思维导图、海报、漫画等多种方式去设计情绪问题以及提供解决方案。

有同学提议，可以根据自己的擅长或爱好来实施。比如，有些同学喜欢绘画，可以通过漫画的方式来实施；有的同学逻辑思维比较厉害，可以设计思维导图；有的同学创作、排版比较在行，可以设计美观的小报；有的同学信息技术了得，可以通过制作PPT来展示成果。同时，教师尝试把数字化教学转型和道法学科紧密结合，鼓励学生运用多种数字手段来展现成果，比如数字故事、AI虚拟对话等，以此来获得更好的效果，同时提升学生的核心素养以及发现问题、解决问题的能力。

三、形成成果

同学们通过课程学习、收集资料、思考、讨论等多种环节，最后以思维导图、漫画、小报、视频等多种形式将自己想要展现的情绪情境和调节方法表达出来。通过可视化呈现，教师在复课后对参与学生的调节情绪的项目化成果做了展示，有本班的展示，也有其他班级的展示，还邀请同学点评和评选出优秀作品。大家在互相观摩与交流中，了解了不同的情绪情境和调节方法，提升了情绪调节的社会情感能力；同时也通过对这些优秀成果的学习与评价，提升了一些其他社会情感能力：任务能力、协作能力、开放能力等。

四、多元评价

（一）过程性评价

过程性评价是对学生参与过程的观察和点评，良好、规范的过程评价有助于推动项目化学习的进行。在这个过程中，学生可以随时自省，其他学生和教师可以观测学生的表现，提出改进建议，有利于后续过程的进行（见表1-4）。

表 1 - 4 过程性评价量规

如何设计一个关于调节情绪的情境和解决方案			
被评价学生姓名：			
评价角度	自我评价及 事例描述	同学互评及 事例描述	教师评价及 事例描述
发现问题、提出问题,并 制订解决问题方案			
收集、筛选和加工处理 信息			
与他人沟通与合作			
实事求是的态度和科学 精神,克服困难的意志力			

说明:评价采用"优秀""良好""须努力"三个标准,同时配合相关事例文字表述,尽可能体现评价公平性。

(二) 结果性评价

学生最终采用思维导图、漫画、小报、视频等多种形式将自己想要展现的情绪情境和调节方法表达出来。结果性评价量规有效地反馈了项目实施所包含的综合能力、高阶知识及学习素养的培养目标(见表 1 - 5)。

表 1 - 5 结果性评价量规

类别	评价标准		
	优秀	一般	须努力
情绪 情境	研究内容紧扣情绪和方案主题	研究内容与情绪和方案主题相关	研究内容与本项目主题无关
	情绪情境真实	情绪情境不够真实,令人产生疑惑	情绪情境不切实际
解决 方案	解放方案具备可操作性	解放方案不易操作	解放方案不具备可操作性
	解决方案比较完整	解决方案不完整	没有提供解决方案
	解决方案能联系学科观点	解决方案较少联系学科观点	解决方案完全脱离学科观点
	解决方案呈现方式精美	解决方案呈现方式一般	解决方案呈现方式粗糙

类别	评价标准		
	优秀	一般	须努力
成果介绍	熟练运用信息技术介绍和展示项目成果，信息技术运用恰当	运用信息技术介绍和展示项目成果不够熟练	无法运用信息技术介绍和展示项目成果
	成果介绍内容完整、思路清晰	成果介绍比较完整	成果介绍内容较空洞
	成果介绍时语言清晰、声音洪亮	成果介绍时声音偏小	成果介绍时无法让人听清楚
	介绍成果时突出重点和创新处	介绍成果时重点和创新处体现不明显	介绍成果时没有重点和创新处

五、活动思考

(一) 学以致用，指导思考自身

知识如果不能被加以实践和运用，就只是教科书上的知识而已，无法发挥出更多的作用。而在这次项目化学习活动中，同学们能结合当下疫情的心理状态，观察自己和身边人碰到的各式各样的情绪问题，结合课本所学知识加以实践并创作，可以帮助他们更深刻地理解知识，同时也能有效增强自己发现问题和解决问题的能力。

(二) 大胆创新，激发创造潜能

教师提供一些案例参考，能起到抛砖引玉的作用。而同学们可以根据自己的兴趣爱好以及特长，经过实践，采用比较容易操作的方式，来展现调节情绪的方法、方案。其中体现了他们的无限创意。这些行动可以激发他们的创造潜能，有利于最终作品成果的产生。

(三) 积极展示，提升更多素养

返回校园后，学生们在班级中进行了展示。他们从不敢上台展示，到落落大方地向同学们展示项目成果，站在舞台上光芒四射，很好地发挥了主观能动性，让自己成为一个更加自信的人。本次活动案例，我们看到了同学们勇于激发自己的创造潜能、大胆尝试，创作出别具一格的美好作品，也看到了他们的执着和坚持。希望他们在未来的学习生涯中，能继续体验思考和创造的乐趣！

六、结语

本次活动以"如何设计一个关于调节情绪的情境和解决方案"为主题开展了道法学科的项目式学习初探，学生们通过自主学习、师生讨论的形式完成了联系实际、迁移知识、设计情境、开展实践、运用技能、上台呈现项目成果、自我反思等一系列循序渐进的实践活动，同学们不但更深刻地掌握了教学内容，同时也将所学知识充分运用于实践，解决了自己或家人朋友的实际问题，还采用各种手段，包括信息技术手段，形成了可喜的成果，积累了经验，又通过与他人的沟通、评价中得到了建议和形成反思，有效促进了学生学科素养的提升，特别是调节情绪和自我管理能力的提升。

（上海市上海大学附属嘉定留云中学　沈静）

案例评析

　　情绪是人类正常的生理和心理反应，人会在某些特定的刺激下，产生相应的情绪，并采取相应的行动。日常生活中常见的情绪，既有喜悦、快乐、平静等较为积极正向的情绪，也有愤怒、狂躁、恐惧、悲伤等负面的情绪。情绪产生于人的本能，而非理性的分析，其目的在于帮助人类下意识地避开危险。但是现实生活中很多情绪来自于个体的应激反应或错误的认识，对自己和他人的身心健康带来负面影响，因此，每个人都要学会做情绪的主人，掌握适当的情绪管理策略。情绪管理可以帮助人察觉、适应、调控、疏导当下的情绪，并将情绪限制在合理的范围内，使人尽可能地以相对平稳积极的状态应对难题。可见，情绪管理的本质并不是压制情绪、无视情绪，而是在觉察到情绪存在后，合理解读情绪，调整情绪的表达方式。情绪管理是一种可以后天培养的社会情感能力，因此，学校和家长应当尽早有意识地帮助学生提高情绪管理能力。提高中小学生情绪管理能力，有助于提高学生的心理健康水平，保持良好的情绪状态；提高学生对自身情绪的了解和掌控能力，从而增强社会交往意识，提高社会交往能力，营造良好的人际关系；提高学生分析与解决问题的能力，发挥理性思考的力量，做情绪的主人。对于学校教育和教师教学来说，学生相对稳定、健康的情绪状态是学校各项工作顺利开展的前提，能够使学生在积极的心态中更好地接受知识，实现个人能力的全面发展。

　　但在现实中，中小学生对情绪的认识不够全面，对情绪的调控和管理能力较弱。例如，学生对自身情绪的察觉力不够，往往是深陷情绪而不自知；学生对自身行为的控制力不够，在当情绪来临时，会下意识地采取本能的自我保护的行动，并对自己和他人造成伤害；学生没有掌握有效的情绪宣泄渠道，而是将情绪封闭在心中，引发更多的心理问题等等。导致这些问题出现的原因是多样的，学校和教师对学生的引导，学生的家庭氛围、过往经历等等都会影响学生的情绪管理能力。

　　提高学生的情绪管理能力是一项系统性的任务，需要教师、家长等多方主体的共同参与。在学校教育中，提高学生情绪管理能力常用的方法之一是正确解释情绪的产生原因及其影响。引发学生情绪问题的常见原因有缺少沟通、误解曲解等。根据美国心理学家艾利斯的情绪 ABC 理论，情绪管理问题的起因是由人对于引起情绪的事件的不当解读导致的。A 是诱发性事件，B 是个体对诱发性事件的解读，C 是个体采取的行动，以及情绪结果。作为教育者，我们通常看到的是 A 事件本身，而情绪管理的目标就在于引导学生正确看待事件，并调整自身行为。第二种提高情绪管理能力的策略是引导学生积极看待各种情绪。引发学生问题行为的情绪通常是负面情绪，但是教师不应将某种情绪直接定义为消极的情绪，并把它当做洪水猛兽，而是要全面地看待该情绪可能带来的积极影响，引导学生接纳情绪。第三种常见的方式是鼓励学生进行必要的情绪宣泄与疏导。不论是沟通交流、听音乐，还是打沙包、吼叫等，只要在不伤害他人和自己的前提下，每个学生都应找到情绪宣泄的方式。总之，目前有关情绪管理的方法与理论已经较为成熟，可以将其引入学校教育实践中。在对情绪管理的定义上，除了基本的调控好自身情绪，目前理论界也关注个人情绪管理能力对他人的影响，充分调动情绪管理能力与他人建立积极友好的互动关系。

总之，人天生是情绪情感性的存在，情绪直接体现了人的生命和存在状态，但又不应该完全放任情绪，顺从于情绪的自然流淌，而应不断地反思和管理情绪，让情绪处于一定的平衡和稳定状态。一个人能够以适当的方式调节和控制情绪，不仅事关自身的身心健康，也影响到人际关系的和谐和目标任务的实现。从个体成长来看，情绪调控和管理能力也是发展的过程，新生儿就完全受生理性情绪的控制，随着逐渐长大，其自我意识、社会性逐渐增强，就会意识到需要结合环境和自身特质、需求对情绪进行调控。对于青少年来说，对世界的认识还非常不成熟、自我的人格还不稳定，就非常容易导致情绪的盲目化、极端化，情绪稳定性差，这就需要情绪学习和成年人的引导。教师和家长要及时关注青少年学生的情绪状态和情绪变化，及时转化不良情绪，塑造积极稳定的情绪。而塑造、调节、管理情绪，让情绪保持稳定、健康、积极状态，即便对成年人来说，也并不是一件容易的事情，社会环境、人际关系、生存压力、健康状态……任何一个因素的变动都会刺激和影响人的情绪，所以，情绪管理是一个值得深入钻研的课题。本组案例通过一个个典型的故事、对象、问题，从不同侧面展示了教师关于情绪管理的认识和思考，提供了如何指导学生进行情绪管理的方案和方法。

《正面管教：小学生情绪疏导五部曲》，"正面"的意思是不去一味压抑情绪，要让某些原本正常的情绪得到表达，在表达情绪和控制情绪之间取得平衡，同时，提倡以"建设性"的态度来对待和调控情绪，"建设性"的价值取向、涵义就体现在情绪疏导的五个步骤之中。

《忍不住的"暴脾气"：用合理情绪疗法调控学生情绪》，该案例针对"暴脾气"这一特定的情绪现象，在深入挖掘其背后潜在因素的基础上，提出从情绪控制的根源和情绪控制的方法两个层面进行指导，突出了认知疗法、合理情绪ABC疗法在控制"暴脾气"的作用。

《降"龙"秘籍：助你成为情绪的主人》，分别从学校环境（班级友爱环境）建设、课程开发（十分钟微班会）以及家校合作三个方面，对情绪调节能力、交往能力等维度的社会情感能力进行了重点关注和培养，倡导一种情绪管理的综合性路径。

《小A的情绪调控之路》，以一个初中男生小A作为线索，通过叙述其几次冲突之后的成长历程和内心的发展轨迹，认为从小缺少认同感和归属感是造成小A孤立、孤僻和动辄暴力解决问题的重要原因，作者从班主任、学校、家长和社会四个层面提出了营造良好情绪氛围的重要性。

《情绪管理三部曲：做情绪的小主人》，明确提出了提高学生情绪管理能力的三个步骤："认识和接纳"、"识别和疏导"、"学会处理人际关系"。

《"健康紫儿"：小学生情绪管理能力提升的校本化实践》，基于情绪管理能力调查，从学生面临的真实情绪问题入手，建构了小学生情绪管理能力模型，在此基础上，开发了较为系统的校本化健康情绪课程，建立了与情绪课程相适切的教学范式，创新了情绪课程健康素养的评价方式，为开展校本化的情绪管理教育提供了个性化、专业化的方案支撑。

《针对"情绪适应"问题的改进策略》，针对学生情绪适应现状，从"提关注、明责任、强意识"三个维度提出了较为全面的改进策略。

《生命中的"苦"与"甜"：如何培养高中生情绪调节能力》，通过生动的案例故事，形象地展示了教师作为学生生命的摆渡人，如何通过"认知重建"和"行为转化"，引导学生淌过一条条充满激流的生命之河，处理好生命中"苦"与"甜"。

《项目式学习：助力情绪调控》，以"如何设计一个关于调节情绪的情境和解决方案"为主题开展了道法学科的项目式学习探索，通过一系列循序渐进的实践活动，有效促进了学生情绪调节能力和自我管理能力的提升。

第二编 ／

冲突化解：
从共情走向共识

"交互式日记"化解同伴矛盾

儿童与青少年时期正是社会与情感能力发展的关键期。与儿童时期不同，初中阶段的青少年心理上正处于"第二次断乳期"，表现出极强的"成人感"：自我意识凸显，对家长的依恋感和亲密感下降，对老师的权威性产生怀疑，渴望证明自己的独立。因此，学校和教师在培养初中学生的社会与情感能力时，显得尤为困难。此时的青少年虽然处于青春期的初中生疏远师长，但非常渴望获得同龄伙伴的情感支持。笔者在班主任工作中，经常借助同伴建议、同伴评价等方法达成特定的育人目的，这种"同伴交互式日记"对化解同伴交往方面的矛盾十分有效。最近，笔者所带班级的两个学生不断发生矛盾，通过逐步分析发现：两人交往中的矛盾实则源于各自社会与情感能力的不足。

一、学情介绍

W同学：男生，成绩优异，家庭优渥，作为家中独子，在人际交往方面共情意识薄弱。比如在一次美术课上，老师课前告诉全班，今日连续5节课，说话实在吃力，希望大家专注听讲。然而W却在开课后一直"高谈阔论"无关话题，以至于老师忍无可忍，气得拍桌子。在与同学的交往中，W也总不自觉地说脏话，许多言行举止让同学难以接受。

Y同学：男生，成绩中等，性格内向。但与老师关系亲近，课后时常通过文字和老师交流心情。在一次谈话中，Y谈及非常渴望在初中能交到朋友。不久后，笔者发现Y总是给予班中一位男生"特别"的帮助。有一次Y得知对方忘记带作业本，便在冬日的晚上独自离家，先骑车到打印店复印，再骑车5公里送作业给对方。当笔者询问Y为什么要做这一切时，Y竟含泪答道："我不知道该怎么拒绝，我怕失去这个朋友。"Y人际交往中不够果敢的问题暴露无遗。

这两个性格迥异的孩子在成为邻座后，不断发生不良"化学反应"。好在笔者及时发现，通过"同伴交互式日记"来"借力使力"、"互相借力"，使两个孩子通过对方认识自己，并自发改进，一个逐渐有了共情力，一个慢慢变得更果敢。

二、事件回顾

（一）抽丝剥茧，寻根矛盾背后的能力欠缺

一天晚自习时，W 将免洗洗手液喷淋到 Y 头上。当晚值班教师询问 W 原因，竟答：对方的头皮屑飘到他课桌上了。谈话过程中，W 始终未意识到错误，故值班教师电话联系他的家长到校。W 的父母来校后向 Y 赔礼道歉并承诺严加管教。

因 W 态度不佳且未主动道歉，同时考虑到困扰 Y 已久的头皮屑烦恼被当众挑明伤及自尊，故笔者决定次日跟进处置。首先，笔者向值班教师和周边同学了解事情经过，没想到他们都认为 W 已经不止一次欺负 Y 了。而后，笔者与 W 的家长交流家庭教育情况，了解到 W 的两点真实想法：1. 喷消毒洗手液的行为只是和 Y 闹着玩，因为 Y 的头皮屑多，所以才想到这样做；2. 对于这个"玩笑"，Y 并没有很生气，所以昨晚在 W 父母道歉后，Y 就表示原谅 W 了。

由于 W 对自己的不当行为并未正确认知，且觉得老师和家长小题大做，若笔者此时与他交流，在他看来无非又是被老师"训了一顿"。思量再三，笔者认为首先要让 W 知晓 Y 的真实感受。但 Y 为人忠厚且不善言辞，若此时把两个孩子请来办公室，Y 并不一定愿意袒露心声，或羞于启齿而转向表达原谅。正在眉头紧蹙之际，笔者突然想起了家校联系本，Y 同学一贯愿意通过文字来表达情感。果然，他的"心情说"一栏写满了文字（见图 2-1）。

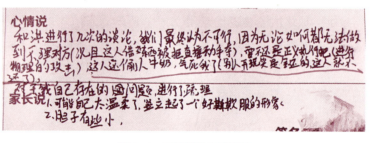

图 2-1　Y 同学的心情日记

笔者从文字中感受到 Y 对 W 的不满积压已久。但不同寻常的是，这次 Y 竟已与同学交流可行的应对方法，并写在家校联系本上。这说明 Y 在向外界求助。笔者意识到，这次的"同伴交往矛盾"并不只源于 W 丧失的共情力，Y 在人际交往中不够果敢的老问题也亟待解决。如果 Y 能够向 W 勇敢表达自己的感受，并让他感知和理解，那么 Y 就成功跨出了自信交往的第一步。而这一步也是解决这次矛盾的关键。虽然 W 同学欠缺的是协作能力中的"共情"，Y 同学欠缺的是人际交往中的"果敢"，但打开两个孩子心门的钥匙竟然是同一把——表达心声，倾听他人。

（二）苏格拉底式对话，激发矛盾解决的内驱力

笔者在课间找到 Y，请他说一说这件事。果不其然，Y 同学立即摇头，轻声说："老师，算了，事情都过去了……"

"既然都过去了，那你怎么在家校联系本上写了那么多呢？"笔者问。

Y 愣住了，一时语塞。

笔者随即追问："你觉得老师会有好办法，能帮助你，是吗？"

Y 点点头，低垂眼，憋着气，轻声说："我昨晚回家告诉爸爸这件事，他让我洗个澡，早点睡，他说睡一觉就什么事情都过去了。"

笔者拍拍他肩膀，说："可是一切并没有过去，心情还不好吧？"

Y "嗯"了一声，抬起头，看着我，做好了听建议的准备。

笔者继续问："你觉得给你换个座位，是不是就解决这个问题了？"

Y 思考了一会儿说："换座位的话，对我来说是挺好的，但是对换到我现在座位的人来说也许并不好。"

笔者心想，果然是个共情力超强的孩子！于是继续说："你的意思是 W 还是会继续欺负他的新邻座？"

Y 抿抿嘴说："是的，不过如果把 Z 同学换过来，他可能就不敢了。"

笔者问："为什么 Z 换过来就不会发生这样的事情了？"

Y 毫不犹豫地回答："Z 可厉害了，要是有事让他不舒服了，那可不用等他说话，从他脸色就看出来了。"

笔者问："那如果你向 W 说出自己的感受，会不会舒服一点？"

笔者看了看若有所思的 Y 说道："其实，在找你之前，我已经找过 W 了，W 认为昨天的事情只是跟你开玩笑，而且认为你并没有很生气。"

"啊?!"Y 大吃一惊。

笔者继续说："你在家校联系本上写的那件'抢牛奶'的事情会不会也是一样，W 并没有感受到你生气呢？"

Y 犹豫了一会儿，最终握着拳头，说："老师，我想当着你的面跟 W 谈谈。"

午休时间，笔者将两人带到办公室。Y 看看 W，又看看笔者，显然需要帮助。于是，笔者将家校联系本递给 Y 说："就读我划线的这一句话吧。"

Y 接过本子，一字一顿愠怒着读完了那句话，然后抬头看着眉头紧锁的 W，大声说道："你还抢我的科学书、我的鸡排、我的音乐书！"

W 听到这里，眼睛圆睁、满脸错愕、身子也不自觉地向后倾斜，巧言善辩的他竟一时间说不出一个字。好一会儿，W 才连珠炮似地发问起来："牛奶不是我们拿东西互换的吗？科学书是你自己递给我的！我拿鸡排时，你点头了呀！音乐书也是你愿意借给我一起看的不是吗？"

接下来,两人你一言我一语,把 Y 提到的每一件事重新复盘。两人都诧异地发现,对待同一件事、同一个动作,他俩的认知却截然相反。

(三) 细水长流,交互式日记培养社会与情感能力

当天下午,W 字迹工整地写了道歉信,并向 Y 当面朗读,最后还鞠躬再次表达歉意。正当笔者认为此事大功告成时,Y 在放学后又来到笔者办公室,言辞坚决地说:"老师,请你不要给我换座位,我觉得我需要 W 这个同桌。如果我现在能学会和 W 相处,那以后再遇到同类情况我想我也能自己解决好。"Y 的话点亮了笔者的思绪:孩子出现的问题,不是单一存在的。就像成因千丝万缕,解决问题也不是一蹴而就。教师应当思考如何帮助孩子习得特定的社会与情感能力,让孩子在实际生活中学会复盘反思,学会沟通交流,最终学会必备的技能。而当读到 W 反思自己应更多考虑他人感受时,笔者不禁意识到:自我意识觉醒且易冲动的青春期男孩,在冷静的情况下是有可能发现自身问题的,而书写就是能让他们静心思考的办法。看着 W 的反思书,笔者脑海里又浮现出两人在办公室你一言我一语化除误解的情形,耳边回荡起 Y 说要学会自己处理此类事情的决心,突然一个好主意诞生了:写日记,交互式日记! 于是,笔者在班会课时组织了一个简短的"日记互赠"仪式:让两个孩子当着全班的面,在两本日记本封面写上对方的名字,然后赠予对方。从那天起,他俩就开始将每日相处的日常和感受记录在各自的日记本中,并在第二天交换阅读,写下读后感触。每周一两人需将日记本上交笔者。

阅读第一周的交互日记,笔者发现:W 虽然依旧无法及时并准确共情 Y,但他通过每日阅读 Y 的日记能够反思言行并进行"共情"补救,比如两人日记中提到的"借红笔"一事。W 的日记内容如下:我今天多次借用 Y 的红笔,他对此感到很神奇(我竟没红笔)。在第一节下课、午自习等多个时间段我都借用了他的红笔,且昨天也借过,对于我多次未带红笔,Y 感到惊讶,因为他认为我不可能这么多天都不带红笔,是故意要用他的。我和 Y 解释说我的红笔丢了,他让我去买,可我没有钱,也没有和家长说此事。今日要回去和家长说,以后不可多次借用他的笔。

在交互日记进行到第二周时,W 的共情力明显提升,因为 Y 在日记中清楚表明了对 W 言行进步的肯定。他在 3 月 22 日的日记中写到:"今日中午,W 从笔盒里拿出了他的一支笔,并拿出笔芯表明是红笔。我有些感动。红笔的问题解决了,别的问题希望也能早日解决。"与此同时,Y 在交往中的果敢也逐渐显现。Y 在 3 月 29 日的日记中提到:今天 W 提出一个交易:用他的酸奶换我的牛奶。不过我不太想和他交易,还是别换了。

三、总结反思

美国伊利诺伊州制订的社会与情感能力教育标准已经提出对全州小学生的要

求：低年级学生学会识别和准确表达自身情绪，并了解情绪如何引发行为；高年级开设同理心课程，儿童根据非言语线索识别他人感受。若本案例中的 W 在小学时就能接受社会与情感能力的课程培养，相信他的共情能力可以获得及时且必须的发展。同时，我们也需要关注青少年个体发展的差异和独特的内在需求，重视个体与社会、与国家、与世界的相互统一和有机联系。本案例中，笔者根据两名学生不同的能力欠缺点，通过两人每日的社会性交往，让他们在个体的互动和反思中获得了相应社会与情感能力的提升。笔者认为"同伴交互式日记"这一方法尊重个体差异性，符合初中学生青春期的心理发展特点，可操作性强，但需要学生信任且有专业的教育人士长期跟踪指导。这样的过程就好像每个孩子在儿童时期学习的任何一种生活技能一样，是一个需要不断浇灌、及时疏通、静待花开的过程。

（杭州市钱江新城实验学校　葛璐）

冰释前嫌：巧妙化解人际冲突

　　小学生之间发生矛盾，往往是因为一些学习生活中鸡毛蒜皮的小事，有时就是一句话、一个眼神、一次小磕碰或小接触，又或者是道听途说的故事，许多时候都是由误会造成的。正如俗话所说的"时间长了，哪有勺子不碰锅沿的"，小学生之间的矛盾有些可以"自生自灭"，但有些却不能，需要老师的介入与解决。

一、冲突现场

　　小源和小童是我们班的两位学生，此时正是课后服务的时间，同学们都在安静地写作业改错。两个大组并在一起，小童坐在小源的旁边。小童是班里的体育委员，小源是班里的文静女生，平时他们在班里聊聊天，偶尔开开玩笑，关系也不错。

　　就在同学们安静地进行课后延时学习的时候，小源和小童从开始的小声对骂逐渐上升到了肢体冲突，冲突中撞到了他们两个人的桌子，发出了很大的声音，引起了我的注意。正当他们的冲突要更进一步时，我出现在他们面前，叫停了他们。小源还是一脸怒气，而小童则面无表情地低下了头。

　　之后我了解到了事情的始末，小源一直在对小童说他给班里的某位同学送钱的"谣言"，同时还跟班里的其他几位同学都说了这件事。小童听到后很生气，自己只是借了这位同学的钱，后期还钱而已，并没有给他送钱这一说，小源在同学之间乱说话，这让他感到很生气，也很委屈。他大声斥责和批评小源。而小源则一直否认传播谣言，并对小童进行语言辱骂。小童认为她敢说不敢承认，更加生气了。

　　两位学生在向我陈述事件缘由的时候全都振振有词，仿佛理都在自己这一边。小童说："小源她一直在我旁边说我给某位同学的家长送礼送钱，我都跟她说了好几遍别说了，可是她还是一直说一直说，她还骂我，所以我后来才骂她的，而且她还踢我了。"小源马上大声反驳："谁踢你了?! 我就是用手打你几下而已。你怎么不说你先用脚踹我的呢! 我刚开始没动手，是你先踹我的! 而且我也不是故意这样说的，我只是在和你开玩笑。"

二、原因分析

同学之间造成矛盾冲突的原因往往是多方面的,通常不仅仅是一个原因。想要从根源上解决这些矛盾冲突,减少冲突发生的频率,就要先寻找问题产生的根源。在这起冲突中,家庭因素是一个重要的原因,家庭环境的不良影响会导致青少年心理出现一些问题,使他们不善于与同伴和谐相处,不能融入班级,或者容易与同学发生冲突。小源的父母是教师,之前他们把大部分时间放在了自己学生身上,很少关注小源,到现在想要把精力放到小源身上反而导致了小源的叛逆。小童父母主抓小童的学习,导致了小童平时养成了一些不好的习惯,平时同学们都觉得他"嘴碎",经常在一些不合时宜的场合说一些不合时宜的话,经常打断别人说话,和其他同学有一些零零碎碎的小摩擦。其次,就小学生自身而言,他们心理发展不够成熟,容易冲动,这也是他们容易与同学发生摩擦的原因之一。小童和小源正是由于他们现在的心理发展不够成熟,才导致了此次的矛盾事件。不过,对于小学生来说,他们通常很单纯且可塑性强,只要教师对他们进行积极正确的引导和纠正,就可以使他们与他人创建良好的人际关系,形成处理问题的能力,从而与同学健康和谐地相处。

三、教育措施

(一)考虑家庭因素,建立长久打算

这起冲突发生时,我首先想到了由他们的家庭因素导致他们现在身上所存在的问题:小源的叛逆和小童不好的习惯。因为家庭因素所遗留的问题没办法一下子解决,所以只能在之后的时间里多关注他们,慢慢去改变他们身上存在的问题。对于小源,我可以在课余时间里多找她谈话,多找她聊天,谈话的内容不限于学习方面,可以谈谈兴趣爱好,可以谈谈所见所闻,以此去慢慢地打开她的内心世界,慢慢地改变她;对于小童,则可以在上课时严格要求他,让他养成良好的学习习惯,在下课时也要多关注他,安排小助手及时纠正他不好的习惯。

(二)了解来龙去脉,平复学生心情

在解决问题时,首先要了解来龙去脉。了解是教育的钥匙,是公正客观解决问题的前提。更何况现在的小学生见多识广,犯了错误轻易不会认错,除非你拿出强有力的证据。为此,老师只有深入实际了解情况,才能有分寸地对症下药,解决好矛盾。

事后,我把他们两位学生叫到办公室,先让他们两个人分别阐述了一遍他们之间发生矛盾的前因后果(一个人在阐述前因后果时,另一个人也可以补充自己的观

点），在他们阐述原因的过程中，我会时不时问一些问题引导他们，比如："你们之间发生什么事了？你们想要怎么解决？你们觉得有什么方法？这些方法会产生什么样的结果？你们决定怎么做？你们希望我做些什么？"他们的情绪也由一开始的激动，到逐渐平复。

（三）耐心倾听，建立信任

在他们你一言我一语地阐述事情发生过程的时候，我并没有去打断他们，也没有一开始就着急去批评他们，而是认真地倾听，有时也会问一些问题。在这个过程中，他们的情绪明显有所平复，对我也产生了一定的信赖。

小学生之间发生矛盾之后通常会出现告状的现象，他们往往把向老师告状当作解决问题的方式。作为教师，应该在此时耐心听完双方的辩解，认真对待学生的倾诉，这样才能增加学生对老师的信赖。那些在成年人看来是鸡毛蒜皮的小事，在小学生心目中通常是天大的事。因此，老师如果认真倾听了学生的倾诉，学生对老师产生了信赖，矛盾也就解决了一半。

（四）批评与自我批评相结合

当他们的情绪平复得差不多之后，我首先对于他们发生矛盾时相互对骂，发生肢体冲突的行为进行了批评，但我并没有就此将这件事情草草结束。

我先是让他们进行换位思考，如果他们是对方，当发生了这样的事情时，他们的心情会是怎么样的。小源首先说道："如果我是小童，被别的同学散播不好的言论，我会很生气，并且会让他停止做这件事情，还会让他给我道歉。"小童接着说道："如果有同学不好好和我说话，骂我，我也会骂回去。"说完以后，他们也意识到了自己的错误。

之后我再让他们将自己的错误复述一遍。小源说："我不应该为了开玩笑随意去散播对同学不好的言论，下次开玩笑的时候也会去征得他们的同意。"小童也说道："我不应该在事情发生时，带着情绪去解决事情，应该第一时间去找老师，而不是跟同学对骂、动手。"在他们意识到自己的错误之后，在第一时间互相道了歉，并重新握手言和。

学生发生矛盾，双方都有责任。老师要把对方找在一起，让他们换位思考，先说说对方错在哪里，再说说自己做错的地方。当对方做自我批评时，另一方的气也就消得差不多了。借此机会，老师还可以进一步引导双方明白团结的重要性。

四、经验总结

学生之间的矛盾是在所难免的，如果我们的教育只注重把事态平息，不重视事前预防，不注重教给孩子避免、解决人际冲突的技巧和进行必要的心理调节，这对孩子道德观、世界观的形成和身心的发展都是极为不利的。随着学生年龄的增长,叛逆思想的萌发,面对人际冲突,如果不能用理性解决,而是习惯性地使用暴力,久而久之就会扭曲孩子的心灵,还会危及社会的安定,甚至可能将孩子推向犯罪的深渊。为此,我们要针对学生人际交往的心理和行为特点,运用有效的教学策略,引导学生正确地认识冲突,勇敢地面对冲突,巧妙地解决冲突,相信通过持之以恒的培养,学生一定会顺利解决人际冲突这一难题。

(济南市第十四中学　祁蓉)

突然"消失"的小然:亲子冲突解决四步法

众所周知,家庭亲子关系对于小学生的身心健康具有重要的影响。平和的、安定的家庭氛围能够使小学生感受家庭的温馨,增进亲子之间的情感,从而更好地促进孩子的成长。然而当下,一些小学生和家长却出现了关系紧张、亲子焦虑、拒绝上学等现象。我经常在思考,为何会出现这种情况,直到有一天,"消失"的小然让我找到了问题的根源。

六年级下学期的一个早上,我迈着轻快的脚步走进教室,班级里的大部分学生都到了,等了几分钟还不见小然的身影,我问班级里的学生有没有见过他,是不是去上厕所了,学生们都表示没看到,我立即联系他的爸爸,他爸爸说:"孩子去上学了,我亲眼看着他进了校园。"我一听顿时有些懵,因为他之前有过一次"逃学"的经历,一股不好的预感袭来。面对其他学生惊慌担心的眼神,作为班主任,我知道自己绝对不能慌,冷静下来后,我走进教室,用镇定的语气先安抚好学生,和其他老师调好课,然后开始分析:小然既然进了校园,目前也没发现离校,说明他还在校园里,应该是比较安全的,想到这里,我的心里也稍微平和了一些。于是,继续寻找小然。

在寻找小然的过程中,我采用了当学生因拒学与家长发生冲突时的"问题解决四步法"。

第一步是了解具体事实,积极行动。我立刻和校领导反馈,寻求学校老师们的帮助,发给老师们小然的照片,去校园空教室、走廊、操场等各个地方寻找,我和监控室老师在监控室查监控,并再次和家长确认小然进校的时间、穿着的衣服,根据他进校的路线查对应的监控,同时询问家长关于学生早上进校前发生的情况,家长说:"早上孩子说肚子有些不舒服,但是我以为孩子是装的,为避免孩子不进校园,私自逃学,盯着孩子进的校园。"我一听,恍然大悟,原来矛盾在这呢,既然确定小然进了校园,先找到他是关键,通过老师们两个多小时的努力,终于在校园一角的隐蔽位置找到了他,我瞬间松了一口气。

第二步是放松学生心态,了解学生想法,明确冲突原因。我带着小然先回到办公室,不着急问和家长发生了什么矛盾,看到他嘴巴很干,先问他在校园里有没有喝水上厕所,早上有没有吃饭。他说没有喝水,早上不舒服吃得很少,也不敢出来上厕所,怕被老师和同学们看到,一直藏在校园角落不敢动。我给小然倒好水,给他一点小面包,让他慢慢放松下来,随后这才询问早上发生的事情。小然说:"我早上肚子疼得难受,想请假不去学校,但是爸爸认为我之前已经请过好几次假了,不能总是请假,并且周末也陪我出去玩了,满足了我的要求,以为我这次是故意装病,逃避学习,逼着我进学校,我没法反抗,进了校园后心里很生气,没进教室,就自己躲了起来。"我了解到,小然和家长是因为信任感缺失产生的冲突。我先让小然自己反思这样做的后果,万一大家没有找到他怎么办。他知道大家都很担心,如果没有找到他,他打算自己天黑悄悄出去。我表示,这样回家肯定又少不了爸爸的责备,矛盾最终还是没有解决。我跟小然说:"孩子,如果爸爸不相信你,你没法控制,但是你自己可以决定自己的行动,身体不舒服可以到教室和老师说明情况,人身安全是第一位的,你也知道大家都很着急。"小然说:"我不想进教室学习,晚上一直睡眠不好,到了教室也是没有精神。"我说:"自身安全是最重要的,学习方面咱尽自己的努力就好,今天学校很多老师都非常担心你,和老师一起在校园里找你,咱们以后不要轻易玩'消失'可以吗?"他抬头看了看我,慢慢地点头答应,意识到自己"消失"的不对。

第三步是与家长积极沟通,分析矛盾点,增强亲子之间的信任感。和小然聊完,我先进班和学生们说明情况,和大家约定不随意谈论今天的事情,以免给小然造成心理负担,然后让小然进了教室。下午放学时,小然自己回家,我决定陪小然一起回去,顺便和家长好好沟通一下。到了小然家才发现由于他父母回家比较晚,所以晚饭经常没着落。我抬头一看到晚饭时间了,便先请他吃了一碗他爱吃的全家福馄饨,和他聊了聊家常,通过交谈了解到小然爸爸自己做养殖工作,早出晚归,非常辛苦,妈妈经常加班,也顾不上孩子。他放了学,往往缺乏照顾,家人觉得小然学习上落后,对他逐渐开始不抱太大希望,经常语言上冷暴力,并把希望寄托在了刚上一年级的妹妹身上,他有些心灰意冷,学习更是没有动力。那天和他回到家,天色渐黑,他爸爸也刚回来,我们心平气和地聊了聊。我很严肃地对孩子爸爸说:"小然虽然学习上有待提高,但是品行很好,正直诚实、善良热心,要多鼓励孩子,给他赋能,让他在学习上更积极主动,慢一点没关系,我们各科老师也会帮助孩子一起提高。"小然爸爸说:"我们工作也挺忙,早上都是给孩子买好早饭匆匆出门,晚上都是买饭回来给小然,实在来不及,就留给孩子买饭的钱就匆忙上班去了,孩子睡眠不好,也给孩子看了中医,开中药在调理。"我一听,小然爸爸对他还是挺关心的,并没有我想的那么糟糕,利用这一点,我对小然说:"你爸爸还是很关心你的,心里非常在乎你,自己忙不能及时回家,也会提前把钱留给你,怕你饿肚子;睡眠不好,爸爸立马带你去医院调理。你看,爸爸虽然没有更多的言语表达,但满心想的都是你,以后要多想想爸爸的优点,你会发现你有一个疼你爱你的爸爸。"此刻,父子两人的情绪缓和了不少。

第四步是总结最有效的解决方法。随着父子两人情绪稳定下来,我表明自己来小然家里是为了解决问题，希望以后小然能够在比较轻松的氛围里生活学习，少一些压力。随后，我和小然爸爸一起沟通关于孩子不想上学的想法。他也表示："以后，自己会在学习上多鼓励孩子，尽量少请假，孩子实在不舒服选择相信孩子，及时和老师说明情况，孩子的安全第一。"我也再次对小然表态："不管是什么原因都不能拿自己的安全开玩笑，学习上我们不逃避，尽力而为，有困难找老师和同学。"最后我们"约法三章"，让时间来检验，小然终于面带微笑，爸爸也释然了，两人拥抱言和。

在此之后，我观察到小然学习方面渐渐有所起色，对学习也没有那么排斥了。疫情期间居家上网课，小然的进步就很大，上课坐姿端正、积极举手回答问题、主动提问……家长也能监督孩子的学习，小然的作业质量明显提高，一切都在朝好的方向发展。看到这样的改变，我倍感欣慰。我不敢说这样的做法能彻底改变一个人，但是"水滴石穿"的力量是无穷的。

教育是一个系统工程，每一颗螺丝都有可能发挥巨大的作用。随着小学生进入高学段，部分学生有学习焦虑的现象，这很正常。加上家长自身的压力以及对学生的不信任，使得学生的焦虑感逐渐增加。对于学习困难的学生，在与家长产生冲突时，教师要尝试利用上述的"亲子冲突解决四步法"去积极引导学生与家长，让他们认识冲突，分析冲突，从而以后尽量避免冲突，巧妙勇敢地解决冲突。相信在平和的、良好的氛围里，学生的身心及人格才能更好地发展，各方面才会逐步提升，自我认同感也会得到提高。

教育是一场温暖的修行。每一个孩子都是独一无二的花朵，都需要用心呵护和滋养，而当孩子在成长中遇到困难时，我们不仅要关心关爱，更要抓住每一次教育契机，让孩子自主健康地成长，这样肯定会少几个突然"消失"的小然。

（济南市历城区万象新天学校　李俊聪）

在冲突中成长：同伴冲突化解四步法

小翔(化名)，男，小学五年级学生。性格耿直倔强，爱发火，脾气暴躁，做事易冲动，难以控制自己的情绪。孩子学习中等，自尊心强，在班级里的人际关系一般，跟同学发生矛盾冲突后从不轻易承认自己的错误，甚至会强词夺理。

小翔和小哲座位靠近，放学后在一个辅导班上课，两个孩子的联系比较紧密，经常产生这样那样的矛盾。有一次上完课间操，我刚踏进教室，几个同学一股脑儿冲过来，着急地说："老师！老师！小翔和小哲吵架了！小哲哭了……"只见小哲趴在桌子上，眼睛红红的，小翔却若无其事地在教室和同学聊天，好像什么也没发生一样。我没有太吃惊，一边安慰小哲，一边询问他怎么回事。小哲委屈地说："我在接水时，不小心碰了小翔一下，老师，我道歉了，但是小翔不听，还骂我，故意用肩膀撞我。"小学生一般发生争执的原因相对简单，小孩子间没什么深仇大恨，无非是一些小摩擦，作为老师，一定不能烦躁，简单处理，于是我拍拍小哲的肩膀说："老师大致了解了，把小翔叫过来，我再听听他怎么说。"小翔一脸无辜地朝我走来，我轻声问："小翔，小哲怎么哭了？"小翔愤愤不平地说："老师，他接水时故意碰我！"小哲随即说道："可是我给你道歉了呀！""你明明就是故意的！"原来两个孩子在接水的时候，小哲不小心碰了小翔一下，道歉了，但是小翔不接受，认为是故意的，就争吵了一番，不欢而散。小哲更加委屈了，带着哭腔说："那上完课间操你在厕所里又骂我傻＊，骂我没爹没妈……"听到这里我心里一惊，因为从来没有听孩子说出过这么恶毒的话。话音刚落，小翔疾言厉色地说："你先说的'我是你爷爷'，这你怎么不说了？啊？""是你先故意拿肩膀碰我，骂我傻＊，我忍不了了，才说你的。"上完课间操，小翔觉得自己没占上风，碰到小哲就骂了他，各种找茬，小哲也气不过，两个孩子你一言，我一语，互不相让，火药味还是很浓，"战争"再次升级，就出现了我刚进教室看到的一幕。

对于小学生来说，同学在相处过程中出现争执是很正常的情况，五年级的学生心理还不是很成熟，会因为一些小事情就吵起来。那么在学校里，孩子争执起来了，老师该怎么处理好呢？面对这起冲突，我以"四步走"的方式进行了处理。

第一步：复盘过程，引导反思

带领学生复盘冲突事件，规范学生陈述冲突的话语方式，引导冲突双方在描述事件的过程中觉察自身的情绪变化和身心感受，反思自己所采用的应对方式是否合理。由于孩子们都没有冷静下来，你一句，我一句，都认为自己没有任何问题，都是对方的错，所以我先要求两个孩子分别以"我"字开头说出发生了什么事，一方说的时候，另一方不能打断。小哲说："老师，接水时，我不是故意碰小翔的，真的是不小心，我道歉了，但是小翔不接受，小翔骂我时，我气不过，也骂了他一句。"我见孩子情绪有所缓和，问道："小哲，勇于道歉说明你是个有担当、懂礼貌的孩子，那你觉得自己在这个事件中有错误吗？"小哲低着头说："老师，在厕所我不应该对小翔说'我是你爷爷'这样的话。""是呀！和同学发生口角时，提到同学的家人长辈，这是很不礼貌的行为。"我拍拍小哲的肩膀说道。一旁的小翔说："老师，我觉得小哲就是故意碰我的，他道歉压根就不真诚，我很生气，所以我就在上厕所时骂了他。"听完小翔的陈述，我给他支了个"妙招"，觉得小哲道歉不真诚时，让小翔用"请你"开头给小哲提建议，说清楚自己希望对方当时怎样做。小翔低声说道："你刚才的道歉不真诚，请你再重新跟我说一下。"小哲表示如果这样，他愿意重新道歉。"如果这样做，你有什么样的感想呢？你觉得还会发生后面的矛盾吗？"我的反问让小翔陷入了沉思，只见他摇了摇头。通过复盘整个事件的过程，小翔和小哲都反思了自己的行为。

第二步：换位思考，巧释矛盾

通过角色扮演、情感体验等方式带领学生进行换位思考，体察对方的感受，让冲突双方从互换角色、转换对象、探索其他解决方法三个角度进行思考。首先，互换角色，在谈话的过程中，我问道："孩子，如果你俩互换角色，站在对方的角度上，你们能接受自己的言行吗？"两个孩子红着脸摇了摇头，小翔说："老师，如果我是小哲，听到那些脏话，我心里也会很难受，我确实不应该对小哲说这么恶毒的话。"小哲也补充道："我道歉的语气不好，如果我被别人碰到了，别人如果道歉不真诚，我也会生气。"两个孩子通过互换角色，进行换位思考，慢慢走出了"自我中心"的思维盲区。其次，转换对象，我接着问："如果把自己看成是其他同学，你俩还会这样做吗？"小哲和小翔摇了摇头，纷纷表示这样的行为是错误的，这一步旨在引导学生转换视角，跳出自身角色，从旁观者的角度客观看待冲突事件。最后，探索其他解决方法，两个孩子都意识到自己存在的错误，我继续引导孩子："如果再次遇到类似的事，你们还有其他解决的方法吗？"小翔说："以后遇到事情我要冷静，不能冲动情绪化，同学之间要和睦相处，不能用言语去伤害同学，做一个懂得宽容的人，如果有实在解不开的矛盾要及时告诉老师。"通过引导推动学生寻找合理表达情绪的方式，探寻冲突情境下解决问题的其他方法。

第三步：启发提问，化解心结

运用启发式提问能够帮助学生转换思维，解开心结，扫清同伴之间的误会。教师可以使用"例外提问"的心理辅导技术提升学生与同伴友好相处的信心。小翔同学自尊心强，在班里总是想引起同学和老师的关注，但是行为往往不恰当，不会和同学友好相处，所以和班里很多同学都产生过矛盾，人际关系很紧张，他时常觉得同学们都不喜欢自己。借助此次冲突，我进一步把脉问诊："小翔，你觉得同学都不太喜欢你，那有没有一件事让你觉得有些同学挺欣赏你，觉得你这个人很不错？"小翔想了想，迟疑地说："有一次，轮到我同桌干值日，他忘记了，我替他干的，他说我是'最佳同桌'，我听了很高兴。""你看！多帮助同学，同学也会更认可欣赏你，互助团结，友好相处，这才是同学之间的相处之道呀！"运用"例外提问"渐渐提升了小翔与同伴友好相处的信心。再就是可以使用"奇迹提问"技术，鼓励学生发现解决矛盾的方向。我又问小哲："如果有一天你发现，小翔身上那些不好的行为其实都是没有的，你会怎么想呢？"小哲开心地说："老师，我会和他做朋友！"小翔听了，不好意思地笑了，我接着问小翔："如果有一天你发现其实大家都没有排挤你，都很喜欢，你还会用这样的言行对待同学吗？""老师，我知道错了，同学不小心碰我一下，要宽容对待，不能再用言语伤害同学。"通过这样的提问，引导学生看见同学友好相处的和谐场景，从而激发其追求的动力，并为之做出改变。

第四步：积极赋能，促进成长

通过一番交流，小翔走到小哲跟前说："我不但没有接受你的道歉，而且故意找茬骂你，还侮辱了长辈，是我不懂得宽容，没有礼貌，对不起，请原谅！"小哲也不好意思地说："我碰到你，道歉态度不真诚，也骂了你，我也向你道歉。"看着他两个握手言和，互相谅解了，我也长长地舒了一口气。此时学生表现出愿意做出努力化解冲突，老师要为学生积极赋能，赞扬学生礼貌懂事的一面。随即我欣慰地说道："你们俩都是懂事的孩子，犯错误并不可怕，知错就改，懂得友好相处，还是好孩子，老师为你俩点赞！"学生体验到愉悦感，体会到老师的欣赏和肯定，这样他们才有动力和信心重构和谐的同伴关系。下午课外活动，我又欣喜地看到小翔和小哲，还有几位同学手牵着手在一起高高兴兴做游戏呢，真是"小孩子打架不记仇啊"。

　　经历了同伴间的冲突，儿童对自身、同伴和社会规则会有更深入的认识，同时也会学习和掌握一定的社会交往技能，在冲突中获得成长。自此，案例中的小翔同学懂得了同伴交往不能只顾自己的利益和需要，在控制情绪方面有很大进步，学会了宽容，在班里的人际关系也缓和了很多。因此，我们不应当简单回避和消除孩子间的冲突，而应该以此为契机，开展社会规范和同伴交往技能的教育，这既是老师的责任，也是我们的义务。

（济南市天桥区汇贤小学　赵鸿宇）

"打着玩"现象：在冲突中学会交往

小学阶段学生间的打闹是较为常见的现象。"打着玩"现象可能会发生在两个或多个学生之间,并具有一定的危险性。打闹现象背后有着复杂的成因,作为教师如果只是说教和压制冲突并不能从根源上解决问题。以下将以一次真实的学生间打闹事件为例,剖析行为背后的成因,并探索解决方案。

一、冲突的发生：一次课间的多人打闹

一个课间活动时间,我一走进四年级教室,小 A 便跑过来向我诉苦,说他被几个同学打了。他一边哭一边说,不停地指着自己胳膊上的指甲刮痕。我看后十分震惊! 我耐心地倾听小 A 讲述事情的缘由,并安抚了他的情绪。小 A 是个相对懂事安稳的孩子,和同学相处也非常友好,怎么会被打呢? 兼听则明,偏听则暗,我决定把这件事情调查清楚。

事情的起因：

小 A：我正在教室里写作业,小 B 走到我身边让我和他玩,可是我反复对他说我现在要写作业,不想和他玩,写完作业后可以和他玩,可他就是不听,我没理他,他居然对着我的胳膊打了几下,然后就飞快地跑开了。接着,我就追他,问他为什么打我。可是后来他们都来打我。

小 B：我本想和小 A 玩,可是他却没答应,但是我当时就是想和他一起玩。我很生气,于是,我就打了他几下跑开了,他一追我,我觉得他就能和我在一起玩耍了。

小 C：我看到小 A 在追小 B,他们你追我打,小 B 是我的好朋友,我得帮他打小 A。

小 D：小 C 是我的好朋友,他让我打小 B,如果我不打,他就不和我玩了。

小 E：小 A 追小 B 时把我撞倒了,竟然没有说对不起,我又没有招惹他,于是我爬起就来打了他几下。妈妈说,要是在学校被人打时,不能受欺负,得还手。

小 F 和小 G：我看见好几个同学追着小 A 打着玩,你追我赶的,感觉挺有意思,所以我也加入其中,打了小 A。

二、冲突的根本原因：社会情感能力不足

我将这几名学生作为我的教育研究对象，仔细琢磨这几名同学的话，认真分析这几名同学同一举动背后的不同心理动机：

小 B 是想跟同学小 A 玩，但当同学表达自己的想法时，他不能站在对方的角度思考，只是一味满足自己的意愿，我行我素，采用攻击行为来表达不满。小 B 也没有考虑身边人的感受，没有分清"想要"和"需要"的事情，不懂得如何与同学正确相处，不能识别自己的内心感受和认知情绪，缺乏共情、与人沟通及交往能力。小 C 和小 D 都害怕不被同伴接纳，于是在好朋友面前表现自己，维系同伴关系，认知能力不强。小 E 在面对冲突时，没有冷静思考、理解他人，不能采用正确的方式解决问题，反而用主动攻击来应对不受欺负，显然，他受到了家庭教育中消极因素的影响。小 F 和小 G 盲目跟风，是非辨别能力不强。小 C、小 D、小 F 和小 G 四人也都属于认知能力不强，缺乏同理心。

三、冲突的解决：多管齐下，用"心"解决

（一）改变思想增内力，提升学生社会情感能力

1. 采取"空椅子"技术原理，促使学生学会换位思考

针对学生小 B 表现出的问题，以自我为中心，不能或者无法去体谅、理解别人，感到愤怒时便采用攻击行为，我巧妙运用"空椅子技术"中"他人"对话式的方法，帮助小 B 和"他人"（小 A）之间建立对话。当他坐到一张椅子上时，就扮演自己；坐到另外一张椅子上，就扮演别人（小 A）。两者展开对话，从而帮助小 B 设身处地地站在"他人"的角度思考问题，从而产生领悟，然后去理解别人，即以自我为中心逐渐发展到体会别人的感受。通过这一过程，小 B 真切感受到了自己的错误并非只是打着玩，没有觉察他人的情绪，没有正确表达自己的想法等是导致问题的根本原因。

2. 路不转，心转——我的情绪我做主，提升学生的情绪能力

针对事件中的 7 名同学及其他同学，我分别开展以"情绪"为主题的小组及班级团体支持活动，针对四年级学生的年龄特点，开展以"情绪"为主题的绘本读书交流会、动画影片欣赏、绘画法情绪辅导等实践活动，帮助学生正确认识、接纳、管理情绪等。具体做法：第一，引导学生了解情绪及情绪的分类，并明白情绪是能量，不分好坏；第二，认识自己及体会他人的各种情绪；第三，初步学会控制和调节自己的情绪。如在情绪识别、管理情绪时，可以采用四步法问自己几个问题：第一步，我现在被什么情绪控制（沮丧、愤怒、焦虑、悲伤……）？第二步，我的情绪有多强烈？第三步，什

么事情让我变得这样？第四步，我内心的真正需求是什么？在这个实践过程中帮助学生学会如何表达并厘清自己的感受，引导自己经常拥有积极的情绪，正确疏解负面情绪，从而促使学生提高情绪的自我管理能力，处理人际关系。

（二）私人订制"心"环境，激发学生成长内驱力

1. 建立学生互学互助帮帮团，以榜样的力量促成长

我先将小B等几名同学分别调整到习惯较好的学生小组中，形成新的"学生互学互助帮帮团"，成员组成上做到性格互补，能力互助。在团长的带动下，成员们都帮助其在小组中学习交往。同时利用任务驱动，共同帮助其改掉不好的行为习惯。在这样一个团结友爱、互助友好的新环境中，这几名学生逐步被接纳、被认可，赢得友谊。他们学会了如何与人沟通交往，提高情感能力。

2. 采用正强化原理，帮助学生不断形成知行合一的良好行为

巧妙运用正强化原理，采用亮点原则，用放大镜及时发现学生好的行为，予以表扬。在小B能够将黑板认真地擦得干干净净时，赞美他——"孩子，你的黑板擦得真干净，像一块干净的幕布，让人感觉看上去那么舒服！"在每次表扬、鼓励学生时，老师都与其有眼神交流，让学生感受到老师是发自内心的鼓励赞美，学生的内心得到极大的鼓舞。

另外，在班级内开展"明辨是非，三思而行"主题班队会及辩论会等主题实践活动，提高同学们是非判断的能力，做到不随波逐流，指导学生"遇事有想法比有结果更重要"，从而潜移默化地培养孩子社会情感能力。

（三）家庭指导讲科学，提升协同育人实效力

家庭是孩子成长中一个重要的场域。针对参与"打着玩"几名同学行为动机表现，特别是小B和小E。我通过家访的方式，结合发生的事件与家长一起分析、探讨，挖掘问题根源，给予家长具体的教育指导方法。

1. 开展班级家庭教育指导培训，转变家庭教育观念，为家长赋能

"家长好好学习，孩子天天向上"——在班级中开展家庭教育指导培训工作。开展"父母角色意识的觉醒与影响"等主题培训，引导家长关注自己在教育孩子的同时，兼具身教及引导者的角色；做好班级家庭教育宣讲活动，如《开讲了——亲子沟通的误区》等，针对身边鲜活的家庭教育案例，用科学解释现象，用科学的方法代替经验式的指导，促使家长转变观念，激发家长的自我成长内驱力，转变家庭教养方式，改善亲子关系，为家校教育共同体赋能。

开展《良好的家庭氛围与亲子关系对孩子社会情感能力的影响》讲座，引导家长关注如何提高自身社会情感能力并有效指导孩子。教给家长学做孩子的"情绪教练"，当孩子面对自身情绪问题或与同伴发生冲突时，采用"觉察——接收——归因——疏导"四步法引导孩子觉察自己的情绪，站在不同的角度想问题，最终有效地

表达自己的想法及解决问题，并非不顾一切地发泄情绪等等。由此，孩子的情感能力在日常与父母的相处中潜移默化地得到提高。

2. 建立"班级家庭教育同伴互学互助团"，"心"方式促进家长共成长

针对社会情感能力所包含的五大维度，家长选择自己感兴趣的教育主题自愿组成家庭教育互学互帮团，通过沙龙活动开展经验交流、互学支持，如班级家庭教育互学互助团围绕"你会倾听吗？""你会做孩子的情绪辅导师吗？""如何保护孩子的好奇心？""针对焦虑，家长要怎么做？"等主题定期开展家庭教育沙龙活动，不断促使家长主动积极地学习并逐步提升解决家庭教育中实际问题的能力，做专家型的家长。同时，通过各种实践活动指导家长巧妙利用生活中的种种情境，帮助孩子们正确认识自我，提高共情能力和沟通能力，提高解决问题的能力等等。

四、结语

（一）做学生的榜样与人生导师，做家长的家庭教育指导师

这件事后，我不禁庆幸于自己对待事情的冷静思考与耐心聆听。试想：如果在没有了解事情起因前，先是对这几个同学进行一番劈头盖脸的批评，再是隆重的道歉。表面上看皆大欢喜，一团和气，但事实上真的如此吗？那些犯错的学生能真正认识自己的错误吗？他们真能做到以后不再犯此类的错误吗？实际上这个问题之后还会导致出现更多内隐的问题，影响师生关系、生生关系等。对于学生而言，一学期中，教师陪伴他们的时间仅次于家人的陪伴时间，因此，教师提高自身的社会与情感能力至关重要。

（二）聚焦多维度、多形式促进学生社会情感能力的形成与发展

班级就是一个小社会，每个人都有其社会化表现。故事中这几名同学的行为都指向他们成长过程中不同的问题，且其背后也都隐含着他们不同的社会情感能力表现与社会成长的需求。教师除了传授知识，培养学生的认知能力，更需要聚焦不同的维度，通过开展丰富多彩的实践活动培养学生的社会与情感能力，不断深度发挥学校这一场域的育人作用。

（济南市营市东街小学　马颂）

换位思考：冲突解决的"法宝"

故事一：好心办坏事，换位来思考

小 A 同学获得了其他同学赠予的一个崭新的飞镖，非常开心，他终于也能拥有自己的飞镖啦！他下课的时候拿出来到处玩耍，这时候被小 B 同学看到了。小 B 同学发现小 A 的飞镖并不完整，好像缺少了一个角，于是她就过去拿小 A 的飞镖，想把飞镖调整一下。小 A 以为小 B 要抢他的飞镖，于是他们两人就打了起来……

得知这件事后，我把这两名同学和飞镖一同带回教室，先观察了一下两名同学身上有没有受伤，发现只是飞镖有些惨不忍睹，于是我把悬着的心放了下来。我板起了脸，拿出了两张白纸和两支笔分给两人，让他们坐在不同的位置仔细地把刚才事情的经过描述清楚，包括时间、地点、原因、结果以及现在的感受，写完后直接交给我。不一会儿两人写完，书写的情况差不多。情况了解后，我引导孩子换位思考：假如你是小 A，你会怎么样想？假如你是小 B 呢？请你站在对方的角度体会对方的感受并书写下来。我趁机强调，要实事求是，用完整的句子表达你的想法。不一会儿，小 A 和小 B 都相继写好，双方交换书写纸，并读出对方的书写内容。双方经过两轮书写已经能静下心来，我趁机询问两位同学想怎么解决这件事，小 A 原本以为小 B 是要抢他的飞镖，所以特别生气，小 A 认为小 B 应该先和他交流，不能直接动手，小 B 要向他道歉；小 B 想要邀请小 A 一起制作一个新的飞镖并送给小 A。小 A 和小 B 双方都接受了对方的建议，问题也得以良好的解决。

课上我们及时复盘了这件事，引导学生学习"换位思考"的过程，即有效沟通和对话，试着思考和体会对方的感受，并恰当地表达自己的需求。这一过程主要包含以下三个步骤：（1）假如我是_____，我需要用耳朵听、眼睛看，我观察到了什么？（2）思考体会他人的感受：换位思考"我"体会他人的感受是怎样的？（3）学会组织自己的语言，用完整的句子恰当地表达出你的需求"我希望的是怎样的"。无论我们是哪一方，只要能够设身处地地站在别人的角度去思考问题，误会可能就不会发生。

故事二：乱猜惹"冤"案，信任是法宝

"不是我，不是我发出的怪声，大家都冤枉我……"上午最后一节音乐课刚结束，一向活泼调皮的小C哭着喊着跑回教室。我快速了解情况，原来是课上突有一次"怪声"，是从小C同学附近发出的，老师询问时，有同学指出是小C，老师提醒他下次注意后继续认真上课，但小C感觉特别委屈，故有了刚开始的一幕。

由于小C平时上课就爱出风头，同伴便戴有"有色眼镜"，误以为声音是从小C那边传出来的就认为是小C，所以老师一问就说是小C。

作为老师，我深知"爱和信任是我们能给孩子最好的保护"。所以首先，我抱着肯定的态度仔细询问，让小C感受到老师充分信任他；同时向全班同学说明"不小心或不是故意发出怪声的，我们都可以原谅"，向孩子传达我们可以犯错，但要坦诚；尊重孩子，给孩子发言的机会，跟孩子平等对话，孩子才不会惧于说出真相。再引导孩子换位思考：(1)假如你是小C，你观察到了什么？(2)思考体会小C的感受；换位思考"我"体会他人的感受是怎样的？(3)学会组织自己的语言，用完整的句子恰当地表达出你的需求"我希望的是怎样的"。最后引导孩子想象，如果能时光倒流，你会怎样化解这次危机？

其次，遇事不怕麻烦，查清真相，实事求是；留给做"坏"事的孩子承认错误的时间和机会；午饭后，一个平时偏安静的女孩主动找我，因为她课上看到一只小虫子在脚边飞，特别恐慌地发出了声音，但由于害怕羞愧并没有承认自己的错误行为。

最后，真相大白后，我要求错误指认小C的同学给小C道歉，消除孩子心里的阴影，让他们感觉到，真相不会被掩盖，没做错事就不会被冤枉，同时任何事情都要实事求是，恶语伤人六月寒，不能戴有色眼镜捕风捉影。

故事三：偏爱也是错，假如我是你

有一天，班里一位叫小D的女生，诉说了她的烦恼："我有一个比我小6岁的弟弟，我很喜欢他，但是，自从他出生之后，我听到的最多的一句话，是爸爸妈妈所说的，弟弟比你小，你应该让着他！无论是弟弟抢我的零食，抢我的玩具，还是抢我的遥控器，我都应该让着他，就是因为他比我小。有一次弟弟无缘无故地划了我的新书，我在教育他以后不要这样做的时候，妈妈的声音又在我的身后响起，弟弟比你小，你应该让着他，我不明白为什么弟弟比我小，我就一定要让着他呢？"

这个问题困扰着无数个有弟弟妹妹的孩子。自从放开二胎，近几年越来越多的孩子"升级"为哥哥或姐姐，课间偶尔也听到同学互相吐槽和家中弟弟妹妹相处的问

题。两个孩的相处问题也最让家长头疼。

那么,这一问题应当如何解决呢？首先,遇到问题我们需要真诚换真诚,和学生做好沟通,了解问题的起因经过,帮助他们认真分析造成冲突的主要原因,要学会尊重自己的父母,鼓励借助"换位思考"的方式主动与父母进行沟通。同时,向家长询问学生在家的表现。及与家人的相处方式以及家长的教育方式。如果问题出现在家长身上,我会劝说家长转变教育观念,也要"换位思考",学会尊重孩子和理解孩子,多给孩子建议而不是要求,多以身作则。

我把我的建议告诉了小D,她选择鼓起勇气主动和爸爸妈妈沟通,向爸爸妈妈表达了她的真实感受,爸爸妈妈也积极配合换位思考,体会了对方的感受,明白了不应该把所有的爱都放在弟弟身上,小D也是一个孩子,也需要被照顾,并表示以后会注意表达方式,正确和孩子相处。

学着用正确的方式提出诉求,褪去指责,就能感受到对方需要,站在对方角度,爱会自然流露,问题也得到了解决。

结语

在生活和学习中产生分歧是很常见的,包括学生与学生之间的冲突、学生与老师间的摩擦、学生与家长之间的矛盾。在主题班会课上好多同学也分享了自己故事,老师趁机追问"如果能时光倒流,你会怎样化解这次危机?"同学们纷纷积极参与谈论,并表达了正确的解决路径。学会有效沟通和对话,试着思考和体会对方的感受,并恰当地表达自己的需求,可以借助换位思考三部曲去解决:(1)假如我是____,我需要用耳朵听、眼睛看,我观察到了什么？(2)思考体会他人的感受:换位思考"我"体会他人的感受是怎样的？(3)学会组织自己的语言,用完整的句子恰当地表达出你的需求"我希望的是怎样的"。这样会让我们更加了解彼此,增强和周围人愉快相处的能力,在未来的学习和工作中适应社会发展的需要。之后,在同学们的一致讨论下,我们在班级墙上设置了冲突案例角,再次明确了换位思考的方法,用以指导今后其他同学之间的冲突,通过共享的方式给所有同学提供经验和信心。在不断地摸索与积累中让学生养成站在别人的角度看问题的习惯,同伴之间能够相互理解,从而真正减少冲突的发生。

（济南市山东大学附属中学　范静、马丽敏、熊晨曦）

驱散"心魔"：冲突化解的突破口

小雨（化名），女，16岁，高中二年级学生。高一时因与一名班级女同学发生摩擦，大打出手，双方均受到一定程度的伤害，后在家校共同协调沟通下实现和解。高二选课走班后小雨因高一时的动手事件受到新班级多数同学的不认可乃至孤立，在本学期又与班级内另外一名女同学小菡（化名）出现言语冲突，本次冲突致使小雨家长情绪激动，力图惩治"恶人"，挽救女儿，生生关系达到冰点。我通过多方多次的沟通协调，从小雨所欠缺的社会情感能力，尤其是责任能力、社交能力、管理情绪情感能力入手，以其与其家长深陷的"心魔"为突破口，家校协同，探索缓解生生矛盾，促进班级安全稳定和学生健康发展的教育之道。

一、问题成因剖析

通过对小雨前任班主任与父母的沟通了解，结合自身观察和对班级超过半数同学的询问，分析了小雨容易与班级同学发生冲突的三大原因。

（一）自身的攻击性行为倾向

小雨与同学发生争执，容易动手，存在一定的攻击性行为倾向。攻击性行为的产生主要是经验习得的结果，个体之所以会选择某种行为，主要是这种行为能给她带来某种利益："攻击性行为"会使小雨在一次小小的胜利中得到满足感和成就感，而这种"胜利"的体验比起"躲避"等消极反应所带来的结果要令人开心得多。因此，小雨在小学、初中的尝试中形成这样的经验：不要惧怕别人，要通过动手解决问题，用武力保护自己。在"自我保护"的强烈暗示下，个体往往会对外界信息过度敏感，以致作出"假想防御"。另外，小雨的"攻击性行为"里也包含了将对"权威"的不满发泄在非权威身上：个人认为明明自己受到了他人的欺负，但老师和学校却"处理"了自己，由于不能或不敢直接冲老师宣泄，因此将攻击性指向了同学。同时，这种"攻击性"还是一种寻求关注的不当方式，因为"攻击性"而交往不良，少有人理睬，所以干脆以"攻击性"寻求注意，寻求理睬。

（二）道德情感教育的欠缺

小雨能对自己的行为向老师承认错误却又屡屡犯错的现象表明，她的道德情感体验与道德行为不够统一。虽然小雨能够分辨事情的是非好坏，但在道德情感的发展上，她并没有从心理上体验到打架这个行为所带来的厌恶感，相反她可能更多地从打架中体会到了快感乃至成就感。相应地，老师更多的是在道德认知上对其进行批评教育，未能从道德情感上予以感化。在与小雨的个人沟通中我明显体会到，小雨是一个较为自我、极为敏感的孩子，在她对人际关系处理这个问题上存在自私、偏激的特征，在品德行为这个维度上，缺少必要的公共道德常识，例如她更倾向于发问，而不愿意倾听；更倾向于愤怒，而不愿意冷静；更倾向于"握拳"，而不愿意微笑；更倾向于描述好恶对错，而不愿意感受情感体验。总而言之，小雨在成长过程中似乎没有完全养成爱他人、爱社会的道德情感。同时在与小雨对初中学习生活的回顾交流中，我也感受到正是由于她性格上所表现出的孤立性，与同学产生过类似的冲突，加之学习成绩不够突出，初中班主任对她进行了"定性"，将其归为不服管教甚至无法管教的行列，因此，对她的关注和交流越来越少，即使沟通时也更多是批评或灌输道理，不注意培养与之相吻合的情感，道德教育的效果微乎其微。因而我决定利用真挚的情感和能够增强其个体道德体验的方式培育小雨的道德情感，比如每周定时、定次与她进行交流以建立信任，鼓励并推荐她积极参加学校组织的十大歌手比赛或体育比赛以发挥她的长处，与班级同学谈话号召同学们向她表达更多的善意等。

(三) 不当的家庭教育观念

在学生成长经历中，只有父母明事理，才能真正提出对孩子成长有利的可行建议。但在小雨的家庭教育中，面对小雨攻击性行为取得的"胜利"，其父母不但没有对小雨进行及时的制止，反而认为女儿受到欺负就应该予以"反击"。同时，小雨父母还表现出无法正确认知或者逃避承认自己的孩子存在交往困难和暴力倾向的问题，只是将这些问题归纳于"男孩子性格""没有恶意"等等。例如我在与家长进行单独沟通时，他们更多表现出的是不耐烦和不倾听，在孩子面前大声指责一定是别人的错，并发出"学校如不处理小菡，我的孩子随时可能会挥拳打人"的威胁，这种在孩子面前不冷静、不反思的行为注定会在孩子的心里留下深深的烙印，势必会增加学生犯错和无法获取正向道德情感的概率。于是我处理本次事件的基本逻辑是在解决学生的问题之前先纾解家长的情绪，寻求家校共育。

二、采取教育措施

(一) 拉近师生距离，增强情感体验

作为班主任，我找准时机主动接近小雨。从小雨在运动会的良好表现和爱唱歌的优点入手，与她进行自由交谈，在此过程中，对于她与班级同学的冲突不做评价，

并且表示愿意以好朋友的身份来倾听她的述说。经过多次的交流与会谈，我们之间慢慢建立起相互信任的关系。在信任关系的基础上，我与她分析日常学校的表现，让她明白事情的发展都是存在来龙去脉的，分析问题应该学会换位思考、综合分析，学校的做法、思考的角度和家长的要求都是多方面的，应该全面辩证地看待。接着，采用情感意志辅导治疗，让小雨先学会将心比心，在心中有一把道德量尺，在"动手"前要三思而后行，时刻提醒自己不能够通过暴力或者冷暴力解决问题，把痛苦带给同学。然后，明确"动手"解决问题的严重后果：逐渐失去同学的信任，没有同学的关怀，渐渐疏远同学，出现紧张的人际关系等。最后，让小雨列下自己的好友清单，让她从寥寥无几的好友清单中真切感受到：动手解决问题最终只会给自己带来严重的不良影响。

（二）召开主题班会，积极自我强化

与此同时，我在班级内召开了关于社会情感能力培育的主题班会，题为"爱人爱己，向阳而生——善意与共情"。首先，通过展示案例教导学生面对同学间的摩擦和矛盾时要先采取冷却、忍耐的方法，积极地与班主任老师沟通交流，表达对他人的理解，做出符合自身年龄阶段的负责任的行为。其次，我通过提出以下问题号召全班学生进行换位思考：你想拥有健康和谐的人际关系吗？你是否想成为伤害他人又伤害自己的人？伤害别人的后果我们能承担吗？十年后我们会怎样评价此时的不友好行为呢？并要求大家谈谈自己的想法。最后，在班会课后，我进一步指导小雨从同学的接纳中完成自我强化。例如，给她父母发表扬信，推荐她积极参加校十佳歌手比赛，在学业成绩上和作业完成上提高表扬频率，定时与她交流等，让她充分体验信任和成功的欢乐，不断进步。运用"强化法"和"代币奖励法"让小雨重新塑造自己的友好行为，以达到行为改变。

（三）家校携手共进，实现自我控制

一种习惯行为的改变必然会经历一段时间，在这段时间内老师的监督及家长的配合是必不可少的，因此，在对小雨的改造教育过程中，我时刻保持警惕，一旦小雨出现了不良行为，我便会适当地给予一定的惩罚，比如惩罚她在班级同学面前一展歌喉，这对于之前不被认可、不自信的她是一个纠结的过程，但在唱歌的过程中她也收获了掌声和笑容；有时在犯错后让她写出至少 400 字的说明书，写清楚事情的前因后果与心理过程，让她在反思中感悟自己行为的对错。此外，尽管小雨的父母在教育观念上失当，但我通过之前班主任了解得知，小雨的父亲在一定程度上是配合和理解学校工作的，我择期单独与小雨的父亲进行了详谈，晓之以理，动之以情，既突出赞扬了孩子的优点和长处，同时又点明利害，孩子的认知能力和自控能力尚弱，若因家长情绪和言语的催化产生伤害事件不但影响家庭稳定，还会导致孩子因违反校规受到处分，对孩子未来产生不可逆的影响。其父母在冷静之后也认识到了问题

的紧迫性和严峻性，开始尝试配合学校和我的工作，之后我便与家长进行常态化沟通和提醒，寻求家长的理解，恩威并施，家校同发力，使小雨逐渐从有所约束到自我强化，最终内化为自己的社会情感，控制自己的行为，驱散自己的"心魔"。

三、反思

经过一个多学期的反复沟通、交流和自我控制，小雨的性格发生了巨大转变，班级的朋友更多了，脸上的笑容更多了，与老师的交流也更有礼貌，个人的责任能力、社交能力和管理情绪情感的能力有显著提升。更惊喜的是，小雨在行为习惯改变的同时，学习态度也发生了"大转弯"，听课更加认真，课堂回应老师的次数增多，作业按时完成的频率提升，在全市统考中年级进步了近 100 名，获得了"进步之星"荣誉称号。此外，她还获得了黄河主题绘画一等奖、心理漫画绘制一等奖等荣誉。这一切，都让我和小雨的父母既惊喜又欣慰。

在社会迅速发展的当下，一个人的成功或幸福，不再受制于认知方面的"硬技能"，而是决定于非认知方面的"软技能"，如自我控制、情绪管理、责任感、同理心、合作力等等，这些是面向 21 世纪的不确定性和终身学习的核心能力。然而，不能忽视的是，学生的"软技能"发展千差万别，对于学生社会情感能力的培养不能采取"一刀切"的方式，而是应在尊重每个学生身心发展和情感发展特点的基础上做到"就事论事"，只有针对具体个例采取有针对性的教育培养措施，才能提高培养学生社会情感能力的教育效果。

此外，学生的成长需要一个过程。作为教师，应该是一名关怀学生的"长者"，同时也应该是一位察言观色的"心理专家"，对于学生产生的不良行为，不应该是劈头盖脸的批评，而是要在教育中感化学生，在辅导过程中转变学生，让学生从内到外改变自己的不良行为。正如小雨的案例，只有从成长经历中深挖其攻击性行为和人际交往不畅的深层原因，才能做到有的放矢，有针对性的辅导，进而实现学生的成功转化，培养学生的健全人格。

作为一名教师，要积极寻求多方支持与帮助，从家庭、学校、社会，多维度、立体化入手，为高中生社会情感能力培养打造出一个良好的生态圈，增强家校共育合力，确保实现学生社会情感能力的向好发展，为其幸福人生奠基！

（济南第七中学　张现瑶）

抓住教育契机：利用同理心化解矛盾

教育契机是指对学生进行某种教育或解决学生某个问题时的最佳时机。它是在教育实践过程中自然生成的或有意创设的某种关键性事件或情境。把握好教育契机，能够适时发现学习、生活中学生感兴趣的事物、游戏和偶发事件中隐含的教育价值，把握时机，积极引导，对班主任来说是非常关键的一种育人能力。同理心，即设身处地地对他人的情绪和情感的认知性的觉知、把握与理解，主要体现在情绪自控、换位思考、倾听能力以及表达尊重等与情商相关的方面。青春期的学生情绪变化易受环境影响，同学之间相处时免不了发生误会和冲突。当学生之间发生矛盾冲突时，教师可以抓住教育契机培养学生的同理心，科学有力地化解学生矛盾，提高学生的社会与情感能力，以促进学生的个人发展和班级整体的稳定与和谐。

一、学情介绍

笔者所管理的班级是学校的特色班，高考方向为艺术类方向，班级中学生的平均成绩与年级平均水平有一定差距，且每个学生都有鲜明的性格特点。在学业水平方面，学生在学习能力、学习习惯上存在的问题比较突出，例如背诵学科知识点速度较慢，上课容易走神，小动作频繁。学生入学时，各学科基础较弱，所以总体的课时进度也较普通班慢 1 到 2 个课时。在学生的个性特点方面，一部分男生调皮好动，时间观念和自律性较差，热衷于打篮球，注意力分散。另外，一部分女生个性鲜明，比较娇纵，以自我为中心。但班级中的学生总体氛围较好，总体能够做到尊敬师长，遵规守纪，班级风气积极向上。

二、事件回顾

每周三下午的第四节课，是学校惯例的数学周测考试。就在高一迎来第一次数学周测后，晚自习前的空档里，一场冲突突然爆发了。距离晚自习开始前的 10 分钟，我照常进入教室，发现教室最后一排的数学课代表小唐同学正在吃晚饭，我过去问了一句："怎么这么晚才吃饭呢？"小唐同学对我尴尬地笑了笑，狼吞虎咽地吃炒面，我说："不着急，还有时间。"随后，就在我和学生在讲台旁谈论数学题时，教室后方突然爆发了小刘同学的咆哮。她手里拿着数学答题卡，冲着小唐同学高声咆哮着："我问你呢！到底交给谁！"小唐同学满嘴都是饭，一时满脸通红，急得说不出话来，直直地看着小刘。这时小刘直接把卷子"啪"的一声拍在桌子上，大声地冲小唐同学吼道："你别用那个眼神看着我！你那个眼神瞪谁呢！我告诉你我最受不了别人用这种眼神看我！你信不信我过去扇你！！"说着她便直接冲到小唐同学面前，抬起手来就要打人，小唐手里的筷子掉在了地上，校服也被弄脏了，其他同学急忙拉开小刘同学。我目睹了小刘同学情绪激烈大喊大叫的过程，但其中的缘由我并不清楚，当务之急是控制住她的怒火。我急忙过去稳住小刘同学，让她注意自己的言行，不要因为情绪激动造成更严重的后果。其他同学也纷纷到小刘同学身边，安慰她的情绪，但她依然不依不饶地跟我说："老师！你看看她那个眼神，我最受不了别人用那种眼神看我！我一开始都是好声好气地跟她说话，不信你问别人！"我连忙按住她，说："好好好，小唐的问题我现在去沟通，但是你不能冲动！"说罢，我走到小唐同学身边。

小唐同学还没开始说话，泪珠就大颗大颗地往下掉。她告诉我，冲突的产生是因为答题卡的事情。在她收答题卡时发现少了一份，在班里问了好几遍是谁没交，都没有人回应，大家都急着去买晚饭，只剩她自己在教室里，一张一张将答题卡核对完，发现缺的正是小刘同学的答题卡。这时已经耽误了较长时间，再把答题卡送到扫描室里，值班老师因为她迟交答题卡就严厉地训斥了两句，这让小唐同学更加委屈，由此也耽误了她吃晚饭的时间。她跑去食堂匆匆买回来一份炒面，于是出现了我刚进教室时发现的这一幕，随后小唐同学哭着给我解释："老师我真的没有用什么样的眼神去看她，我就是满嘴都是饭，没来得及回应她，而且我郁闷的时候不想和别人说话，我怕我心情不好说了什么会引起争吵。"

我向小唐同学简单了解了情况后，把小刘同学叫到走廊来谈谈，她依然情绪激动地向我重复着她关于"眼神"、"受不了"等发火的理由。

三、问题分析

小刘和小唐两位女同学，因为答题卡这样一件"小事"大动干戈，尤其是小刘同学的表现，她火冒三丈甚至要动手打人。其中，对于"眼神"和态度的界定是小刘同学与小唐同学的冲突点，由此可见，这种人际冲突并非是由具体的矛盾事件挑起，而是与两个学生的性格特点和处理问题的方式有着密切的联系。所以，这种学生冲突仅仅是依靠说理和批评教育是不能够完全解决问题并化解矛盾的，反而容易引起任一方，甚至双方对彼此的更加不服气，从而激化矛盾。所以，我认为这次问题，主要是源于学生对待人际冲突处理方式的差异。据我的了解，小唐同学性格较为内向，为人和善，身为数学课代表一直非常认真负责，但遇事较为沉默，不愿发表言论，属于逃避型人际冲突处理方式。小刘同学性格外向，为人直爽，乐于助人，但脾气比较暴躁，容易与人发生冲突，在处理人际冲突时，只管自己的需求，不管他人的意见，为了赢，不惜攻击别人，属于对抗型人际冲突处理方式。由此，根据学生性格特点，我尽量避免两位同学的正面碰撞，而是单独进行谈话教育。

四、问题解决

结合德育的尊重信任学生与严格要求学生相结合原则、因材施教原则、集体教育与个别教育相结合原则，我采用了尊重学生、以同理心回应学生的不良情绪，引导学生换位思考，引导学生自我反思，开展集体教育的四个步骤，抓住教育契机，开展了一次社会与情感能力教育。

我首先让小刘同学冷静下来，把整个事情的来龙去脉讲清楚，于是，我用同理心来回应学生的不良情绪，我扶着她的肩膀耐心地和她说："我知道你很生气，你和小唐同学沟通没有任何效果，如果是我，我应该也会感到又急又气，那到底是怎么回事呢？"她把自己晚交答题卡的原因说清楚了——去参加了学校的住宿生会议。同时，她强调，在小李同学帮忙收答题卡的时候，她告诉小李同学："我回来晚了还没写完，等下再交。"结果最后没有交上答题卡，她询问小唐同学的时候，还被回应了"那种眼神"。"老师，你说这能怪我吗？我跟小李说了我来晚了，而且我答题卡就在桌子上放着，那么明显她都没看见，我真受不了！"小刘同学依然气愤，于是我把小李同学叫出来，我问小李同学："小刘同学跟你说她没写完，你告诉数学课代表了吗？"他低着头，声音略带颤抖地回答说："我没有告诉课代表，我当时就顾着放学去买晚饭，把这句话给忘了。"接着我还没来得及说话，小刘同学拦住我说："老师，这都是我的问题，和小李同学没关系！我就是交卷子的时候习惯性地跟他说了我晚点交，您不要批评他，绝对没他的事！"这时的小刘同学敢作敢当，很仗义地维护无辜的同学，于是我让小李同学回教室了。

第二步，我又采取了让小刘同学换位思考的方法，向小刘同学转述了小唐同学的经历。我说："如果你是数学课代表，少一张答题卡时，你着不着急？"她点了点头，说："但我也绝对不会冷漠地对待同学！"我继续说："好，那么你现在抱着花了好长时间才数清楚的答题卡，到达扫描室，结果老师对你提出了批评，你的心情怎么样？"她低着头不再说话，愣了一下，回应了一句："很烦！"我说："等你买好晚饭回来，已经快要上晚自习了，你必须要快点吃晚饭才能不耽误晚自习，这时没交答题卡的同学又跑来问你问题，你忙着吃饭，没来得及回应，对面的同学就被你惹急了，你觉得这样对吗？"她小声地说："嗯，不对。"我说："是谁不对呢？"她立刻回答："都不对。"这时，小刘同学的情绪已经相对冷静，比较理智了。

我进一步引导小刘同学进行反思，于是，我问："你觉得课代表不对的地方在哪里？"她说："缺一张答题卡可以先巡视一遍考场，我的答题卡就放在桌面上。另外，她其实可以告诉我把答题卡送到哪里去，我直接自己去送。"我顺着她的思路回应她："嗯，很好，你可以把这个方法告诉课代表，她肯定会向你学习的。实际上这是她从小学以来第一次担任课代表职务，她之前从来没有做过课代表，所以'业务'有点生疏，也不是不可以包容的，对吗？"她连连点头，我继续说："其实这个时间扫描室已经下班了，这次你的考试就没有得分了。那么你觉得你不对的地方在哪里？""我的脾气太急了，"她低着头小声地说，"我没有想到她不知道我回来晚了，交不上答题卡，我以为我已经给小李同学说了就够了。而且，我也没想到小唐同学会因此受到批评。我也管不住自己的脾气，在初中就因为打架闹得受了处分，这确实是我的不对。"听到她的这些话，我心里还是感到欣慰的，小刘同学能在我的引导下反思出自己的不足，这样两个人的冲突就能分解成个人的问题从而被化解。

随后，我便毫不吝啬地认可了小刘同学，称赞她能够相对客观地对自己的问题进行分析和反思，这本身就是促进自己成长进步的一种方式。最后，我将小唐同学从教室里叫出来，没想到小唐同学首先主动道歉，向小刘同学说："对不起小刘同学，我之前从来没有做过课代表，刚开学的这段时间，我的课代表工作做得也不够熟练，我不是故意要对你不礼貌，我以后会注意我的表情和眼神，请你不要想多了，希望你能原谅我。"小刘同学立马回应道："没有，没有。别这么说，是我自己马虎大意了，没把自己的测试当回事，还牵连了无辜的同学，对你发了脾气，是我应该道歉，对不起了小唐同学。"

最后，看到两个姑娘握手言和，我便借晚自习的机会，以此次冲突为教育契机，在班级里开展了一次小型班会。由于这两位同学发生冲突的根本诱因在于一张小小的答题卡。一方面，课代表小唐同学尽心尽力地做好课代表工作，对班级同学负责任，而小刘同学没有认真对待数学考试，将答题卡写完就直接扔在了桌上，自己赶忙去吃晚饭，想当然地认为其他同学会帮她把答题卡交上或课代表会自行来把答题卡收走，导致自己的数学测试没有成绩，还牵连了小唐同学延误上交了全班的答题卡，这正是对自己的学业任务不负责任的表现。因此，这次班会围绕责任感这一主题，表扬小唐等其他一些同学努力做好课代表工作，积极承担收发课业的责任，同时让同学们思考，责任感的主体是自己，那么如何做才是对自己负责呢？例如自己的课业是否应该自己上心？自己的情绪是否应该自己管理和调节，具体应该怎样做？对自己负责的同时，是否也能避免给他人添麻烦？围绕这三个问题，同学们开展了颇为激烈的讨论和发言,最后,我将这三个问题作为班级的反思作业,让每位同学将自己的想法落在了纸面上,由此,每位同学都在此次班级小矛盾中或多或少地思考了、成长了。

五、总结

在班主任日常工作中,免不了出现这种小事,班主任要及时地抓住教育契机,充分利用这样真实生动的教育情境,适时对学生的社会与情感能力进行培育和提升,提高育人实效性。另外,在高中生群体中,青少年之间产生冲突时,他们往往容易情绪激动,情绪调节能力较弱,这时,他们往往听不进去别人的劝诫,而教师需要有充分的爱心和耐心来对待自己的学生,使用同理心回应的方式,使学生感受到教师对自己的理解,能够更愿意主动地表达自己的情绪和想法。随后,再引导学生换位思考,使其冷静地思考对方的处境,理解对方的遭遇、感受和想法,进一步地使学生从对方的视角发现自己存在的问题,由此进行分析和反思,避免相同情境下再次出现此类问题。最后,将此类小问题所对应的社会与情感能力维度提炼并开展主题班会,实现以小见大,抓住教育契机,协同班级育人的效果。

(济南第七中学　闫语欣)

剧本杀的艺术：解决群体冲突的新路径

当遇到突发事件时，教师首先要理解学生当时的心理需求，他们需要的是老师的共情，而不是说教。

那日，学生因"鸟蛋"而打架事件发生后，为了激励孩子正面思考问题，培养学生调控情绪、解决问题和相互沟通的社会情感能力，我将"剧本杀"这种孩子喜闻乐见的社交桌游引入课堂。利用"剧本杀"游戏的特点巧妙地和语文教学内容整合，将突发事件作为写作素材，采用小组合作写作的形式，引导学生玩《鸟蛋遇害之谜》剧本杀游戏，让学生通过角色扮演、推理、调查等方法，来解决剧本中的谜题；在猜一猜中，抽取事件发生的线索；在写写、议议、辩辩的真实体验中，情感沉浸；在明理中，探索事情的真相，辨析自己行为的对错；在导行中，感悟生活，让真、善、美的种子埋进孩子们的心中。回眸整个教育过程，我感受到巧妙处理突发事件要掌握好三个"度"。

一、巧用生成资源创设写作情境

【镜头一：处理突发事件要有暖到心坎的热度】

那天，我刚到教室门口，就听见里面此起彼伏的吵闹声，只见班级的"女汉子小陈"跟"皮大王小张"扭打在一起，课桌椅东倒西歪，围观的同学有的在劝架；有的躲得远远地观望；有的已经跑出来，准备告诉班主任；小陈和小张的铁粉们互相口吐莲花……

此时，上课铃声响起，但是学生们置若罔闻，依然情绪激动不已。面对如此混乱的场面，我深吸一口气，大喝一声，让学生各自回到座位，用最短的时间让学生安静下来。询问缘由后，才知：早上升旗仪式，校长告诉全校师生："有一只斑鸠在学校的一棵小树上筑巢，这是建校十年来第一次出现的事，希望同学要保护好它。"可是，第二节课刚结束，学生们正在树下观察斑鸠，小张却用音乐书扔斑鸠，不仅赶走了斑鸠妈妈，还把鸟蛋砸碎了。大家都责怪小张，小张却不承认，战争一触即发。

我刚想进行教育，不料脾气暴躁的小陈突然站起来边哭边骂小张是杀死斑鸠宝宝的凶手。刚安静下来的教室，又炸开了锅。于是，我采用"现场目击法"，让同学玩起了《揭秘鸟蛋遇害之谜》的剧本杀游戏。让大家回忆并寻找蛋砸碎事件现场第一目击证人，把学生分成"小张扔音乐书、鸟妈妈逃走、鸟蛋砸碎、小陈和小张打架"这四个关键环节的目击者侦查组，让每位同学用"时间、地点、看到谁干什么、我心想"的方式，把刚才发生的事情，真实地记录下来。顿时，教室里鸦雀无声，同学们都认真地挥笔疾书，有些同学边写边时不时地回头怒视小张几眼。

【分析】斑鸠妈妈的逃离和鸟蛋砸碎是这次课堂突发事件的导火线；小陈的责骂和小张的推卸责任是矛盾激化的关键。当冲突发生后，如果采用传统的强硬镇压和说教方式，教育同学们要团结友爱，不能打架，也许迫于教师的威严，场面会一下子控制住，但是孩子们的心结是解不开的，甚至会因为老师的批评火上浇油，产生对抗情绪，形成师生的对立。于是，我把语文课变成了侦探破案的作文指导课，采用玩"剧本杀"游戏的方式，让学生寻找斑鸠事件的现场目击证人回忆前面发生的事。这个"缓兵之计"很快把学生的情绪稳住了。然后，根据冲突双方都认为自己是对的、不服输的心理，巧妙将他们引导到做游戏的情景中，使学生的注意力从矛盾冲突的事物中转移到一个非矛盾冲突的事物上来，以此缓解和消除孩子间的矛盾，让他们能冷静地思考问题，找出症结。看着孩子们一改往日俯首咬烂铅笔头，眉头紧锁不留字的痛苦写作场面，很是欣慰。面对班级突发事件，教师要静心思考如何用最有效的教育教学方法，化不利因素为有利因素，从学生们的实际出发，把握时机，审时度势，掌握好分寸，以平和、宽容的心态有温度地处理问题，结果会让你收获很多的惊喜。

二、妙用写作过程还原事情真相

英国作家简·奥斯汀曾这样说："好孩子、坏孩子可能诞生在师长的言语中。"的确如此，小学生的是非观和处理事情的能力还比较弱，容易因冲动而做错事情，课堂突发事件发生后，教师先要想办法让学生把注意力转移到课堂上来，然后巧妙地将教学内容和处理事件融合在一起，站在学生角度，帮助他们去了解事件的真相，学习评判对错，化解矛盾冲突，用写作的方式，让每位孩子深度思考整个事件，学会正确处理事件。

【镜头二：处理突发事件要有包容失误的宽度】

十几分钟后，大部分学生写完了稿子，根据内容我把学生分成"目击证人组"、"道听途说组"、"当事人组"，用小组合作写作的方法形成每组的分析报告，并进行全班交流。同学们各抒己见，认真地讨论着分析报告。被推选汇报结果的同学俨然一副侦查员的模样，细致地讲述着本组观点，其他小组还不时地补充细节。不久，事情真相浮出水面：小张真是被冤枉的。当时，大家都在观察斑鸠，因为鸟窝在枝繁叶茂的树枝间，班里的小熊找不到，就问身边的小张，鸟巢在哪里？小张热情地用音乐书卷成桶状，想指给小熊看，没想到用力过度，书一下子被甩了出去，刚巧砸到了鸟窝，鸟妈妈受到惊吓，飞起来逃走时，把鸟巢踢歪了，蛋就从巢里滚落下来，砸在地，碎了。事情发生得很突然，速度极快，大多数同学没了解到前因，只看到了鸟飞走，蛋砸碎的结果，于是因为误解，引发了指责和打架事件。随着真相大白，事件顺利解决。为了更好地指导学生正确处理突发事件，也为后续的写作打好基础，我邀请事件焦点人物把整件事还原一遍，看到当事人投入的表演，全班同学都开心地笑了起来，小陈和小张同学也意识到了自己行为的不当，互相赔礼道歉，握手言和。

紧接着，我又组织讨论：小张和小陈的问题出在哪里？旁观者怎么做才是最合理的？对于痛苦离家的斑鸠和砸碎的鸟蛋，我们可以为它们做什么？一石激起千层浪，各种各样的小妙招从学生的口中喷涌而出。于是，我将写作的主动权还给学生，作文题目由《揭秘鸟蛋遇害之谜》变为题目自拟。

【分析】本次事件的男一号是小张，调皮捣蛋是他的常态，当看到鸟妈妈吓走，鸟蛋滚落砸碎的现象后，同学立刻脑补小张残害小动物的罪行，并群起而攻之，小张想自证清白和小陈打架。回顾整个处理过程，我深切体会到：教师面对涉世未深、眼界有限，生活阅历和情感体验各不相同的学生，不能用统一的标准去评判他们的对与错；要用包容失误的胸襟，以及允许犯错的心态正确引导学生，让他在信任你的状态下，真实地吐露心声，消除隔阂，让师生、生生间的关系更加和谐。

三、善用写作成果达成育人目标

【镜头三：处理突发事件要有助力成长的深度】

原以为事情到此为止，没想到，午休时，学生们忙开了，有的制作爱护小鸟宣传牌；有的用餐巾纸把鸟蛋的残骸包起来，在树下给鸟蛋建了个坟墓；有的爬上树把鸟窝扶正修好；有的把给鸟妈妈的信挂在鸟窝附近的树枝上，还有的把米饭省下来撒在了树的周围，希望鸟妈妈回来吃……

第二天早上，大家拿出昨晚写的作文高兴地互相交流，就连平时一直不交作业的小段，也兴奋地说："肖老师，我昨天给斑鸠写了一张纸条挂在树上，晚上就梦见斑鸠回来了，我把昨天的梦写了下来，可以读给大家听吗？"

为了趁热打铁，鼓励孩子的写作热情，我按照作品的主题，分成八个作文合作修改组，让大家分享、补充和完善作品。由于突发事件学生记忆深刻，很容易从不同观察视角帮助同伴找到修改点，并用比较生动的方式表达出来。例如，小潘的《风中的哭泣》成为最佳人气作品被张贴在教室的墙上。

风中的哭泣

音乐课结束后，我路过学校长廊，发现枫树枝条中间有一只可爱的鸟巢。我猜想那一定是校长升旗仪式上介绍的斑鸠的家。于是，就招呼大家一起看，同学们欢呼雀跃，我们边观赏着这只可爱的小鸟，边猜想鸟妈妈的窝里到底有几个鸟蛋。

正当我们热烈地讨论着，班里的捣蛋大王小张来到了鸟巢下，他不知道跟小熊说什么，忽然拿起手中的音乐书，砸向了鸟巢。随着一声惊叫，鸟妈妈飞速冲向了天空，鸟蛋从鸟巢里滚落了下来，砸在地上，碎了，鸟妈妈围着鸟巢哀叫着飞了两圈后，哭泣着飞走了。

小陈看到这件事后，大发雷霆，跟砸坏鸟巢，砸碎鸟蛋的小张打了起来，把教室弄得乱七八糟。肖老师知道这件事后，让大家玩《鸟蛋遇害之谜》剧本杀游戏。一起回忆并寻找斑鸠蛋砸碎事件的现场第一目击证人，揭开事情的真相。后来，我们才知道小张是不小心把书甩出去，砸到鸟巢的，于是就原谅了他。

中午，有的同学把一些细小的树枝放在鸟窝很近的地方，希望鸟妈妈能重新修好它的窝；有的人把跟鸟妈妈说的话挂在了树枝上，希望鸟妈妈能原谅人类；小张和一些同学把碎掉的蛋壳和一些残留下来的东西，用餐巾纸认真地包裹起来，挖了一个洞，埋进泥土里，做了个小小的坟墓，小张还哭着给蛋宝宝的墓地磕了一个头……

放学后，我一个人又去看了看鸟窝，希望鸟妈妈回来了。可是，只看见鸟巢孤零零地挂在树杈上，在风中晃动着，我难过地流下了眼泪！

可怜的鸟妈妈，可怜的鸟蛋，都是我的好奇心打破了您的美好生活，我的耳畔只有那留在风中鸟妈妈的哀鸣和风的哭泣声……

我默默祈祷鸟妈妈能够原谅我，早点回到校园……

【分析】从学生们发生的冲突事件中，抓住突发的教育契机，从学生的角度出发，根据作文教学育人为先的目标，巧用突发事件，有意识地通过《鸟蛋遇害之谜》剧本杀游戏，引导学生站在不同角度来思考、分析问题，培养学生换位思考，理解他人的能力；用现场目击法，解开了学生们的心结，让学生们用自己的真诚与爱改变着自己的行为。课后，我不仅收获了一篇篇感情真挚，充满爱的作文，还惊喜地发现，爱护鸟类，保护环境，伙伴间友好相处的种子已悄然植入了学生的心间。那日之后，学生们自发组成了护鸟行动队，经常在校园中观察鸟类，教育其他同学不要伤害小鸟。更可喜的是学生遇到问题多了些耐心，多了些宽容和爱，渐渐地学会了换位思考。

这次事件的处理震撼着我的心。教育是件系统而又复杂的工程，言为心声，文如其人；如何巧妙利用突发事件，指导学生明辨是非、理性思考、有效沟通等等，这些社会性能力的培养应该无痕地渗透在各类教育教学活动中，教师所承担的任务是专业而又不越权的耐心陪伴，是一场唤醒孩子心灵的漫长修行。

（上海市金山区钱圩学校　肖兰）

案例评析

冲突与合作是人类社会永恒的现象，也是人类永恒的话题。在某种意义上，人类文明史就是不断由冲突走向合作、以更文明的方式化解冲突的历史。对个体来说，人际冲突、自我内心的冲突也无处不在，如何看待冲突、化解冲突、在冲突中进行自我调适和人际关系的调整也是一个不断学习和提高的过程。特别是在全球化、信息化、价值观多元化的背景下，人际互动更加频繁，冲突发生的机会、频率也更高，冲突解决能力就成为现代人必备的社会与情感能力。从历史上看，激发冲突的原因有多种，例如利益、价值观、信仰、权力、文化、制度、习俗等；冲突的形式也有各种表现，最激烈的表现为暴力冲突，例如通过战争消灭对方；也有很多种解决冲突的方式，例如诉诸武力、法律、更高的权威，或断绝往来、协商谈判等。从儿童成长发育过程来看，儿童在成长中有两个较大的冲突阶段，一个是3—6岁的学龄前阶段，另一个则是青春期。根据心理学家埃里克森的人格发展理论，青少年面临着自我同一性对角色混乱的冲突危机，需要逐步建立起自我认知和身份认同，简单来说就是明确"我是怎样的人"、"我未来要成为什么样的人"等关键问题，而在这个过程中，青少年经常需要与同龄人和成年人进行交往，以形成自己的价值观和人际关系网络。然而由于生理上的快速成熟和心理发展的半成熟状态，青少年容易过度关注自我，情绪起伏大，加之认识能力和社交经验不足，无法冷静思考和表达自己的情绪需求，因而经常面临人际冲突情境，表现为与同伴、家长、老师等人际交往对象之间的紧张状态和对抗过程。此外，不良社会文化的诱导、家庭教育的缺失、充满竞争压力的学校环境等都在一定程度上加剧了青少年人际冲突的发生。在这一青少年成长的关键时期，如果无法正确化解冲突，轻则会引起失望、孤独、自卑等一系列不良情绪，严重的会导致自我封闭、逃避现实、玩世不恭、自暴自弃、抑郁苦闷等，甚至可能会发展到危害自身及他人安全的地步。

作为教师，应认真对待发生在学生身上的各种冲突，不能无视冲突，不仅要通过自己的教育智慧化解冲突，维持正常的教学环境和教学秩序，而且要把冲突视为教育的契机，通过个体、群体辅导，综合家校社多方育人力量，引导学生正确的看待冲突，合理、合情地解决冲突，并学会在冲突中成长。美国行为科学家托马斯（Thomas）提出了冲突行为意向模式，根据两个维度构建了人们应对人际冲突的五种主要行为意向：其一是肯定程度，即一方愿意满足自己愿望的程度；其二是合作程度，即一方愿意满足对方愿望的程度，五种冲突行为意向模式又被称为五大人际冲突解决策略，即回避、迁就、妥协、竞争与合作。其中，合作模式又称协作模式、双赢模式，主张寻求双方共同的利益点，冲突双方是平等的，提倡充分沟通，了解冲突发生的情景,坦率澄清差异,表达各自需求,每一方都应该积极理解对方的需要,力求找到双方都满意的方案。大量教育实践证明,青少年的人际冲突解决更倾向于采用合作的模式,通过达成某种共识而获得彼此信任,合作也是当前学校教育普遍提倡的一种能力和交往学习方式,既是社会发展的需要,也是学生人格全面发展的需要。诸多研究表明,情绪智力影响个体对人际冲突解决策略的选择,高情绪智力者,情绪稳定,能够监测自己与他人的情绪及情感,并识别、利用这些信息指导自身思想和行为,面对冲突时更偏好采用合作的方式,从而拥有良好的人际关系。由此可见,共情作为一种认识、体验和理解他人情绪情感的心理过程,是情绪智力的重要组成部分,因此,培养青少年的共情能力,真正从根源上化解冲突,减少冲突发生的频率,对于营造和谐的家庭及学校生活,促进青少年健康成长具有重要意义。

本编关于冲突化解的案例涉及多个方面,展示了各种解决冲突的技能、技巧,其中一个共同的特点是:注重还原事情"真相",在澄清和尊重基本事实的基础上,通过移情、共情等各种方式让冲突双方学会换位思考、互相理解,进而反思自我,一方面走出自身原有的对"冲突点"的偏执,另一方面学会理解、尊重和谅解对方的言行,通过平等协商、情感上的相互接受,寻求最低限度的共识,达到化解冲突、和平相处、共同成长的目的。

《"交互式日记"化解同伴矛盾》,分析了初中阶段的青少年心理特征,借助"同伴交互式日记"来促进同学间的相互了解,促进互动和反思,从而化解两个学生之间的矛盾。"交互式日记"为不善于当面沟通的孩子提供了一种沟通和反思的渠道。

《冰释前嫌:巧妙化解人际冲突》,认为面对冲突,不能只注重把事态平息,要重视事前预防,要教给孩子解决人际冲突的技巧和具备必要的心理调节能力,特别强调换位思考和自我批评的重要性。

《突然"消失"的小然:亲子冲突解决四步法》,通过"小然"的故事,总结了学生因"拒学"与家长冲突解决的四步法,呈现了教师在化解亲子矛盾、亲子冲突中的积极作用。

《在冲突中成长:同伴冲突化解四步法》,通过"小翔和小哲"的冲突故事,归纳了化解同伴冲突的四步法,指出应看到冲突背后的教育契机,在化解冲突过程中开展同伴交往技能的教育,促进孩子在冲突中成长。

《"打着玩"现象:在冲突中学会交往》,以一次课间多人打闹引发的冲突为例,通过深入细致的分析,指出了小学生"打着玩"现象及冲突背后的种种因素,认为应多管齐下,用"心"解决"心"的问题,从积极的角度让孩子学会以正当的方式交往。

《换位思考:冲突解决的"法宝"》,倡导换位思考三部曲:假如我是"对方",我如何看、如何想、如何希望……换位思考,即在别人的角度看问题,多一些相互的理解,是超越自我的狭隘视角、化解冲突的有效法宝。

《驱散"心魔":冲突化解的突破口》,以"小雨"及其家长深陷的"心魔"为突破口,通过家校协同,探索了缓解生生矛盾的冲突化解之道。

《抓住教育契机:利用同理心化解矛盾》,通过对"答题卡事件"的分析,采用尊重学生、以同理心回应学生的不良情绪,引导学生换位思考,引导学生自我反思,开展集体教育的四个步骤,抓住教育契机,成功地开展了一次冲突化解能力的教育。

《剧本杀的艺术:解决群体冲突的新路径》,巧用突发事件,有意识地通过"鸟蛋遇害之谜"剧本杀游戏,引导学生在还原事情本来面目,尊重事实的基础上,站在不同角度来思考问题,用现场目击法,解开学生的心结,从而化解群体冲突。

第三编／

沟通与合作：
从"我"到"我们"的艺术

"COOL 圈"：让"合坐"走向"合作"

笔者在教学中观察到很多学生缺乏合作的意识，这与高中生在该阶段意识发展的独立性、心理的闭锁性和情感的冲动性等都存在一定的关系。但每个学生"单打独斗"的原因又不尽相同，有些学生不屑跟其他同学合作，有的学生不敢跟别人合作，还有的学生不知道怎么跟其他人合作……同学是青少年在学校生活中接触最多的同龄人，他们被安排在同一个班级里，具有更多的接触机会，班级为他们的合作交流提供了条件和基础。但是，很多高中生因为性格的孤傲或者内向，与同学关系淡漠，在课堂活动中与同桌的合作积极性不高。基于此，笔者结合生物学学科特点，借助心理学知识，创设了"COOL 圈"探究活动，以期改变旧有的"合坐"模式，提高学生的"合作"能力。

一、"合坐"者不肯"合作"怎么办

"同学们，我们今天的作业是前后桌四人为一组，完成一个细胞结构模型，大家自行分工，材料自备，三天后交作业。"我的话音刚落，下面就出现了一堆细细碎碎的讨论声。

A 同学："×××，咱们四个人一组，到时候我跟你一起……"

B 同学："老师，我不想跟其他人一组，我自己一个人做好不好，我绝对是做得最好的那个……"

C 同学："×××负责材料准备，而×××负责整理资料，E 同学就算了，反正你也不怎么参与集体活动。"

D 同学："老师，我不想跟我的同桌一组，我可以加入其他组吗？"

……

听到学生的讨论声，我感觉这次作业在分组和分工上进行得不是很顺利，有些组的同学虽然座位很近，但是好像合作起来没有那么默契。我本来想出言指导他们分工，但是又想到老师过早的干预可能会影响他们合作的积极性，甚至让他们产生依赖心理，便又按下话头，决定让他们先试试。

三天后，学生按照分组交了零星的几个模型作业，但是作业的质量都不太高，有些模型甚至没有署名。B 同学则按他之前说的自己做了一个模型，但模型也没有特别出彩。还有几个同学没有交作业，我把其中的 E 同学叫来询问，他说："老师，我一个人做不来，没有人跟我一组。"但当我询问理由，E 同学不说话也不解释。鉴于以上情况，我把班长叫了过来，班长说："老师，E 就是这样的，从不跟班里学生打交道，也不参加集体活动，我们都不管他，你也别管他。"我说："你们小组作业完成得不错嘛，看起来大家都挺好的呀。"班长："老师，你是不知道，我们组基本上都是我在干，他们都不听指挥，而且啥也干不好。"

就这次上交作业的情况来看，我发现班里有些学生在合作能力方面有所欠缺，比如 B 同学总是孤傲地坐在那里，不愿意与其他同学一起讨论；E 同学总是默默一个人缩在角落，不说话也不跟其他同学交流；还有些组中只有部分同学在积极参与，而另一些同学习惯坐享其成。当我按照座位安排学生分组时，他们往往表现出很抵触的状态。这让我开始反思自己的分组方式，我习惯要求学生同桌或者前后桌一组，这样的分组是"合坐"还是"合作"？合作能力是高中生重要的核心素养，在未来的生活和工作中有很多需要他们合作的地方，考虑到这种固定的"合坐"方式可能阻碍学生"合作"能力的培养，因此，有必要探索新的合作模式。

二、"COOL 圈"让"合坐"者"合作"起来

（一）我的"COOL 圈"我做主

由于生物学科中有很多实验需要同学合作完成，我决定借助学科优势创建新的合作模式"COOL 圈"，取合作学习（cooperative learning）之意，并且"酷（与 cool 谐音）"贴合学生的语言，能引起学生的共鸣，降低学生的排斥心理。我希望引导学生组建"COOL 圈"，能够让每位同学的积极性被调动起来，从而潜移默化地培养他们的合作能力。

为了让学生意识到合作的重要性，我在生物教学的过程中，有意识地提示学生合作的重要性。比如在讲授《细胞内各部分结构分工合作》的内容时，着重强调蛋白质的合成需要各个细胞器的参与合成、加工，缺一不可；比如在讲授《遗传信息的表达》的内容时，着重强调解旋酶、聚合酶等共同完成蛋白质的转录翻译，通过知识的强调让学生意识到细胞中充满了合作，而人在生活中也要有合作意识。

在知识铺垫的同时，我也将"COOL 圈"的理念介绍给了学生，还建议他们成立小组，在学习、实验中以小组为单位，更好地合作完成学习，果然，学生的积极性有所提高。为了更进一步调动学生合作的积极性，我还决定打破常规按座位分组的模式，先让学生自荐组长，然后进行组长和组员的互选，这样成立的小组团结性应该更

高。但在实际操作中,我发现很多关系好的学生会抱团形成小团体,这导致有些孤僻的同学没有一个组愿意选择,反而更打击了他们的合作积极性。于是,我又推出了盲选的方式,让组员和组长互选,写在纸条上,然后对于落单的同学再给一组选择的机会,最后每个学生都有了自己的"COOL 圈"。不过,孤傲的 B 同学还是不愿意加入任何一个小组,我也没勉强他,先让他自己单独一个小组。

(二) 你和我的"COOL 圈"互比拼

为了让"COOL 圈"的组员之间更快配合,提升默契度,我决定通过小组之间竞赛调动组内同学的积极性。为了让同学认识队友的重要性,我借助"DNA 双螺旋结构模型搭建"这一内容,组织小组竞赛,看哪一组能最快最好地完成模型搭建,并要求每个同学都必须参与,由组长用表格记录各位组员的任务分工。刚开始大家都不知道该做什么,我便将需要完成的任务罗列出来,鼓励组长分工,组员在组长的带领下,有条不紊地完成着模型的搭建,连 E 同学也被组长安排得明明白白。但另一边,一个人一组的 B 同学因为没有组员而手忙脚乱,模型刚摆好就因为没人扶着倒了,只好从头再来。最后,等其他组的成员搭建完自己组的模型后去帮忙时,B 才勉强完成了模型搭建,但也因此变成了最后一名,这是一向孤傲的 B 同学所不能接受的。我借机肯定配合默契的小组,让他们分享小组合作的经验,并且表扬了前去帮 B 同学的学生。B 同学若有所思地低下了头,表示今后愿意加入别的小组试试。

(三) "我的""COOL 圈"变成"我们的"

通过第一次小组竞赛,同学们也大概了解了小组合作的模式和分工,各组长按照任务分工,组员按照分工完成自己的任务,大家配合默契地完成了几次实验。但是时间一长,矛盾逐渐滋生:B 同学对组长的分工不均匀很是气愤;E 同学觉得组长给自己分的任务较难,并不是自己擅长的内容,还出现了消极抵触情绪。观察到这种现象,在进行"叶绿素的提取和分离"实验教学时,我先让组长简单陈述基于实验步骤进行的预分工,同时让组长和组员角色互换,再进行一次预分工,通过对比两次分工的区别,引导学生正确认识在分工合作中应基于学生的特长进行分工,才能更发挥各自的优势。我还增设了副组长,将组长的分工权力分散,避免独裁现象的发生,同时,鼓励组长和组员在分工中能够相互讨论,而不是直接安排,通过商讨增加小组的向心力,让每位成员都充分参与到小组的各种工作中。

(四) 我们的"COOL 圈"我们来评价

利用生物教学内容,我多次让学生小组分工完成任务,并且经常检测学生分工的合理性,确保每位学生都参与到任务中,肯定学生合作的成果。为了让学生更好地从别人的评价中认识自己的优点和不足,我还在实验报告中安排了评价表,包括自评、互评和师评,引导学生通过评价认识自己和队友。在 E 同学的互评表中,小组成员极大地肯定了 E 同学的努力,他被组员评价积极认真,E 同学好像也没有那么不合群了，愿意积极参与小组活动。而孤傲的 B 同学，在看到组长对其能力较高的评价后，也愿意积极参加小组合作，并且运用自己的特长指导组内的成员更出色地完成任务。通过互评和自评，学生更好地认识了自己的优势和不足，并且不断进步和成长。

三、总结与反思

合作能力的缺失对高中生的学习生涯甚至今后的职业生涯都会产生非常不利的影响，而合作能力的培养，并不是只依赖班主任，也不能只借助班级活动，任何任课老师都可以利用现有的课程资源，借助学科优势，调动学生的合作积极性，培养学生的合作能力。

（一）兴趣导向，激发合作的热情

学生敷衍式、依赖式的合作并不是真的合作，要引导学生真诚地参与合作，教师需要从学生的兴趣导向入手，激发学生主动参与合作。只有学生真正感兴趣，才会积极投入自己的时间和精力完成任务。因而教师在培养学生的合作能力时，要努力发现学生的兴趣点，"COOL 圈"打破常规"合坐"者合作的模式，引导学生组建自己的合作小组，通过组长和组员互选、分工合作完成任务、组间 PK 等活动，调动学生合作小组内每个成员的积极性和参与度。

（二）角色互换，提升合作的默契

在合作过程中，有人处于整体规划分工的分工者，有人处于完成某一任务的实践者，如果分工者在分配任务时分配不均匀，极易引起实践者的负面情绪，消极怠工。当然，如果分工者在分配任务时未考虑大家的特长，没有很好地发挥每个人的优势，也会导致任务不能出色完成。因而，教师在实践中，要关注分工的合理性，可以组织组长和组员角色互换，理解合作中每个角色的重要性，提高组员之间合作的默契度。

（三）正向评价，鼓舞合作的信心

并不是只有合作达成目标才算成功，学生只要在完成的过程中一展所长，积极参与且互帮互助都应该得到鼓励。积极正向的评价能够极大程度地鼓舞合作者，因而教师在组织学生合作活动中，应该关注每个学生的闪光点并给予积极的肯定，不只是关注结果性评价，还要关注过程性评价、表现性评价，同时发挥学生同伴的正向评价，创设自评、互评的机会，引导学生更好地从别人的评价中认识自己的优点和不足。

当然，仅仅组建"COOL 圈"不能让学生达成默契，学生需要在实际合作中慢慢发现自身和队友的问题，指出问题并反思改正自己在合作中的不足。经过各项小组

活动的开展,同学们的默契度也在不断摸索中提高。但需要注意,太默契也有可能导致小团体的出现,组与组之间因为竞争时有摩擦。教师要时刻关注学生的心理变化,可以要求重新打乱分组,让组长和组员重新组合,这样面对陌生的搭档,学生又可以重新摸索新的相处之道。学校只是一个小的合作环境,只有利用好这个小的合作环境引导学生意识到合作的重要性,并认识到合作中需要注意的细节,学生在以后进入工作中,即使遇到陌生的同事,即使不能自由选择心仪的搭档,也能够愿意跟别人合作,并处理好与他人的合作关系。

（上海市嘉定区封浜高级中学　李苗苗）

创新班级管理，提升学生共情能力

在小学阶段教育中，学生的社会情感能力尚处于发展过程中，个体因素与班级因素对学生社会情感能力有着较为直观的影响。其中共情能力表现为学生设身处、将心比心地理解和关心他人。共情能力对于小学阶段高年级学生身心发展起着至关重要的作用：一是有助于学生形成良好的人际关系；二是有助于学生更好地认识他人行为，增加其亲社会性；三是有利于提高学生自身的情绪调节能力，改善学生与家长之间的亲子关系。

一、学情介绍

小学中高年级，班级内会出现明显的学生人际关系问题，同学之间经常因为一些鸡毛蒜皮的小事产生矛盾，发生矛盾后，有些学生不能很好地控制个人情绪，甚至出现攻击性行为。

在与同学的相处过程中，有的学生以自我为中心，不能站在对方的角度思考问题，课间因为不小心碰到对方一下，或者发作业时不小心本子掉到地上等一些小事件，就会出现愤怒情绪甚至为此大打出手的行为。交友方面，有的学生"占有欲强"，总是想独占某一位同学为自己的好朋友，当出现第三个人时就会出现矛盾，出现开始和好朋友"吃醋"、发脾气、"绝交"等行为。还有学生在与家长和老师的交流中，不能正确地理解老师和家长的教导，表现出和老师对立或者与家长出现矛盾的情况。以上情况的出现，均与学生缺乏共情能力有着密切的关系。

二、原因分析

（一）过度自我中心的心理作祟

班主任通过和学生以及家长的沟通发现，由于家长忙于工作，班级内有一半的学生是由爷爷奶奶或姥姥姥爷带大的，属于隔代教育。在这种教养方式下，孩子在家庭中得到了过多的关注和照顾，难免形成过度自我中心的心理状态。有家长反映,有些孩子爸爸妈妈不在家时,就是家里的"老大",长辈溺爱使得很多学生只关注自己的感受,不顾及别人。这些情况致使学生自身共情能力低,不能有效分析和理解他人情绪心理,无法以正确的方式表达自己的情感。

(二) 过于重视学习成绩的功利观念

现实生活中,大部分家长过多关注学生的学习成绩与考试排名,很多家长认为,孩子的社会与情感能力会随着年龄增长自然发展,因此,家长们并不太关心孩子们的社会与情感能力发展,尤其是共情能力,学生在家庭中几乎接受不到这方面的教育。

(三) 过于重视班级规范的常规思路

在学校教育中,班主任习惯于班级组织、规范、纪律等常规工作的开展,对于学生日常班级生活中突发的争执、吵闹、躯体冲突等问题,处理方式较为机械,主要以不影响班级秩序为目的。在此过程中较少专门关注学生的社会情感能力,尤其是共情能力的培养,再加上班主任老师缺乏一些操作性的方法与策略,导致学生无法形成有效的共情能力。

三、改进策略

心理学研究发现,恰当的共情既可以完善儿童的情绪感知和表达,也有助于培养小学阶段中高年级学生良好的人际关系,显著地促进儿童的亲社会行为,减少攻击性行为。班主任意识到共情能力培养的重要性后,加强自身理论学习,并结合班级情况开展相关实践。

(一) 主题班会,丰富认知

通过召开系列主题班会,丰富学生对共情的认知。开展的主题班会有"你的心情我知道""换位思考,律己宽人""提高共情力,温暖你我他"等。班会中通过具体生活情景切入,选用学生与家长的现实对话、同学交往中的对话等引发学生的共鸣,引出话题。通过观察图片、分析情景等,引发学生思考自己看到了什么,心情如何,对同理心和共情有初步的认知。

通过召开班会,学生对"同理心""共情"有了初步的认识,初步知道共情就是将心比心,理解他人。

(二) 换位思考,体验共情

班主任充分利用班级内发生的事件,及时召开"微班会",引导学生进行换位思考。当同学之间发生矛盾后,充分利用晨会、自习课等时间开展"微班会"。在班级内就事论事,梳理当事人双方做法中的对错,并在班级内进行讨论"如果是你,你会怎样做""应该怎样做""以后再发生此类事件你会怎样做"。一方面解决处理好学生之间的矛盾;另一方面让学生明确以后发生此类事情应该如何做,减少班级内同类事件的发生。整个梳理的过程就是带领学生进行换位思考，是一个体验共情的过程。

多次"微班会"后，学生开始尝试从他人的角度去思考问题，并能够在老师的带领下在具体情景中与人物共情。

(三) 情景再现，表达自己

班级内设有"流动日记本"，这个日记本是每天放在教室内，学生可以在日记本上记录班级大事件或者分享自己的事情，写完后日记本可以在班级内传阅，学生和老师都可以自主进行留言、评论等。学生的认知里面"日记"是非常隐私的，而班级流动日记本是公开的。学生可以在日记本上把自己想说的用文字记录下来，学生之间进行留言评论，学生的参与性非常高，学生通过书面表达静下心来尝试着将心比心。

有一次，班里一个男孩在坐座位时，不小心摔倒了地上，旁边另外一个小男孩看到后哈哈大笑。摔倒的小男孩立马就想打另一个小男孩，当时老师在场，及时劝阻，最终没有打起来。后来小男孩就把这件事情写在流动日记本上，表达了事情的原委和自己内心的委屈。其他同学立马进行了评论："你摔得疼不疼？""他怎么能笑话你呢！""如果我是你，我也想打他一顿。""还好你没动手打他，不然事就大了。""你怎么样了，现在还疼吗？"……日记本在不断传阅，另一个小男孩从头看完后，在日记本上进行道歉，并进行了自我检讨。老师也分别给两位同学留言，表达对同学的关心以及对两位同学处理方法的肯定。一篇日记，不只是化解了两位同学之间的矛盾，班级内学生之间、师生之间还进行了平等沟通。

"流动日记本"上的日记内容不断增多，有的是同学间的事情，有的是和自己家人间的事情，还有的是和老师间的事情。有的同学分享自己的喜悦，也有同学分享自己的困扰。大家默默地在日记本上交流，同学之间多了一份谅解、支持、鼓励和赞赏，同学之间越来越能和睦相处。

"流动日记本"利用文字描述，让学生在具体的情境中，在他人的情境中尝试了解别人情绪，并表达自己。

(四) 角色体验，提高责任

班级内实行"每日班长制"，班内所有同学轮流每天作为班长，协调负责卫生、纪律、作业收发等班级事务并进行相应管理，一天内管理出色将得到相应奖励。学生在体验做班长的过程中，再次明确了自己作为普通学生在卫生、纪律方面的要求。作为班干部在协助班主任处理学生之间矛盾时，也真实感受不同人物的心理变化，更好地提高学生的共情能力。

"每日班长制"让学生在真实的活动体验中，感受不同角色、不同情景中的不同心理，真正共情。

(五) 家校共育，家长支持

通过学校公众号、家长学校、班级群等平台，推送关于共情能力、培养共情能力的方法等文章，提高家长的意识。

利用家长会、家访等活动针对学生的个体差异，以及家长差异进行及时的沟通，一方面引导家长学会共情，在与孩子沟通的时候，多站在孩子的角度进行思考。另一方面指导家长对学生进行共情能力的培养，多引导孩子理解他人。

通过家长开放日等活动，让家长走进班级，了解学校在学生共情能力培养方面开展的一系列工作，看一看班级流动日记本，引导家长对学生的共情行为进行正面强化，从而引导孩子更积极主动地去做一些共情的行为。

加强个别化沟通，当学生在班内出现矛盾或者出现学生情绪问题时，班主任要及时和家长沟通，共同关注并引导学生。

通过采取系列措施，家长逐渐提高学生共情能力的培养意识，关注孩子共情能力的培养。在耳濡目染中，家长自身的共情能力也有所提高，亲子关系更加和谐。家长学习了一些孩子共情能力的培养方法，在生活中有意识地引导孩子，真正实现家校共育。

通过创新班级管理，学生的换位思考、将心比心的共情意识与能力显著提升，同学之间的人际关系明显改善，集体责任感和荣誉感显著增强。与此同时，家长反馈与孩子沟通融洽，亲子关系更加和谐。原来一个个"难缠"的学生变得通情达理，班级内明显减少了因为争论、误解等造成的同学冲突，班级氛围融洽。即使是个别同学出现矛盾，班级内会自发出现"调解员"，换位思考后很快解决问题。在班干部的带领下，班级成员商议制定《班级公约》，学生自觉遵守，学生责任感明显增强，各司其职，互相帮助，班级工作有序开展。班级教学中，师生之间平等对话、相互尊重、相互理解，建立起和谐亲密的师生关系，原来班里最喜欢和老师顶嘴的小王同学，现在也能耐心听老师的话，并控制住自己的情绪和老师正常沟通了。亲子沟通中，家长和孩子同频共振，家长用心感受孩子的内心，孩子也更愿意把心打开，亲子共成长。经常爆发"亲子大战"的小宇家里现在平静了许多，很多家长都反馈亲子关系越来越亲密。

从案例中可以发现，对于学生共情能力的培养包括观念意识、体验反思与责任提升等基本内容，可以通过召开系列主题班会、创新"流动日记本"与角色体验的班级管理措施、开展家校共育等三个层面、多个路径措施，提升学生的共情心理与能力。该班级通过班级管理创新提升学生共情能力取得了显著效果，并在全校班级管理中积极推广，取得了不错的效果。

(济南市大金小学 陈猛)

"心理社团"：学生融入群体的一把"破冰斧"

2020年9月，心理学专业毕业的我被学校委以重任，开始专职心理老师的职业生涯。作为学校唯一一名专职心理老师，要教24个班，每班两周一节课，因此，几乎全校学生都认识我。对于每个班的特殊学生，我都熟记于心，课下会认真记录下他们的表现和变化，尤其是每个班中被孤立的学生。

"你们能不能别说话了？天天就知道叽叽喳喳说话，学习怎么没见你们这么有精神？"2班的班长小乔又开始"训话"了，而且是在上课时间，我还没有开始整纪律，她就已经为我代劳了。

"班长了不起呀？""老师在呢，用得着你嘛？""管好自己吧，告状精！""马屁精！"其他同学也开始七嘴八舌地小声嘀咕着，并斜着眼睛看她。

看上去认真负责的小乔，却受到了班里一半多同学的诋毁。

"老师，我……不知道。"6班的小涵，头发遮住了半个脸，声音小得像是教室外传来的声音。对于我的问题，角落里的她似乎十分不情愿地站了起来。同学们也用异样疑惑的表情看着我，似乎在说："老师，你为啥叫她回答问题？"我了解到班里的小涵，经常被当作透明人一样。

"你再给我说一遍试试！有本事你过来！"我刚踏进班级，就听见班里的小鹏开始大声呵斥前排的小凡。坐在最后排的小鹏，体型健壮，个头高出班里男生平均身高10公分，性格暴躁，还爱惹是生非，连班主任都拿他没办法，不过幸亏班主任是男性。当然，性格暴躁的小鹏也是不被班级欢迎的。

认真负责的小乔、乖巧安静的小涵、性格暴躁的小鹏，他们有着不同的性格，却有着同样的遭遇，无法融入班集体中。

像小乔，小涵、小鹏这种孩子，几乎在初一的每个班都会有，这些被班级排斥的孩子在情感体验上肯定是不好的，我也能深深理解他们内心的矛盾。开始我也尝试着对这种情况的学生进行个别辅导，但由于时间和学生意愿等问题，没法对每位学生进行一一辅导。对此，我萌生了组建心理社团的想法，跟初一年级级部领导进行汇报后，得到了级部领导的同意。

如何让这部分同学进入社团？如果自愿报名的话，他们肯定不会主动参与；如果直接点名让他们进入，他们可能会产生疑惑和对抗情绪。于是我跟领导商量采取"抽签"的方式，让他们体验幸运降临的感受，同时社团的成员也会选取一部分性格活泼、同学认可度高的学生参与其中，起到"鲶鱼效应"，就这样 15 人的心理社团成立了。

一、社团破冰初体验

社团课定在每周五的下午第三节课。第一节社团课上，学生怀着好奇心，带着疑惑的眼神走进了心理团体活动室。当看到团体活动室的内饰时，他们开始尖叫，激动地玩耍。看着他们有的抱着球跑来跑去，176 cm 的大高个在小小的蹦床上蹦来蹦去，还有小女生边把玩着手里的玩具边说："好可爱的小葫芦。"我突然感到，看着像大人的他们，内心还是没长大的孩子。

10 分钟之后，他们的兴奋度仍然没有减退，我只能强制叫停。"开始点名了！"听到点名，他们似乎明白过来，来这儿是上社团课的，就开始陆续坐到座位上。当然脸上还是激动的表情，有的同学耐不住心中的好奇心问："老师，心理社团是干啥的？"我说："马上就揭晓了，先坐好。"

首先，我进行了自我介绍，然后开始玩起了"串名字游戏"。大家明白游戏规则后开始自我介绍。"我是蒋小鹏（化名）。""我是蒋小鹏左边的乔丽娜（化名）""我是……"有忘了名字的同学，大家也会互相提醒。最后面几位同学面色凝重地记名字，而前面的同学幸灾乐祸的表情好像在说："幸亏我坐这里了，哈哈！"

介绍完之后，大家基本互相认识了。我们又开始玩"喜怒哀乐传表情"的游戏。在游戏开始之前，我跟同学们明确要求：我们不是比赛，大家是一组（由于只有 15 个同学，而且是第一次活动，不想让孩子们有竞争的感觉，所以没有分组），在游戏过程中不能有任何指责的语言和表情。

就这样，在整个游戏过程中，大家嘻嘻哈哈，连安静乖巧的小涵也一直在捂嘴笑。性格急躁的小鹏看着其他同学表演不当时，多次表现出很着急的样子，但是他身边的小梦同学用温柔的眼神告诉他不能指责他人，他果然没有再生气，而是开始哈哈大笑。看着孩子们丰富的面部表情，我都笑得肚子痛了，孩子们自然也是很开心。

很快第一节社团课在孩子们的欢声笑语中结束了。我告诉孩子们，这就是社团课，我们一起做游戏，一起玩，孩子们更加开心了，恋恋不舍地离开了教室。

也许是在游戏，也许是大家开心的氛围，整节课中小乔、小涵和小鹏，还有另外几个曾经被班级排斥的同学，都没有表现出异样。看着他们在团队活动中的合作与开心，坚定了我继续开展社团活动的决心。

二、社团课程的设计和开展

初次尝试心理社团，我通过查找资料，跟学校心理老师商量以及各班班主任协商，一起制定出了《2020 年第一学期心理社团课活动清单》。本次清单主要针对学生如何更好地融入班集体，由于社团开始时已经是开学第 7 周了，因此从第 8 周开始，设置了 7 次社团课，每周一次。

2020 年第一学期心理社团课活动清单

周次	主持人	活动内容	备　注
8	左老师	串名字，传表情	破冰体验
9	左老师	心有千千结	初试团体合作
10	左老师	松鼠搬家	营造温暖氛围
11	左老师	七手八脚人椅	强化合作意识
12	左老师	团体沙盘	增进信任合作
13	左老师	优点大轰炸	固化自我肯定
14	左老师	我说我感受	处理离别情绪

三、润物细无声

在第二次社团活动中，这些孩子的个性就凸显出来了，但是我没有过多地干预，并且他们在活动中似乎也感受到了自己某些行为的不妥。在"心有千千结"活动中，小乔同学看到有同学转不出来，就不断地指挥，不断地指责，她的声音尖锐，吵得同学们更加急躁，打成的结更加乱了。这时小豪同学松开自己的手说："我先暂时松开一下可以吗？"得到我的应允后，他走到胳膊缠绕在一起的同学跟前，耐心地指挥他们一点一点地解开结，最后，同学们脸上都露出了开心的笑容，手舞足蹈地说："成功了！"而此时小乔的表情是耐人寻味的，貌似她看懂了也学到了小豪的处理方式——直接帮助，不要盲目地指责和指挥。在活动后的分享环节，我也专门问了小乔的感受，她表示刚才看到小豪的干脆果断很是赞赏。

在"松鼠搬家"活动中，性格腼腆的小涵动作缓慢总是找不到合适的"松鼠家"，而其他同学也是变换着各种方式包容她，接纳她。"小涵，过来这里！""老师，松鼠的家可以三个人搭建吗？"我微笑着点点头，看着拘谨的小涵慢慢地走进大大的松鼠家，我的心里暖暖的，我相信此刻小涵的内心也是温暖的。在最后的活动分享环节,小涵表现得更加放松自如了。在后续的游戏活动中,她开始主动跟同学合作了。

在人椅游戏中,由于小鹏体格高大,总是格格不入,导致人椅无法完成。性格暴躁的小鹏起身说:"老师,我申请退出。"小静说:"你退出我们就不是一个集体了。"小泽说:"哥们儿,你力气大,靠着你我很有安全感,你可别走呀!"就这样小鹏再次回归到团队中,经过几次尝试,他们终于成功了。我看出虽然小鹏费了很大的力气在维持平衡,但被团队所接纳、所温暖的他丝毫没有放弃,这就是团队给他的力量。小鹏在分享时也表示谢谢大家的接纳。

在第五次社团活动团体沙盘游戏中,孩子们更加有默契了,也更信任彼此了,为了营造一个温馨的场景而共同努力。

快结束社团课程的时候,我安排了经典游戏"优点大轰炸",因为通过五个多星期的接触,同学彼此之间有了一些了解,大家也适应了不指责、宽容的活动氛围,大家很自然地说出了彼此的优点,同学们也很认可和接纳自己的优点。

就这样,七次的心理社团活动课结束了,孩子们在最后分享感受的时候,伴随着音乐,不自觉地拥抱在了一起。他们明白了团队的意义,也在团队中获得了力量、温暖和支持。

四、反思促成长

在活动后期,我对参加心理社团同学的班主任进行了追踪访谈,班主任们表示这些孩子们变化很大:小乔同学作为班长在处理事情更加以身作则了,不再指责评判;小涵同学也愿意主动跟同学在课下交流了;小鹏在遇到事情时也会换位思考了,不会断然暴怒,同时会主动维护班级的集体利益了。

当然也有部分同学的变化并不十分明显,但我相信,心理社团活动中他们的所见和所思都会成为他们心中的一粒粒能量种子,这些能量种子在慢慢地蓄积力量,等得到足够的阳光雨露,时机成熟时,都会绽放出属于他们的光芒。

通过七节社团活动,社团成员都有了或多或少的变化。班主任们感受到了学生们的变化后,纷纷向我取经,开展班内的团体心理赋能活动,如"心有千千结"、"优点大轰炸"等来增进班级凝聚力。

在心理社团课程的设计上,我也在不断地精进,比如这七次课程的设计过于简单,不够系统。在后期课程完善上,我依托《济南市中小学心理课程标准》的八大领域:自我意识、学习心理、人际交往、情绪调试、性教育、生命教育、生涯教育以及生活与社会适应,对课程进行了汇总整理,使其更加系统规范。

感恩遇见，静待花开，孩子们的成长过程需要我们不断助力。心理社团的成立也成为了学生们融入群体的一把"破冰斧"，借此让学生们"长风破浪会有时，直挂云帆济沧海"！

（济南市历城区万象新天学校　左真真）

欣赏:构建良好人际关系的阶梯

同伴之间良好人际关系的建立对于小学低段的学生而言有着非常重要的意义。小学儿童的归属感从家庭向同伴转移,从同伴中得到友谊、支持和尊重成为他们必需的精神寄托。欣赏正是一种重要的人际交往策略,有助于学生之间形成融洽和谐的人际关系。身为小学低年级班主任,有必要在班级管理中深入思考如何运用欣赏协助学生建立良好的同伴关系。

一、同伴交往"三小"现象

在小学低段,学生在日常交往中总是因一些小事产生摩擦与争执,闹得不可开交,甚至逐步演变为肢体冲突,具体表现为以下三种现象:

(一) 互相来"小告状"

案例1:A同学和B同学之间因为相处不融洽,经常闹矛盾,每次都觉得是对方的错,是对方不好。于是,两个人在学习生活中都很关注对方,一旦发现对方有什么行为不恰当,就跑到老师面前指责对方,告对方的"状"。

(二) 常常有"小碰瓷"

案例2:某天下课的时候,坐在前面的C同学把本子传给D同学,结果掉到了地上。D同学很生气,觉得C是故意的,不给C解释的机会,就动起手来,两个人就吵起来了。后来,C同学看到D同学,就会时不时碰一下,弄一下,招惹对方。

(三) 天天生"小误会"

案例3:E同学从厕所出来撞到了F同学。E同学表示自己不是故意的,F同学抓着E同学不放,觉得对方就是故意的。两个人互不相让,都不肯退一步,最终闹到老师那里。

二、同伴摩擦原因探析

结合学生的年龄阶段和身心发展特点,深入挖掘原因,可以发现学生经常产生矛盾与冲突的原因主要有以下三点：

（一）赏识意识不足

小学阶段的儿童经历着从以自我为中心到脱离自我中心的过程。刚入学的学生遇到事情更多地从自己的角度去考虑，往往彼此各不相让，争执不断。同时，他们在遇到矛盾时，不懂得看到并肯定对方做得好的地方，没有欣赏对方的意识，注意力更多集中在对方的错处上，从而进一步激化矛盾。所以，经常会出现互相来"小告状"这样的情况。

（二）欣赏方法不会

小学阶段是学生认知发展的关键阶段，也是学生掌握同伴交往方法的关键期，学生通过学习活动和班集体生活，不断学习与同伴沟通的方式方法，最终获得社会交往技能。部分学生在该阶段没有掌握欣赏的方法，不知道如何表达自己的欣赏和肯定，从而在矛盾发生时难以缓和彼此之间的紧张关系。于是，常常会有"小碰瓷"，导致矛盾不断积压深化。

（三）欣赏氛围未成

在小学低年段，学生没有学会正确的沟通交流方法，用来处理彼此之间矛盾的方法较为粗放和随意，常常采用逃避和对抗等消极方式，以至于整个班级里都没有形成欣赏他人的氛围，还让那些不恰当的同伴关系处理方式不断互相影响和传播，形成恶性循环。因此，班级里经常"小误会"不断。

三、良好关系构建妙招

"欣赏"是一种发自内心的肯定，包括对儿童行为以及行为背后动机的肯定。在校园生活中，倘若老师能引导学生看到其他同学行为背后值得肯定的地方，或者引

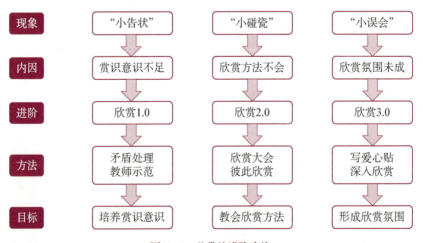

图 3-1　欣赏的进阶路线

导学生彼此欣赏对方值得肯定的地方,就可以协助学生在同伴交往时更顺畅(见图3－1)。具体而言,结合同伴冲突的"三小"现象及原因,本班级学生的欣赏能力培养采取了以下进阶路线:

(一)欣赏1.0:老师示范欣赏,培养赏识意识

最开始的欣赏,是在矛盾处理过程中,由老师欣赏学生处理问题时做得好的地方,包括懂得站在对方的角度考虑,或者懂得合理表达自己的诉求,从而引导学生知道自己如何做是值得肯定的。

案例4:早自修结束后,第一节课上课前,因为整理图书,两个学生发生了争执,打起来了。G同学嚎啕大哭,H同学否认动手。在让学生说明情况后,老师开展了一系列发问。

师:"今天的争执起因是理书,对吧?那我们来看看,到底是怎么回事。首先,我看到,大家都很积极,很多人觉得班级的书要及时拿回来,主动帮忙理书。这种积极性我是很欣赏的。那么,问题出在哪里呢?"

生:沉默。

师:"理书是谁的责任?"

生:"图书管理员。"

师:"帮忙的同学经过图书管理员的同意了吗?那么多人没经过同意就帮忙,结果怎么样?"

生:"很乱,这样反而更慢了。"

老师问H同学:"你经过图书管理员同意了吗?"

H:"没有。"

师:"那你知道下次该怎么办吗?"

H:"先经过他同意。"

师:"是呀。那你看,你有责任吗?"

H:"有,我应该问过G同学,再帮忙理书,也不应该打他。"

师:"你觉得该怎么办呢?"

H:"道歉。"然后他去道歉了。

师:"我很欣赏H同学,能勇于承认自己做得不到位的地方,及时和对方说对不起,这是负责任的表现。"

师:"G同学,你觉得自己的行为对吗?"

G:"有,我不应该动手打人。"

师:"你能认识到自己做得不恰当的地方,同时对自己的责任记得很清楚,也是一个负责任的人,我很欣赏你这一点。你觉得现在可以做什么?"

G:"我要向H道歉,不应该动手打他。"

在以上案例中，教师通过发问和欣赏，让学生看到了发生矛盾时各自的责任，清楚了自己的行为哪里不妥当，并及时调整。这件事情处理之后，学生没有再为理书发生过争执，懂得了尊重图书管理员，也明白了要勇于承担责任，做错事情要和对方道歉。

(二) 欣赏 2.0：开展欣赏大会，教会欣赏方法

生活中不缺少美，缺少的是发现美的眼睛，老师在处理矛盾时，除了肯定欣赏之外，还可以开展班级欣赏大会，让学生在日常生活中，学会看到同伴值得欣赏的地方，从而建立良好的同伴关系。

案例 5：

课程类型：少先队活动课

活动主题：睁大小眼睛，发现同学的美

活动目的：

1. 同学之间互相说说在日常生活中看到的值得欣赏的行为，初步学会彼此欣赏。

2. 谈谈被欣赏的感受，初步了解欣赏的意义。

3. 尝试在生活中发现同学的闪光点，欣赏同学。

活动过程：

一、故事引入《苏东坡与佛印》。

二、四人小组讨论：

同组组员轮流找到并欣赏同学身上的闪光点和进步点。

句式：我发现谁最近哪一方面做得怎么样（或者有什么进步），我很欣赏他。

三、全班反馈：

1. 欣赏同学的具体某个行为。

2. 被欣赏的同学反馈感受。例：有学生欣赏某个原本下课爱奔跑的人，这段时间明显进步了，奔跑的情况变少了很多。被欣赏的同学反馈：很高兴同学看到我的改变，我在课间还会继续注意课间文明，不跑闹，和同学一起文明地玩。

四、总结：生活中不缺少美，缺少的是发现美的眼睛。今后生活中，多多欣赏同学值得肯定的表现。

除了利用少先队活动课，老师还每周安排了一节谈话课，专门开展班级欣赏大会，推动同桌欣赏、小组欣赏、全班欣赏，让学生发现身边同学值得肯定的表现，帮助每个学生在班级生活找准自己的定位，发现自身的价值。

(三) 欣赏 3.0：互相写爱心贴，形成欣赏氛围

当学生已经学会口头欣赏彼此的行为时，老师可以进一步开展深入欣赏，通过撰写爱心贴的方式，让同伴之间进行爱的流动。学生在老师提供的爱心贴格式的基础上，可以自己改动，写成自己的爱心贴，送给其他人。

案例 6：爱心贴格式。

亲爱的某某同学：

我发现你（具体行为）。我觉得（具体感受，如开心、惊讶、感动等）。原来你是一个（具体品质、能力）的人。爱你！

某某同学
日期

在活动时间上，每周五班级都会有一个固定的时间互赠爱心贴。不过，在平时，只要同学们互相发现了值得肯定的地方，都会自发地互赠爱心贴，还会把这些爱心贴收集起来，如同宝贝一般珍藏。可以说，自从写起了爱心贴，班里的同伴关系变得更加融洽了，学生学会了彼此看见，彼此关心，互为榜样。

四、后续：家校再联动

通过一段时间的践行，从处理矛盾时老师欣赏，到生生互相欣赏，再到彼此写爱心贴欣赏，班级里形成了一种非常好的正向氛围。学生更懂得发现彼此的闪光点和进步点，同伴关系越来越融洽，同时更懂得互为榜样了。不过，在整个过程中，家校之间的联动出现了缺位，应当让家长也参与到欣赏的队伍中来，将良好关系的建立从校园延伸到家庭。

家庭生活是小学阶段儿童成长非常重要的一个部分，父母的评价是儿童自信心发展不可或缺的来源。因此，来自父母的欣赏就显得尤为重要。接下来我计划将欣赏从班级延伸到家庭中去。借助家校联系本、班级微信群、家长会等多种渠道，将班级欣赏文化介绍给家长，邀请他们参与对孩子的欣赏，并把班级欣赏会扩展到家庭欣赏会，把班级爱心贴延展为家庭爱心贴，将班级和家庭联系起来，从而进一步促进学生同伴交往能力的提升。

（杭州春芽实验学校　张玲玲）

还原"借"本来的面目："借"中的情感教育

在网络上流行着这样的调侃："借钱的是大爷。"我们也都或多或少地听说过亲人、朋友因借钱而反目成仇的事例，这从某种程度上反映了一部分人对"借"的认识不清晰、不正确，由此带来了不良的社会风气。学校、班级是社会的缩影，在班级中，也经常演绎着因"借"而引发的小冲突，几乎每位班主任都要经常处理因借东西而引发的小纠纷：把向同学借东西当成是理所当然的事情，一旦遭到别人的拒绝就难以接受；把借来的东西当成是自己的归属品，随意处置，一旦被催还就心生不满。究其根由，这些冲突、纠纷的背后是学生对"借"缺乏正确的认识。学生对"借"的错误认识可能来源于学校、家庭或者社会，若不及时纠正就会对学生发展乃至社会风气带来诸多负面影响，唯有从认识上对学生进行引导和纠正，才有可能根除此类冲突，让学生们谦逊有礼地"借"，还原"借"本来的面目。

一、遇到困惑：为何会产生这么多有关"借"的纠纷

"老师，小皓把我彩笔的水都用光了！"阿莹哭着跑来向我告状。

"是她借给我用的！"旁边的小皓见状赶紧向我解释。

"老师，小鸿拿了我的书，不给我！"冉冉急得脸都红了。

"是她借给我看的，我还没看完呢！"小鸿却不以为然，理直气壮地说。

"老师，我忘带本子了，可是他们都不借给我！"阿泽委屈地说，好像他写不了作业都是别人的错。

"老师，是因为他每次写作业都找我们借，为了借给他，我们的本子都快撕没了！"小霆义愤填膺地解释说。

"把你的橡皮借给我用用。"话没说完，小宁就拿起同桌的橡皮擦了起来。

"报告老师，他随便拿我的橡皮！"小彤显然不乐意了。

"老师，她是小偷，她偷拿了我的笔！"星星的话像一颗炸弹，在班里引起了围观。

"不是的，这笔是小诺借给我用的！"小梦看着我和围观的同学，涨红了脸连连解释。

"可这明明是我的笔！"星星不依不饶，"我只借给了小诺。"

"是我又转借给了小梦。"听了这话,小诺小声地开口道……

这样的小插曲充斥着小学生的学校生活,作为班主任,我总是不厌其烦地帮助他们分析处理,虽然这些小插曲最终都被圆满地解决了,没有影响到孩子们的情谊,但它们就像转盘,一轮又一轮,周而复始。这不由得引发了我的关注和思考:引发这类纠纷的根源是什么?如何才能让这类事件在班里彻底杜绝呢?

二、形成思路:寻找纠纷产生的根由

经过调研与分析,我发现导致这类纠纷的根由主要有以下三个:

第一,对"借"的内涵理解不到位。在商务印书馆出版的《现代汉语词典》第7版中,"借"字的两个解释是这样的:1.暂时使用别人的物品或金钱;2.把物品或金钱暂时供别人使用。孩子们并不知道什么是"借",他们认为只要他们单方面说一句,就完成了"借"的全过程,他们不知道,其实"借"的完成需要两个环节:发出请求＋获得同意,其中"获得同意"才是"借"得以完成的决定性环节。此外,"借"的内涵强调暂时性,这需要双方的约定,同时"借"还意味着"原样归还",不还、超时还、有损毁地还都会让"借"这一行为变质。显然,对于这一点,孩子们没有清晰的认识。

第二,对"借"背后包含的情感意义认识不到位。借方本是请求方,应谦虚有礼地征得同意,被借方本应把握着主动权,根据自己的实际情况判断自己是否出借。但在现实中,借方理直气壮,不懂感恩,被借方却因不借或催还而被指责。

第三,不良的习惯致使学习用品准备不到位,从而导致班内"借风"盛行,使得借人物品成了稀松平常之事。你借我也借,你借这个给我,我借那个给你,让"借"这个行为少了些许请求的意味,变得更像是一种交换。这让借方变得坦然,而拒绝出借的孩子显得不合群。

三、尝试破局:借助口语交际进行引导教育

找出了导致这类纠纷的根由,我就寻找时机在班级内进行了一次引导教育。恰逢语文课本中有一个主题为"商量"的口语交际,我就借助本次口语交际的导语"在生活中,有时候我们需要跟别人商量事情"引导学生先在小组内讨论:除了教材中呈现的情境,还有哪些情况需要和别人商量。通过讨论,学生们很轻易地就列出了许多需要商量的情境,其中就有"借东西"。

随后,我把孩子们列出的情境在黑板上一一板书下来,让他们对比这些情境的共同点。通过总结与梳理,学生们发现凡是需要别人许可、帮助、参与的情境都需要和别人商量,而借东西当然也不例外。

那该如何商量呢？借助教材小贴士的引领，我启发学生明白：与别人商量时，要想获得别人的支持，礼貌很关键，同时要注意使用商量的语气，把自己的想法说清楚。

最后，我给孩子们讲了孔子借伞的故事，通过故事告诉学生们，即使是圣人孔子找自己的学生借伞，也会顾及学生的感受，我们更应当如此。并且，在生活中，与人商量即使失败了，也要不失落、不失态，心存感激，同时，对别人表示感谢，只有这样，与人相处才能和谐、融洽。

通过这次口语交际，同学们内心明白了借东西是需要同别人商量的，与人商量要有礼貌，态度谦和，只有这样才能拥有良好的人际关系。这为彻底根除这类小纠纷打下了基础。

四、实现突破：召开主题班会，商讨"借"的公约

为了乘胜追击，我又召开了以"拒绝理直气壮地借"为主题的主题班会。

在班会中，我首先让学生通过表演重现纠纷画面，让学生们一起参与评理。在评理过程中，孩子们渐渐明白，应该如何向别人借，持什么样的态度，用什么样的语言，借到之后要怎样保管爱护别人的物品，借不到又应以什么样的心态来面对，以什么样的态度来收场。

为了让同学们在今后有规可循，我还带领同学们一起制定了班级公约来约束"借"的行为：第一，礼貌商量，征求同意；第二，约定借期，按时归还；第三，妥善保管，原样归还；第四，相互理解，务必致谢。同时，我们还一起制定了四不借：贵重物品不借；易损耗品不借；不守约不借；经常借不借。

针对"经常借不借"这一点，我发出倡议，引导同学们每天对照课程表准备自己的课本和学习用品，并通过定期评选"整理小达人"的方式来帮助同学们改掉丢三落四的坏习惯，从根源上杜绝"借"的需求。而对于经常忘带物品、经常借别人东西的同学，我倡导大家通过"不借"的方式，来给他施压，一起帮助他尽早改掉不良习惯。

通过一系列的引导、教育，班级里借东西的少了，迫不得已去借东西的同学也变得态度谦和了，这不仅扭转了班级里的不良"借风"，也让同学之间的关系更加和谐、融洽了。这次教育行动让同学们端正了对"借"的认识的同时，明白了与人相处要谦逊有礼，对提升学生与人相处的能力也有较大的帮助。当然，这一成果也需巩固与保持，需要班主任的密切关注和适时强化。这启发作为班主任的我要时刻保持一颗细致、敏感、勤勉的心，只有这样才能敏锐地发现问题，将问题解决于萌芽之中，避免问题的泛化与扩大化。

（济南市清河实验小学　杨婷）

"纸短情长"：用书信叩开孩子的心扉

近年来，随着科学技术的飞速发展，通信工具日新月异，人们可以很方便地敲击九宫格，可以透过屏幕看朝思暮想的人，可以足不出户了解天下事，却依然找不到一个可以安心倾诉的人。世界如此之大，人们的情绪却无处安放……书信，作为一种表达，为人们提供了情感释放的空间，帮助他们在信纸上畅所欲言，还在读信者与写信者之间建立了联系。现实生活中，人们因为面谈可能会有所顾忌，但在书信里，他们可以畅所欲言，一些词语的表达可能会显得充满情绪，有些幼稚，有些不可思议，但不加掩饰的，才是最真实的。书信，以不变应万变，在瞬间万变的潮流中，依然以其独特的魅力，帮助人们用心发声，以笔传情。

一、走近那扇封闭的心门

刚刚接手新班，我在班内环视一周，便被第一排的一名女同学吸引。不问我也知道她的姓名——李晓晓（化名），全年级"最沉默"的学生。在相处中，我曾试图慢慢靠近，但都被她低垂的小脑袋、隐藏在乱发下的脸庞拒绝了。我既好奇又充满了疑惑：晓晓为什么一句话也不肯与别人说呢？我翻阅了关于她的资料：妈妈是研究生，工作于国家电网，爸爸也有不错的学历和单位。看起来是一个多么幸福的家庭，孩子怎么会这么抗拒和别人交流呢？我百思不得其解。

在多次电话沟通和家访后，我终于找到了问题根源：原来，晓晓妈妈从小到大都是学校的尖子生，而晓晓在学习上一直非常吃力，在辅导作业的过程中，晓晓妈妈总是难以克制自己内心的焦躁，时常向晓晓发脾气，久而久之，晓晓越发胆怯和自卑，而妈妈也越来越绝望，认定晓晓不是学习的材料。自卑在晓晓的心中悄悄蔓延，造成了晓晓如今的模样。看着晓晓孤单的身影，身为教师也已为人母的我，真心心疼晓晓。晓晓有什么错？如果可以，她难道不想成为妈妈的骄傲吗？晓晓的境遇让我如鲠在喉，她在本该快乐的童年，怎能承受这么重的心理压力？

二、用书信叩开孩子心扉

(一) 书信，让孩子找到自信

很偶然的一个晨读，因为晓晓坐在第一位，我随手拿起了她的语文书，打开课本，顿时眼前一亮，晓晓的名字写得真好看。我惊喜地看着晓晓，告诉她："你的书写真漂亮。"她没有回应我。见状，我拿了一张纸条，工整地写着：你写的名字真好看，然后夹在了她的语文课本里。当我放下课本转身离开时，瞥见她迫不及待地打开课本，翻出了字条，嘴角露出了不易察觉的微笑。

书信，打开了晓晓尘封的心，让阳光照进。我试着用书信的方式与晓晓交流，每一次写完信，我都会在晨读时夹在她的语文课本中，而每次晨读，她都更有意地将语文课本放在了桌面最显眼的地方。

附：

《写给晓晓的第一封信》

可爱的晓晓：

你好！

你知道吗？虽然你经常低着头，但是张老师却一直抬头看你。张老师喜欢看你认真书写的样子，张老师喜欢看你一直端正的坐姿，你是张老师心中最美的风景。期待你抬起头和张老师交流，张老师希望能成为你的朋友，可以吗？

喜欢你的张老师

没有想到，晓晓在信上写道："张老师，我也喜欢你！"她怯生生地把信放在我办公桌上，然后飞快地跑开了。这对我来说，已经非常满足了，至少晓晓愿意主动和我交流了。我像抓住了救命稻草一样，开始了和晓晓的书信沟通，一封、两封、三封……晓晓现在已经和我成为了无话不谈的好朋友。是书信，让我走进了晓晓，让我无声地打开孩子的心扉，放进鼓励、赞赏和信任！

在此之后，我们之间的书信交流越来越多，晓晓说，每一次等待我来信的过程都是她生活中最快乐的时刻。为了写好回信，晓晓开始大量阅读课外书，还骄傲地给同学们分享来自我的信件。渐渐地，晓晓的朋友越来越多，笑容也越来越多，低着的头开始抬起来了。有了倾吐的空间，晓晓不再每天那么紧张、不知所措，变得平和、有主见。到了小学毕业时，晓晓不仅学习成绩有了显著提高，人也越来越会打扮，那份自信、阳光，让我看在眼里，喜在心里。

(二) 书信，让家长心平气和

书信，在家校沟通中功德无量，它像一块棉花糖，甜而不腻。在了解晓晓情况后，我与妈妈的沟通不再是电话、QQ，不再是家访。一封封书信，缓解了晓晓妈妈的焦虑,带给晓晓妈妈巨大的心理安慰。

附:

《写给晓晓妈妈的一封信》

晓晓妈妈:

　　您好!

　　首先,真的很欣赏您的优秀,您的学识和能力都让我敬仰。可是,您知道吗? 您的这些光环,无形中给晓晓带来了压力,您一直以高标准来要求晓晓,一旦没有达到预期,您便流露出不满。正是如此,晓晓才会越来越自卑,这样的恶性循环,极大地伤害了孩子的幼小心灵,作为一个旁观者,我真的很是心疼你们原本这么有爱的母女!

　　您知道吗? 您对晓晓的期待太高了,其实晓晓是独立于我们大人意识之外的、完全意义上的社会人。她有属于自己的意志和人生,我们能做的不是让她按照我们的意愿生长,而是在她破土成长中成为她需要的助力,让她有自己的发言权。

　　孩子慢一点没关系,至少她一直在努力,我们不应该为她的努力点个赞吗? 这本身就是可贵的品质,常常关注晓晓的优点,适当给晓晓一些鼓励,您一定会收获意想不到的惊喜。

　　此外,孩子是咱自己的,我相信您肯定爱她胜过爱自己。我们不能保证自己能给孩子多么正确的教育,至少在该教育孩子的时候,我们竭尽全力,若有偏失,我们也尽力挽回,至少,我们已经无愧于孩子。除了做父母的我们,还有谁能比我们更想让孩子好呢? 放平心态,孩子每天都在进步,我们就是幸福的,晓晓其实很有潜力,慢慢来,一步一步走,总会从量变到质变,我们一起为了晓晓更好的明天努力,好吗? 我相信您一定可以的!

　　　　　　　　　　　　　　　　　　　　　　　　　同样疼爱晓晓的张老师

　　晓晓妈妈说,收到来信,她先是痛痛快快地哭了一场,内心的焦躁、无奈、好强、愧疚五味杂陈。想着孩子很小就让她写字,不会写就劈头盖脸地一顿狠批,瑟瑟发抖的孩子总是蜷缩在一旁默默哭泣,无数个声嘶力竭的夜晚,她不断发泄又不断自责,她不能接受孩子不忍直视的成绩,又不知和谁诉说,她常常焦躁到不能自己……这封信,像一棵救命稻草,解救了她,让她有勇气说出自己的心里话,让她能够静下心来梳理自己的育儿得失,让她找回了自己,也让生活重拾温暖。

三、发现书信的心灵力量

　　在成功用书信帮助晓晓打开心门后,我专门开展了"纸短情长"实践,时间长达数年。在此过程中,我发现书信交流有着非同一般的心灵力量,具体而言有以下三点：

（一）温暖心情：记录不同情绪，开展自我疗愈

写信可以让学生记录自己开心、难过、委屈等各种情绪，在书写的过程中，边写边与自己对话，让自己渐渐平复下来，更加理智地对待生活；阅信可以让学生重拾生活的信心，记起出发的理由，身披风雨却依然勇敢前行。无论是写信还是阅信，都是一种温暖的自我治愈方式，鼓励无声，却能量巨大。

（二）宣泄情绪：抚慰受伤心灵，舒缓负面情绪

通过与学生交流，我发现在写信的时候，大部分同学都会把最真实的自己毫无保留地呈现出来，包括最难堪的往事、最沉痛的教训以及最难以言说的苦楚等。书信就像一个安全的树洞，包容着一切不为人知的秘密。因此，对学生来说，写信的过程，其实就是宣泄不良情绪的过程。

（三）学会调节：自主心理诊断，学生受益终身

通过写信，不知不觉中，学生就成了自己的专属心理医生：或是想方设法鼓励自己向前迈步，或是在自己考好时送来祝贺，考差时送来安慰，或是表达自己对父母的感恩之情……这种自我调节的能力，可以让学生一生受益。

从前，车马慢，书信远，鸿雁尺素寄深情。现如今，通信科技信息发达，沟通不再是障碍，写信、收信、读信这种最朴素的情感交流形式，依旧历久弥新。我喜欢写信时那种情感缓缓流淌的感觉，更喜欢它能够强有力地传递那至深的情感。纸短情长，让我们用书信叩开孩子的心扉，帮助孩子拥抱阳光，勇敢前行！

（济南市市中区育秀小学　张焕新）

从讥笑到微笑："群体"如何转变为"集体"

记得那是一节很普通的语文课，是我刚接班的第二周，我们在学习一篇优美的散文。

我带领学生理解重点句后，照例让一位同学站起来朗读这段课文。因为还不太认识学生的姓名，我便从坐在第一排的小A同学开始，让同学们依次接读。小A同学站起来，用极小的声音，读得语速极快，快到几乎让人听不清楚。我很认真地纠正他，告诉他应该怎样读，让他重新再读一次。他站在那里，头低得很低，用比之前更小的声音和没有太大变化的语速又读了一遍。

这时我听到也看到有好几位同学在小声地笑，相互之间挤眉弄眼，课堂气氛有些诡异，但我并没有太在意这几位同学，而是指了后排的小B同学，让他再来读这段比较抒情的文段。这位同学很不好意思，站起来吞吞吐吐地开始读。他既紧张又害羞，读得声音越来越小，语速越来越快。而周围有不少同学用书挡着脸或者低下头，发出"嗤嗤"的笑声，还没读完，小B同学就不由自主地停住了。

我把书合上，问笑得明显不怀好意的小C同学在笑什么？他并没有收敛笑容，而是反驳我："我没笑。"我把书放在讲台上，脸色非常严肃地再次问他："你想好了再说，你刚才笑了吗？笑什么？"他见我面色严肃，就撇了撇嘴说："我觉得他读得不好我才笑的。"

我又拿起了书，平静地对他说："那你来读一读这一段吧！"他一愣，无奈地拿起书用比刚才那两位同学响亮一些的声音开始读。

的确，比那两位同学读得好一些。于是我问他："你觉得自己读得比刚才那两位同学好在哪里？"他不好意思地说："我声音大。"我又问他："他们读得声音小，你笑他们，就会让他们的声音变大吗？"他愣住了，我又问了他一遍："你的确读得比他们的声音大，但你笑他们，能帮助他们变得更好吗？"他一脸不解，仿佛在反问我：我为什么要对他们两个有帮助呀？

是的，他的这种迷茫是此时这个班级里的学生普遍存在的。

这是一个五年级的班级，学生大都10—11岁，班里男生25人，女生20人。他们大多数比较聪明，反应灵活，理解能力较强，学生的性情大都比较平和，没有明显的桀骜不驯的"刺头"，整体上比较遵守纪律，能够听从老师的安排。学生的家庭也都比较普通且相似，没有特别有钱有势的家庭，也没有特别贫困的家庭，更没有具有极大缺失的特殊家庭。但是，就在接手这个班的第一周，我就发现，这45个孩子只是一个在同一地点上课、玩耍的群体，即使他们已经相处了整整四年，但他们依然不是一个集体。

支持我这一观点的学生表现有很多：

镜头一：在课堂上，老师叫一个同学回答问题。这个同学回答到一半，如果有同学随意插话，表达自己的不同意见，或是讲了与这个问题有关的内容，正在回答问题的同学就会立刻停下来，直接与插话的同学对话，完全置课堂上的其他同学与老师于不顾。很明显，在他们的观念里，只有个体自尊感，没有集体秩序感。

镜头二：在班级中随时都有可能被"笑"。而这些笑，多数是非善意的，但似乎又不带更多的恶意。如文章开头里课堂上的一幕，就像是他们自然形成的一种氛围，一种习惯。没有人提出异议，但被讥笑的同学会表现得很不好意思，有的会郁闷，会明显不高兴或哭泣。但是没有人在意，更没有人去制止讥笑者，或者去安慰被讥笑者，似乎无意识地参与了，又无意识地散去了。他们的成员关系如此随意，相互之间没有尊重可言。

镜头三：他们不会小组一起做值日，但每个人都能够把值日的每项工作做得很好：会把桌子摆得很整齐，会把地扫得很干净。但在小组值日时，他们又会一窝蜂地都去擦黑板，或者一窝蜂地都去扫地。他们没有团体协作的概念，小组领导的作用几乎是零。

这只是一群在一个班级里一起学习了四年的个体，他们之间缺乏紧密的组织形式，缺乏由共同目标凝结在一起的共同情感纽带。他们之间的沟通方式还未经开发，他们之间只是懵懂地、随意地按照惯性相处着。可是，这样怎么行呢？学校教育（或者集体教育）相比家庭教育来说无可取代的优势就是集体的力量。如果不能形成集体，又哪有集体力量可言呢？

显然，此时我们的班级不具有集体的功能。对于我来说，当务之急就是要让这些孩子们认识到他们之间存在的问题，让他们了解在集体中，人与人之间应该建立起相互尊重、相互支持与鼓励的关系，了解他们并不只是一个个个体，而是集体中的一分子。对于这个集体他们有使命有责任，每个人都应该为这个集体的发展贡献力量。

那节语文课上，我没有让这个一脸茫然的小C同学坐下，而是又指了另外一个刚才笑得很得意的小D同学，问："你觉得怎样做才能帮助到刚才这两位读得不太好的同学呢？"他很不好意思地站起来，沉默，不说话。于是我又问他："当小A和小B两位同学在朗读课文时，你和其他同学在笑，你觉得他们会有怎样的感觉？"他小声回答："他们会更紧张。"我又问他："如果此时此刻其他同学也在笑，你会有什么感觉？你会觉得别人的笑是什么意思？"他沉默了一会儿说："我会觉得别人是在笑话我。我会更紧张，更不好意思。"我又问他："你有过被别人讥笑的体验吗？"他点点头。"滋味好受吗？"他狠狠撇了撇嘴，摇了摇头，说："不好受。"然后我问全班所有的同学："有谁也曾经有过，感觉自己被别人讥笑、嘲笑的情况？你们还能想得起当时的感受吗？"我发现此时班级中绝大部分同学都点头，小声承认自己曾经有过被别人笑话的感受。

我问他们："被别人笑话时，笑声对你当时做的事情有帮助吗？"能够让你变得更好吗？几乎所有的同学都在摇头。

我让他们转头，转身看彼此，想一想：你和你的同位，和你的前后位，和在我们这个教室里所有的同学是什么关系？他们一脸茫然，不知道我为什么问这个问题。于是我再次找同学回答这个问题。一开始，前两位同学都摇头，表示不知道，直到第3位同学试探性地说："我们是同班同学。"

我把"同班同学"四个字写在黑板上，很认真地问他们："你认为什么是同班同学，只是坐在一个班级里一起上课的人吗？如果不是，那这个词语里还应该包含了人和人之间的什么关系呢？"一阵沉默之后，班里的大队委员说："应该是一起进步一起学习的人。"我追问了一句："一起学习什么？只是学习课本上的知识吗？"然后我请班长起来回答这个问题。他嘟嘟囔囔地说："还应该学习怎样一起进步，怎样在一起相处。"

我问所有同学："你觉得你们做到了吗？你们所做的事有利于你的同学进步吗？如果不能，那么在他遇到困难时，我们应该做些什么呢？"

有同学悄悄举起了手，但我摇摇头制止了他们。我说："我希望你们现在就考虑一下，哪些行为不能够对你的同学有所帮助。"他们很快就认识到了，在课堂上，在别人回答问题时，不明原因地笑会让原本紧张的同学更紧张，更不安，更没有自信，会让人气馁、羞愧甚至放弃，从而备感打击。而一个人的笑，会传染为多个人的笑，会使整个班级中的每个人都感受到回答问题的压力与紧张，这对课堂学习是很不利的。同时，一次笑会延伸为多次笑，会形成一种无意识的相互讥笑的班级氛围，会给班级里所有的共同活动带来极大的负能量。久而久之，在这种负能量中无法自拔的个体会缺乏自信，会不信任同伴，也不会对班级有安全感和归属感。

下课铃响起时，我知道这节课并没有结束。因为想建立起他们相互尊重，相互鼓励的共同学习关系，不是一朝一夕能达到的，必须反复强化，要让他们习惯于尊重别人，特别是尊重别人与自己的不同，让他们建立起良好的沟通方式，能够表达自己的感受，并学习在做任何事情前思考自己的做法，能不能给别人带来愉悦与促进。

我设定了第一步工作的目标：强化相互尊重的氛围，建立良好的沟通渠道。

在很长的一段时间里，我加倍留意对学生的正向引导。在课堂上，我会感谢同学们对我读错课文时的及时纠正，为学生做出表率，告诉他们：及时指出的沟通比笑更能够促进别人的进步。

我会在他们写错很简单的字，做错很简单的题时告诉他们：没关系，这些错都很正常，改正就好，让他们体验被尊重的温暖感受。

我会在讥笑发生时，让发笑的同学和被笑的同学站在讲台前谈感受。发笑的同学必须要说："对不起，我错了，请原谅我。"被笑的同学则可以选择："我原谅你，下次请不要这样了！"或者"你伤害了我，我现在很难过，可能过段时间才能原谅你！"让学生们说出感受，找到更好的沟通方式。

我也严禁在班级内大声说出别人的成绩，大声说出别人不想让其他人知道的私人信息，让他们理解什么是尊重与被尊重。

学生们也在不断地变化，这期间，学生之间因为感受到被冒犯而发生的小冲突、小矛盾层出不穷，而这些小矛盾正是他们磨合与变化的过程。我一方面为他们的这种变化欣喜，另一方面也不断调整对待他们的方式——不批评，只评价，以我的评价作为引导方向，让他们在思考中调整自己的行为。批评是一种负面强化，不是我想要的结果，我想要的是正向强化，是让他们在相互尊重或相互摩擦中学会尊重别人，也赢得别人的尊重。

为此，我组织了一个小型的班级活动：每天放学前5分钟，我让三个同学（班干部一名，组长一名，普通同学一名）到讲台上说一件自己感谢别人的事，或者自己看到了内心很感动的事，一两句话就行。

第一天是班长发言。他很真诚地对所有同学说："今天我领早读，大家都很安静，读得很认真，感谢大家对我的支持，谢谢大家！"当时，同学们都愣了，然后自发地鼓掌，我看到他们脸上的笑，那么真诚，那么灿烂，真的很高兴。

朗读课文时被讥笑的小A同学站在讲台上，低着头，用比较大、比较流利的声音说："今天我们组值日，请大家出教室站队前，先把自己脚下的纸捡干净，丢到垃圾桶里，这样我们就好打扫了，谢谢大家！"同学们一片哄笑，然后用"好的，好的"回应他。

还有一位同学说："今天中午打球，谢谢某某某传球给我，我没有投进，对不起。不过，他也没有埋怨我，谢谢！"

诸如此类的故事数不胜数，这个活动持续了很长一段时间，虽然活动看上去很简陋，但效果很华丽。通过这样的讲述活动，学生们的相处变得更加和谐友善了，他们之间慢慢建立起了相互鼓励、相互支持的关系。在表达对别人的感谢与尊重的分享中，他们慢慢建立起了共同的价值观。

在那个学期的期末，我们的课堂已经很和谐很安全了，再也没有了相互的讥笑（这是我感受最深的）。有时哪怕有同学提出了很幼稚很简单的问题，课堂上也更多的是包容的微笑，互相帮助的提示。连其他的任课老师都由衷地为我们的变化感到骄傲。那时，我深深地感受到，我们的班级开始逐渐成为一个有温暖感受、有归属感、有共同价值认同的集体了。

我相信集体的力量是巨大的，它的强大在于它有巨大的传染性，它会在自觉不自觉中传递出一种共同的价值观念，让集体中的每个个体产生与集体要求相一致的态度和行为。但我也明白，这一学期还只是建立了集体的雏形，还应该在这基础上建立集体的秩序感，让集体的舆论力量发挥更大的优势，让每个个体在这里汲取营养，茁壮成长。等到那时，我才能真正露出轻松的微笑。

（济南市营市东街小学　吴蓉）

"展示"：提升开放和协作能力的有效路径

一、背景

我校是一所地处城郊的农村配套初中，随着时代的发展与变革，校园的办学条件已有很大的改观，但生源仍多为外来务工子女，这类家庭多数为生计奔走忙碌，对子女的陪伴较少，孩子较缺乏关爱，较鲜明的表现为大部分学生性格较自卑，不敢于展示表现自我，遇到挫折，易产生畏难情绪，与同伴间交往时多为回避状态，交流过于被动。而这些问题若不做出改变，势必影响学生未来的社会性发展。

为此，我校基于学情，积极探索在活动育人中提升学生的开放与协作能力的有效方案，"展示德育"应运而生，旨在通过教师引领，以及学校美好的展示建设，重视在体验中教育，发挥学生的主体作用，让学生展示积极的行为，展示积极的作品，展示积极的自我，在展示中激发内驱力，提升积极道德品质，最终促进社会与情感能力的提升。

展示德育是以立德树人为根本目标，以学科课程、展示活动、展示场域为基本载体，以自主建构、亲身体验、动手实践为主要学习方式，培养学生社会与情感能力为最终目标的学校德育体系。与传统的德育活动相比，展示德育具有以下特点：

（1）强调在真实的社会交往关系中学习，搭建学校与社会生活的桥梁。

（2）强调实践性，通过亲身体验、动手实践，丰富认知领域，促使学生思考与进步。

（3）强调展示的作用，激发学生在大众视野下的成长与进步，提升学生的积极品质。

二、设计思路

该案例主要对展示德育下的"展示活动"进行阐述，分为学科展示活动、心理展示活动、社会展示活动和节庆展示活动四大类别，四类展示活动贯穿着我校德育的实施过程,目标指向学生社会开放力与协作能力的提升(见图3-2)。

图3-2 指向社会情感能力的展示德育设计思路

三、实施举措

1. 学科展示活动:为学生提供多样的展示平台

学科展示活动是各学科教师结合自己的学科任务布置相应的学科学习活动,学生参与活动,并将自己的学习成果进行展示的过程,分为"静态作业展示"和"动态作业展示"两种形式,以丰富展示成果的多样性。

(1)静态作品展示

静态作品是学生完成学习任务后产生的学习成果,如手工、研究单、手抄报等作品,老师们为学生设计与主题契合的展示空间,将作品在全校进行展示,引导学生通过参观进一步学习知识。

比如在我校开展的元宵灯会项目学习活动中,学生在接收到制作灯笼的任务之后,需要收集资料。在收集资料的过程中,培养了责任感和毅力;在设计灯笼的过程中,发挥了自己的创新性;在和爸爸妈妈合作制作灯笼以及和伙伴一起布置展台的过程中,锻炼了自己的协作能力;在参观他人作品的过程中,享受了美,习得了知识,获得了归属感。同时这样的展示活动也营造了温馨的校园氛围。

(2)动态作品展示

相较于静态的作品展示,动态的作品展示使学生得到了更全面的锻炼。动态作品展示是指学生根据假期的学科作业任务以及社会实践任务,以个人或者小组的形式在开学典礼等开放的场合,上台展示自己的学习成果。

学生假期参与社会实践活动后,通过视频、演讲、情景剧等形式在舞台上展示自己的学习成果,如探究皮影戏的表演原理,创编剧本,在舞台上现场为全校师生表演皮影戏等。每一次的动态展示,从设计展示形式到排练再到正式地登台展示,这都是对学生一次很好的历练,同时也营造了良好的校园氛围。

2. 心理展示活动:为学生提供积极的情感状态

社会与情感学习与心理健康教育活动都是当前基础教育帮助学生实现社会性

能力发展的重要理论与实践活动,因此,我们为学生提供了自发式和干预式两种心理展示活动,以激发学生积极的情感状态。

（1）自发式心理活动

自发式心理活动指由学校或班级组织的心理活动,学生根据活动要求,自发完成活动任务,包括525心理活动周、班级快乐之星评选等。如525心理活动周：525是北师大心理健康系团总支在2000年发起的一个活动,意思为"爱自己才能更好地爱他人"。该活动目的在于更好地宣传、普及心理健康知识,营造心理健康教育的良好氛围,帮助学生增强心理健康意识,引导学生更好地认识自我,发展自我。

此外,在班级中评选快乐之星,用积极的状态影响消极的状态,提升学生情绪调节能力。通过此活动使学生能够情绪稳定、乐观,能适度地表达和控制情绪,保持良好的心境状态。心理健康的中小学生主导心境始终处于轻松、活泼、快乐的状态。

（2）干预式心理活动

干预式心理活动指为学生提供一对一的专业心理指导与帮助,包括心灵信箱、家校平台、心理专题活动等。

我校开设心理辅导站,每天保证2个小时的开放时间;开设"心灵信箱",以便个别羞于启齿的学生,可以利用写信的方式和学校的心理老师进行沟通、预约咨询,一般的问题由心理老师转交班主任回复,特殊的由心理辅导老师进行个别咨询;通过"家校平台"学校给予家长个性化的指导与帮助,使家长逐步掌握如何融洽亲子关系的方法,有效促进亲子沟通;积极开展"悦纳情绪,关爱自己"系列心理活动,其中包括心语书签漂流记、微笑博览馆、心语标语宣传图、心理健康板报评比、心理知识长廊等。丰富多彩、形式多样的活动增强了心理健康教育的实效性,有助于学生培养良好的心理素质,营造健康、乐观、积极向上的校园氛围。

3. 社会服务展示活动：为学生提供开放的实践渠道

社会是一所更能锻炼人的综合性场所,只有正确地引导学生接触社会,了解社会,服务于社会,才能使学生学有所用,实现自身价值。以此通过各类社会服务让学生认识到社会实践是一笔可贵的财富。

（1）公益服务

我们引导学生积极参加社会志愿服务、公益劳动,努力在实践中践行志愿精神。在"社区小主人"志愿服务活动中,组织学生在社区公共区域、绿化带、马路等场所开展卫生保洁工作,帮助社区卫生保洁员清除卫生死角。在社区广泛开展尊长敬老、助残帮困等其他方式的志愿服务活动;将志愿服务作为学校品牌活动来打造,制定评价体系,与推优入团相结合,纳入长期发展规划。老师带领学生团员积极参加社会志愿服务、公益劳动。以志愿者队伍建设为核心,使学生在服务他人、服务社会的志愿服务过程中,收获相应的社会与情感能力的提升,感受奉献的快乐和人生的感悟。

（2）社会实践

我校组织孩子们参加社区保洁活动、社区护绿活动、社区综合宣传活动、社区敬老爱老活动等，让孩子们亲近社会、学习知识、开阔眼界，增强学生的学习意识和吃苦耐劳精神，同时也为了培养孩子的动手能力，丰富孩子的课余生活。学生可前往实地进行参观考察活动，完成考查报告或参观日记。学生通过实践、调查、研究，了解文化，在实践活动中不断感受身边的文化，如历史、美食、人文精神、故里名胜等。学生以小组的形式进行汇报交流，通过合作展示调查研究成果，也锻炼了表达能力。

4. 节庆展示活动：为学生提供有利的情感环境

节庆日是我校展示活动中的重要组成部分，我们以节日为契机，将节日与我校及周边资源整合，用项目结合实践的形式，促进学生真实的情感体验。以下以"空军节"、"教师节"为例。

（1）爱国主题教育之空军节

我校地理位置毗邻空军基地，有很好的教育资源，而少年儿童作为祖国未来发展的新希望，他们对于"空军"的敬仰与崇拜感也十分强烈，所以我校将"空军"主题课程作为激发队员爱国情怀的实践探究路径。带领学生走近军营，学习空军历史，观看整齐划一的队列示范和敏捷的武器拆装表演等，邀请空军进校为学生讲述英雄故事，如"海空卫士"、中国第一代战斗机飞行员等，真实地、生动地再现当时的场景，带领队员感受先锋榜样鲜活的人物形象和浓厚的爱国情怀，引导队员懂得珍惜当下的幸福生活，铭记历史给予的警醒。

（2）感恩主题教育之教师节

良好的校园氛围、融洽的师生关系、温馨的亲子关系能有效地促进学生社会情感能力的提升。为此，我校开展了"三感教育"系列教育感恩行动。

以教师节为契机，开展"你是一束光，照亮我心房"感念师恩系列主题活动，在活动中增强学生与教师之间的联系，让学生亲近老师，了解老师，拉近师生间的关系。如在"一见如故，如影随形"活动中，请学生选择一位想要了解的老师，担任这位老师一天的"小影子"，从入校开始跟随老师上课、批改作业、开会、备课、与家长联系、学生谈话等，体验老师一天的生活。通过真切的体验，学生们看到了一项工作背后的故事与辛苦，激发感恩之情。

四、成效

（一）学生逐渐开朗自信在集体中勇于展示

从展示德育活动的各年度各年级活动参与率来看，学生整体参与活动比例逐步提升。以教师节系列活动为例，柱状图表明，同级学生每年的活动性参与率逐步上升,学生从最初的怯懦逐渐乐于展示自我(见图3-3)。

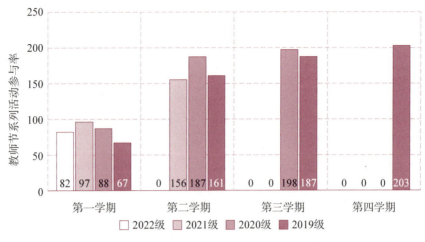

图3-3 活动参与率前后对比柱状图

(二) 学生的开放力在展示中得到了提升

在我校的一项关于同伴交往的量表中显示(见图3-4),学生的同伴关系指数较低,据分析,原因在于部分学生性格内向或慢热,不敢主动与同伴交往。在我校展示德育项目的浸润下,再对孩子们进行同样的数据调查,结果显示学生的相关指标呈现上涨趋势。

亲爱的同学:请你从每句后面的答案代号中选择一个符合自己实际的答案并在答案代号下画一个"√"

题目	不是这样	有时这样	经常这样	总是这样
1. 我注重其他同学怎么看我	1	2	3	4
2. 我觉得其他同学在开我玩笑	1	2	3	4
3. 我跟新的同学讲话时感到紧张	1	2	3	4
4. 我害怕其他同学说我什么	1	2	3	4
5. 我只和非常熟悉的同学讲话	1	2	3	4
6. 我怕其他同学不喜欢我	1	2	3	4
7. 我很在意被别人捉弄	1	2	3	4
8. 在不熟悉的同学中我觉得害羞	1	2	3	4
9. 我跟其他同学在一起时感到没话说	1	2	3	4
10. 在其他同学面前做没做过的事,我会感到担心	1	2	3	4
11. 我盼望上学去	1	2	3	4
12. 我的同学对我很好	1	2	3	4

图3-4 儿童同伴交往测量量表

（三）家长见证着学生的成长动力被激发

我们还设计了家长问卷，从家长的角度来看孩子成长的改变。对问卷进行词云分析（见图3-5），第一张图是未开展展示活动项目前，家长问卷中提到的高频词有拖延、拖拉、注意力、学习、顶嘴、浮躁、倔强等；通过一学年的学习，家长在问卷中提到的高频词有能力、动力、成长、希望、一起、鼓励、耐心等，我们从家长的反馈中看出孩子们的成长动力在不断提升。

图3-5　家长问卷词云分析前后对比

（杭州市浙江师范大学附属杭州笕文实验学校　谢开源、何晶、林苗苗、周玉倩、潘海云、洪晨昕）

案例评析

沟通与合作是学生社会与情感能力的重要组成部分，经合组织将其表述为"创造新价值"的重要元素。良好的沟通与合作能够提升学生的学业表现，增进学生之间的相互关怀，促进学生反思他们解决问题的策略和决策技能。[①] Johnson 等人提出，要实现有效的团队合作，达成共同的目标，团队成员需要掌握以下四种技能：(a)相互了解和信任；(b)精准而明确地沟通；(c)相互接受和支持；(d)建设性地解决冲突。[②] 可以说，沟通与合作是比冲突化解更高一层的能力要求，冲突化解主要指向人与人之间如何解决矛盾和冲突，目标是相安无事、和平共处，而沟通与合作则指向能够更好地共同生活、协作完成任务和发展自我，从冲突化解走向沟通与合作是个体与社会不断向前发展的趋势所在。

纵向来看，人类社会的发展历程就是合作范围不断扩展、合作内容不断丰富、合作程度不断加深、合作能力不断提高的过程，全球化时代的人类合作更是展示出前所未有的广度和力度，同时合作的版本仍在不断升级之中。越是发达的国家和地区、发达的企业和公司、发达的文明和个体，合作的意识和能力就越强。在某种意义上，正是合作能力的不同，让人与动物区别开来，也让人与人之间拉大了差距。所以，沟通与合作是最非常重要的社会与情感能力。合作，让每一个个体的"我"，走向群体性的"大我"，成为共同体中的一员，在此过程中，个体之间优势互补、互相学习和提升，又通过参与公共生活、共同生活，提高了公共规则、公共价值意识，创造出只有集体合作才能创造出的成果。

然而，当前中小学生沟通与合作能力的发展出现了诸多问题：学生整体合作素养水平较低，我国北京、上海、江苏、广东四省市中仅有 6.4% 的学生具有高合作能力，不足 OECD 平均水平(7.9%)，且这一比例远低于新加坡(21.4%)和日本(14%)；[③]随着年龄的增长，学生的沟通合作能力显著下降，城市学生的沟通合作能力显著优于农村学生，城乡差距不断扩大；[④]学生的人际沟通能力普遍不足，由于缺

---

① Baumberger-Henry, M. Cooperative learning and case study: Does the combination improve students' perception of problem-solving and decision-making skills? [J]. Nurse Education Today, 2005, 25(3):238-246.

② Johnson, D. W., Johnson, R. T. An educational psychology success story: Social interdependence theory and cooperative learning[J]. Educational Researcher, 2009, 38(5):365-379.

③ 徐冠兴,魏锐,刘坚等.合作素养:21 世纪核心素养 5C 模型之五[J].华东师范大学学报(教育科学版),2020,38(02):83—96.

④ 唐一鹏,郑杰,孙晓雪,黄忠敬.协作能力:中国青少年社会与情感能力测评分报告之三[J].华东师范大学学报(教育科学版),2021,39(09):62—76.

乏人际沟通技能特别是同理心等社会情感能力造成的校园欺凌问题频发……①

为进一步规避或解决学生沟通与合作能力不足所带来的发展问题,促进学生沟通合作能力的提升,教育研究者与一线教育家们提出了多种教育策略:Fuller 等人关注反应性理论中的自我监控,结合助记术开发出教师指导学生实施自我监控的干预策略——"SELF",通过指定行为、建立联系、学习自我监控并适当淡出四个步骤,让学生观察和记录自己的行为,增强自我意识,促进合作能力的提升,同时减少对教师提示的依赖,提升课堂教学效率。② 曹梅以计算机支持合作学习 (CSCL) 的支架策略和元认知策略为经验蓝本,指出学生的合作技能培养应该:(1)通过教师示范、角色扮演、情境模拟和问题解决等方式进行,在学校开设校本课程或者开发合作学习专题微课等;(2)在日常的合作学习过程中,教师通过支架策略来引导学生的合作学习行为和习惯;(3)针对学生在合作学习中的表现进行具体化和个性化地评价与反馈,引导学生改进自己的行为。③美国儿童入学过渡项目 (Kids in Transition to School, 简称 KITS) 提出促进儿童合作能力发展的五步指导法:帮助孩子理解合作的含义,将合作这一复杂的技能分解成更小、更易理解的步骤进行教学指导;在与家人以及朋友相处时为孩子示范合作的技巧方法;通过角色扮演为孩子提供支持性练习,向孩子展示如何与人合作;用具体的表扬鼓励孩子在掌握合作技能的过程中所做出的努力,激励他们不断成长和发展;策划生动有趣的活动吸引孩子积极参与,在活动中发展孩子的合作技能。④

培养学生沟通合作能力的方法之多不再一一列举,本组案例以具体的教育情景为依托,结合特定的教育问题,详细阐述了学生沟通与合作能力培养方法的实践应用和教育效果,呈现了种种提升学生沟通和合作能力的方式、视角、技巧,凸显了现代性合作的基本理念:在注重自主和平等的前提下,通过公共协商、公共参与来建立公共生活的一般性原则、规则,推动有效合作和高质量合作,为学校发展学生沟通合作的社会情感能力提供了参考与借鉴。

《"COOL圈":让"合坐"走向"合作"》,该案例是对常规小组合作学习的一种改革和创新,目的是让学生在学习过程中真正合作起来;通过打破常规合坐者合作的

① 康翠萍,徐冠兴,魏锐,刘坚,郑琰,刘妍,甘秋玲,马利红. 沟通素养:21 世纪核心素养 5C 模型之四[J]. 华东师范大学学报(教育科学版),2020,38(02):71—82.
② Fuller, M. C., Ura, S. K., Vannest, K. J. Improving cooperation skills through a mnemonic for self-monitoring[J]. Intervention in School and Clinic. 2020,55(5), 294 - 300.
③ 曹梅. 打开课堂合作学习的黑箱:来自 CSCL 的经验[J]. 教育发展研究,2018,38(20): 68—74.
④ Kids in Transition to School. 5 Tips for Teaching Cooperation[EB/OL]. [2023 - 08 - 09] https://kidsintransitiontoschool. org/5-tips-for-teaching-cooperation/

模式，引导学生组建自己的合作小组；通过组长和组员互选、分工合作完成任务、组间 PK 等活动，调动学生合作小组内每个成员的积极性和参与度；通过角色互换，提升合作的默契；通过正向评价，鼓舞合作的信心……总之，提高了学生深度合作、有效合作、平等合作的意识和能力。

《创新班级管理，提升学生共情能力》，该案例通过班级管理创新来提升学生的共情能力，共情是人与人之间走向合作的重要媒介。班级管理创新主要包括召开系列主题班会、创新"流动日记本"与角色体验的班级管理措施、开展家校共育等三个层面、多个路径。

《"心理社团"：学生融入群体的一把"破冰斧"》，为了让每个同学更好地融入集体、融入团队，通过组建心理社团，开展层层深入、丰富多彩的社团活动，培养学生的团体意识、合作意识。

《欣赏：构建良好人际关系的阶梯》，作者针对小学低年级学生的"三小"现象——"小告状"、"小碰瓷"和"小误会"，提出了从 1.0 到 3.0 的欣赏进阶路线，让学生发现彼此的闪光点和进步点，而不是一味找缺点，这样就在班级里形成了一种正向氛围，让同伴合作更有可能，关系也越来越融洽。

《还原"借"本来的面目："借"中的情感教育》，针对学生之间因为借东西而经常发生矛盾这种现象，分析种种有关"借"的纠纷产生的缘由，从口语交际、建立"借"的公约等方面对学生进行引导，其背后是如何"合作"的教育：借东西是需要同别人商量的，与人商量要有礼貌，态度谦和，有借有还等等。"借"东西这件小事蕴含着合作教育的契机，作者的分析和处理方式给人以启发。

《"纸短情长"：用书信扣开孩子的心扉》，该案例展示了书信在沟通交流中的独特魅力。网络时代，书信仍然能以不变应万变，在瞬间万变的潮流中，依然以其独特的魅力，用心发声，以笔传情，成为连接心灵的桥梁。

《从讥笑到微笑："群体"如何转变为"集体"》，针对相处 4 年的同学仍然没有相互尊重、平等合作的集体意识，通过强化相互尊重的氛围，建立良好的沟通渠道，让同学之间对缺点的讥笑变成了包容、尊重、温暖的微笑，培养了合作共存的归属感、温暖感和公共规则感。

《"展示"：提升开放和协作能力的有效路径》，针对农村初中外来务工子女家庭的孩子性格较自卑、遇到挫折易产生畏难情绪，与同伴间交往时多为回避状态、交流过于被动等问题，该学校开展"展示德育"，通过四类展示活动，让学生走出自我，培养了学生的社会开放力与协作能力。

第四编／

特殊学生的培养与转化：
积极情感的力量

独"乐"不如"众乐"：一位"特殊学生"的乐群之路

暑假末，我被通知要接手高二某班的班主任工作。一个月后，小陈同学"成功"吸引了我的注意：她是班里唯一一个没有同桌的学生；每周位置轮换时，像钉子一样"扎根"在教室最后一排；上课认真，课间不是趴在桌上休息就是做题、问问题，很少和同学聊天；就连平时走路，脚步都是急匆匆的；学习成绩总是年级第一。相比其他同学的"自由散漫"，她显得"格格不入"。

一、一个"发现问题"的契机

一次语文课上，我提议组建语文学习小组，同学之间先自行选择队友，后续适当微调。然而，小陈却成了那个被"遗漏"的人，没有同学和她组成一队。"不应该啊！她的语文成绩遥遥领先，按常理很'抢手'才对。她不和同学玩，也不至于不和同学们一起学习吧？"我心想其中必有蹊跷，于是找课代表询问缘由。

"小金，老师看到汇总的小组名单，咱是不是把小陈漏了呀？"

"没有没有，老师，这是她课下在班级说的，不加入小组。她自高一开始就不怎么和我们玩，班级集体活动也是能不参加就不参加。你没看她坐最后一排嘛，这可是人家主动要求的，不想要同桌。估计人家觉得我们成绩差，瞧不上我们。"小金炮语连珠。

"噢，那她在咱班没一个好朋友吗？"

"据我所知是没有的。她好像下课不是在做题，就是在睡觉。老师你说，人家躲着咱，咱这么大人了，还会'热脸贴冷屁股'吗？"小金一本正经道。

和小金的短暂交谈，让我的疑惑不减反增。当天中午便去找原班主任刘老师了解情况。原来小陈是初二从外地转学到上海的，成绩一直拔尖。因中考失利才被我们这所普通高中录取。高中伊始，她就是班级的一股"清流"。上课认真听讲，积极配合老师，作业工工整整，考试成绩从来都是铁打的第一。老师们自然也就没把她的特立独行当回事。另外，我还了解到小陈的母亲是改嫁来上海的。她读书时成绩也非常优异，即使当年大学录取率极低也考上了名校。"难怪小陈初二能转学上海……过来后成绩依旧拔尖，心气必然很高。现在'流落'到普通高中，心理落差肯定很大。"我嘀咕着。

在我看来，小陈优异的表现既是自我保护的心理机制，又像是一种逃避和放逐，甚至是某种程度的自我折磨。长此以往，势必对她的成长造成负面影响。

二、一个"见贤思齐"的约定

自以为了解了原委后，我准备和小陈开诚布公地谈谈。我首先从语文学习小组的事切入，问问她的看法。"老师，我不想浪费时间！从高一开始都是自己学，您也可以问问刘老师（原班主任）！"小陈直奔主题的态度让我始料未及。

"小陈，班里同学成绩不如你。正因为他们不够好，才要你多多帮助不是么？相互帮助才能营造整体学习氛围啊。"

"我真的不想，老师，我和他们不熟，虽然同学一年多，也没说过几句话。"面对坚决的态度，我没有继续强求。高中生已有自主意识，一味地说教，很难让人"心服口服"，解开"心结"才是关键。否则"强扭其瓜"只会让她抗拒我这个新班主任。于是，我转而实施"缓兵之计"。

"既然这样，我们各退一步。最近不是在学《论语》十二章吗？孔子有言：见贤思齐焉，见不贤而内自省也。也许你认为现在见到的都是'不贤'，没有值得思齐的对象。但孔子也说'三人行，必有我师焉'。班上三十多号人，必然有很多人可以师法。老师想和你立一个君子之约：以一月为期，请仔细观察身边同学的优点，每周五下午放学前汇报成果。如果每周可以找到一个，那你听从我的安排，加入小组。如果找不到，就任凭你的意思，如何？"

小陈陷入沉思，好一会儿才说："好的！"

"击掌为誓。"

小陈害羞地举起手掌，约定落成。

小陈的言行，是考场"失意"学生自我构建心理孤岛的典型。对于这类学生，"走下神坛"并非一蹴而就的事情，需要很长时间的心理调试与各方面的综合努力。作为班主任，深知化解她的逃避心态，不能急于求成，徐徐图之才是正解。

三、一次"追根溯源"的家访

接下来的日子，她的确很守约，坚持每周报告新发现。"老师，我发现小金的字特别好看！""老师，我发现小陆特别热心，同学不会的题，都问他。他也很有耐心，丝毫不觉得浪费时间。"

半个月过去,我也有两点新发现:其一,小陈会默默打扫卫生,这是之前大家都忽视的;其二,我从未在她脸上看到过放肆的笑容。即便考年级第一,知道成绩后,她的脸上也仅是有一丝难以察觉的克制笑容。小小年纪的她到底在担心什么? 学生的举止是家庭的折射。学校教育过程出现的问题,一般都可以溯源到家庭。因此,家访工作必须提上日程。

第二天下午,我来到了小陈家。

"小陈妈妈,今天特意过来,主要是聊聊小陈……"我还没说完,便被打断。

"她学习退步了?"她急切地问。

"不是不是,她考了第一。今天主要是想聊聊小陈平时的表现。"

"那就好,我对她的要求是每次必须得考第一。即便是学校第一,放眼全市也是很一般的。"

"小陈妈妈,孩子在学校从不参加集体活动。在班级也没朋友,甚至同桌都没有,一个人坐在角落。除了学习,一切在她看来都是浪费时间。"

"我是对她学习成绩要求蛮严格的。"

"小陈妈妈,分数固然重要,但是一个心智健全的孩子更重要啊! 小陈以后如何在社会上和人打交道尚且不说,至少此刻的她已经没有快乐的能力了,或者说,她在逃避快乐,你知道吗? 知道考年级第一时她脸上露出的表情居然是有惊无险。虽然我们学校是普通高中,但是孩子们却并不是'坏人'。学校对教学成绩的要求一点也不比重点高中低。孩子融入班集体,在知情意的心智锻炼中,才会更健康地成长。"

我请她回忆这一年多以来,小陈是否与她分享过学校的开心事,是否见过快乐的女儿。这时候,她慢慢陷入了沉默。

"小陈妈妈你放心,希望孩子有出息,是我们所有人的心愿。现在的学校不如预期,应是发奋的动力,而非自我惩罚的理由。发奋的历程,应充实而快乐,而非自我封闭与放逐,不是吗?"

通过家访,我基本找到了小陈问题的症结。妈妈上学时成绩就十分优异,现在就只在乎孩子的成绩,而且要求小陈必须考第一。另外,小陈的继父也有一个女儿,两个孩子之间关系微妙。两人同年中考,小陈的学习成绩本来处于上游,而继父的女儿却上了市重点高中。中考失利加剧了两个孩子之间的直观"对比"。而且小陈妈妈是改嫁到上海,她更有一份无言的自尊自爱、自立自强的倔强心理,甚至将这份"要强"投射到了小陈的身上。

凡此种种,给小陈编织了一张无形无相而又无处不在的沉重网罗。符合大人预期的心理动机塑造了小陈在校的行动逻辑。她最担心而又无法接受的大概是:一旦走进人群,自己就会被同化,变得平庸。

四、一次"蓄谋已久"的班会

和小陈的一月之约如期而至。我精心准备了一节班会课，主题是"见贤思齐"。孔子是圣人，尚且认为有很多人，自己思齐而未齐，何况我们呢？见贤思齐，这是圣人给我们做的榜样：要谦虚，更要善于发现别人身上值得思齐的品质。接着，我请同学说说身边让他们"思齐"的人。

"小金每天帮我解决数学题，好有耐心。"

"小明离开教室都会随手关灯。这小小的习惯需要大大的坚持。"

"小佳每天都会挤时间阅读，这值得我学习。"

……

大家兴致高昂，格外热烈。但小陈同学依旧如老僧入定，稳如泰山，看来我得"助推"一波了。

"小陈，请你也来说说。"

小陈勉强站起来，教室的空气顿时凝固。同学们集体回头，盯着小陈。大概过了一分钟，小陈"挤"出下面这些话：

"我觉得小潘作为班长为班级出了很大的力。升旗仪式他组织排队；同学之间有矛盾纠纷他会当'和事佬'；午自习他也会维持秩序。"

"小陈的观察很仔细，小潘确实为班级做了很大贡献呢。大家说了这么多，老师也想补充一点。那就是小陈，从高一到现在，成绩一直遥遥领先。她的坚持和专注力是我们很多同学都欠缺的。另外，大家看看教室的卫生角，平时都没发现吧，小陈其实一直在默默打扫和清理角落的垃圾。"听了我的话，同学们恍然大悟，纷纷向小陈投去赞许的目光。

课后，小陈主动跑过来："老师，愿赌服输，我愿意加入语文学习小组。不过我想去小陆那组行吗？""没问题！"我立刻答应。

通过家访和班会，小陈封闭的心灵孤岛上，终于透出一丝光亮。当情绪的"孤勇者"尝试着"走进群体"，老师应该抓住机会，让谨慎胆怯的"小鹿"能够真正敞开心扉，实现与班级的融入，真正走进群体。

五、一次"恰到好处"的合唱

学校一年一度的大合唱比赛即将来临。高中的活动相对较少，一次集体活动，大家都热情四溢。从曲目的选择到排练的安排，同学们七嘴八舌。听小金说，小陈一开始不乐意中午去练歌，但耐不住小潘班长的"威逼利诱"。几次练习，大家一致认为小陈歌声婉转,适合做女声的领唱。小陈当然不太乐意,领唱需要更多练习,分秒必争的她怎么舍得? 能做到按时一起排练已经很难得了。

半个月后,正式的比赛如期举行。当天下午,领唱小张家里临时有急事。大家急得像热锅上的蚂蚁,我也一时没了主意,这一时半会该找谁顶替呢? 危急关头,小陈自告奋勇:"老师,我上吧! 其实在初中我们班唱过这首歌,当时我就是领唱。""太好了!"为了给同学们鼓劲,我也自告奋勇加入合唱团。就这样,同学们信心满满,压轴出场。合唱结束后,全场爆发了经久不息的掌声。

通过合唱活动的浸润,小陈和同学的互动多了起来,毕竟有一个多月每天中午一起练歌的感情基础,隔膜渐渐消散。之后,小陈的成绩依旧一骑绝尘。同学们也从小陈身上,看到了认真的品质,不知不觉中以小陈为标杆。在学习之余的生活空间里,持久的乐群效果开始逐步显现。

学生因考试发挥失常,被不及预期的学校录取的情况经常发生。预期和结果的落差,导致此类学生容易出现自我孤立与放逐、人情冷漠、自卑等心理。这些学生拒绝集体生活、不乐群,失去了高中生该有的活力。本案例中,小陈认为被普通高中录取就等于前途一片黯淡。出于"自我保护"的潜意识,她选择通过自我孤立和拼命学习的方式保护和证明自己。学习完全变成了手段,错失了学习的根本意义,这种心态也导致她长期处于人情冷漠的状态中。从班级整体角度看,有这样一位学生的存在,会时时刻刻提醒大家是差生,班级又怎么会产生乐群乐学的活力氛围呢? 针对这种心态,应该让学生理解到,成绩固然重要,但成绩之外还有广阔的天空,同学们是立体而丰富多彩的存在,要一起构建具有凝聚力的班集体。这类学生与班级和解的过程,也是增强班级建设的过程,有利于塑造和提升班级整体乐群有为的精神风貌。

(上海市嘉定区封浜高级中学　丁亚平)

"独臂"女孩的蜕变：启动家庭的力量

A同学，女，12岁，初中入学两个多月。

之前，在与其班主任闲聊的过程中得知：A同学特别怪，左手一直藏在袖子里，从没见过她的左手，左胳膊基本不用，课间操时也是保持一动不动，陌生人见过她之后，都会误认为她是一个残疾的孩子。随后，在心理课上，我特地观察了她：自左肩以下，左胳膊直直地垂在桌面以下，身体也是倾斜的，头深深地埋在桌面上，一节课基本不抬头，和同桌也没有交流。

本节心理课的主题是期中考试归因，学生们进行了"我的归因特点"的问卷调查，在"我学习、考试成绩不理想，还有其他原因"一栏中，该生做了这样的描述："我所有的科目考得都还行，但是没有最好。上初中之后因为情绪影响我，学习没有太上心。光想一些别的事，没有用心去学习。"这个孩子的"残疾"是不是心理问题的躯体化？下课后我借口想谈谈她的"情绪问题"，她欣然答应。

一、坦诚交流，建立信任的辅导关系

在与A同学的坦诚交流中，我了解到以下信息。一是家庭状况：五年级时A同学全家从青岛搬回了济南，妈妈恢复了工作，在淄博某高校上班，爸爸常年在外出差。妈妈周二到周五上班时，A同学和姥姥、姥爷生活在一起，他们都八十多岁了，经常在八点前睡觉，A同学和他们也交流不到一起，感觉家里就自己一人，非常孤独。晚上在托管班每次写完作业大约晚上十点钟左右，自己一个人独自步行十分钟回家，没有人接送，"大街上空荡荡的，回家的路上感觉很害怕"。

二是个人状况：刚来济南时的那个暑假很无聊，在家看电视，感觉没有小时候开心，不知不觉中养成了抠手指的习惯，因为感染有到医院就医的经历。但她控制不住自己，抠手指的行为一再复发，一边抠一边担心感染后怎么办，非常想让妈妈回到自己身边。到中学一个月后，看到自己的左手后会很不舒服，便开始把它藏了起来。因为长途电话很贵，没办法和妈妈天天打电话（在与班主任和家长沟通中得知，孩子基本上每天中午和晚上都要给妈妈电话一两个小时）。

三是朋友状况：有朋友，但是没有特别要好的朋友，只有几个一般朋友。不知道其他同学的性格，也不知道要和谁交朋友。刚来济南时，妈妈不让 A 同学随便和楼下的小朋友玩，和谁交朋友都要经过妈妈的同意。A 同学在托管班也没有朋友。

在前两次的辅导中，A 同学的情绪比较激动，断断续续地哭泣，感觉非常无助。辅导过程中，A 同学多次问相同的问题："今天晚上我该怎么办？"我们两人就"如何打发晚上剩余的时间""如何在托管班结交好朋友"讨论过多次，但都收效甚微。对"如何结交好朋友，消除孤独感"也进行了相应的行为训练，但作用也不大。

二、心理沙盘，探寻内心深处的困惑

刚开始该生还是比较激动，一直哭泣，一再地重复"今天晚上我该怎么办？"这时，我意识到不能再继续纠结于这个问题，提议做沙盘。讲解了基本规则后，根据她的实际情况，初始沙盘要求以"家"为主题。

图 4-1 是 A 同学"以家为主题"的初始沙盘，只是摆放了一些家具。相关研究指出，在初始沙盘中，来访者往往会反映出自己所遇到的问题，所承受的压力，以及内心深处的困惑。在这些象征性表现的背后，都可能具有某种实际的创伤性体验或经历。显而易见，初始沙盘呈现出了受伤的主题，符合"忽视的表现"。具体来讲，A 同学感受到的家只是一些没有生命力的家具，"家"只是家具，没有人，感受不到"爱、支持和温暖"。A 同学缺失了本来可以获得的帮助和支援，缺少爱，缺少关怀。家只是空荡荡的房子，显示出 A 同学近期处于失去支持、无助的状态。

为了验证这一点，我要求 A 同学以"理想的家"为主题在另一个沙箱再做一次沙盘。开始 A 同学只是摆放了 5 件家具，自述"我不希望房子有多大，只要这么大就可以"。图 4-2 主题是"理想的家"，家的形象都是家具，显示 A 同学的内心世界里对家的感受是一致的，是感受不到爱、温暖和支持的。

图 4-1 "以家为主题"初始沙盘

图 4-2 "理想的家"沙盘

"理想的家"房子里还是没有家人，在我的提醒下 A 同学摆放了"父母"和"我"（见图 4-3）。A 同学选择了"新娘和新郎"的沙具扮演爸爸和妈妈，用"坐在地上的婴儿"扮演 A 同学自己。A 同学实际年龄 12 岁，内心感受到的"我"是婴儿状态，沙具"婴儿"彰显了 A 同学近期的无力感和无助感，需要外界的帮助，需要成人的照料和照顾。"我"以婴儿形象出现，显示出 A 同学心理年龄变小，退缩到孩童时代。

图 4-3 "理想的家"沙盘　　　　　　　　图 4-4 "我的家人"沙盘

最后，我要求 A 同学以"我的家人"为主题在沙箱的一角做一个沙盘（见图 4-4）。这次 A 同学依然选择了"新娘和新郎"的沙具形象扮演爸爸和妈妈，用"坐在地上的"少女"扮演 A 同学自己。少女坐在地上，没有行动力，再次彰显了 A 同学近期的无力感和无助感，需要外界的帮助，需要成人的照料和照顾。图 4-3 中的"我"和图 4-4 中的"我"形象一致，显示 A 同学的内心世界里对自我的感受是一致的。

三、家校协同，助力问题解决

后来，A 同学和妈妈一起前来心理辅导中心。孩子和妈妈紧坐在一起，妈妈一直握着女儿的手，两人互动良好。妈妈对女儿一口一个"宝宝"，这和前面沙盘中表现出来的缺少爱与关怀完全不相符合，我有些迷惑了。

孩子离开后，妈妈介绍了一些家庭状况，由于爸爸亏欠女儿太多，妈妈有些过度补偿。在交流中，妈妈透露出，现在还未与女儿分床、分房间。至此，对于前面的困惑我有些茅塞顿开了。分床与分房是培养孩子独立性的第一步，越早分床的孩子将来的独立性越强，越晚分床的孩子一般长大后做事的依赖性也越高。

心理学认为，良好的亲子依恋并不意味着单一的亲密无间，反而应该伴有适度的亲子分离。这是因为母亲与孩子之间，毕竟还是两个不同的个体，随着孩子的成长，母亲已不可能为孩子提供他所需要的一切，孩子也必将离开父母独自前行。所以,依恋的形式和内容都发生了变化,甚至可以说依恋会逐渐丧失。父母没有必要顾虑这些,离开母亲的庇护、减少对母亲的依恋固然是一种丧失,然而唯有如此,孩子才能成长为独立的自我。丧失不只是带来悲伤、失落或痛苦,还能为孩子铺垫成长的道路。如果父母由于恐惧丧失依恋或是其他原因拒绝与孩子分床,就必定会以孩子独立性的缺失和心理问题的凸显为代价。正是妈妈的过度保护,限制了孩子独立性的发展,才导致了孩子在生活中还像婴儿一样还处处依赖着大人,没有独立解决问题的能力。

从小学进入初中,A 同学面临着初一新生的第一个课题:入学适应。除了学习环境、学习任务与内容的变化,A 同学还要面临人际关系的重新建构——朋友关系的重新确立与组合,重塑社会支持系统。一方面,这些入学适应问题需要孩子培养起相应的能力;另一方面,入学适应过程中孩子遇到的困惑和压力,需要在家庭中得到缓解和释放,父母的心理安慰、心理支持能帮助孩子更好地适应。这两者,A 同学都是缺失的,在潜意识中她的"残疾"表达着对两者的诉求。

幸好,妈妈领悟很快,决定马上请假两周陪陪孩子,安抚 A 同学近期一直不稳定的情绪;同时保证一定放手培养起孩子的独立意识⋯⋯

下午第一节课间,孩子委屈地诉说妈妈没有打招呼,又回淄博了。我们两人预约第四节课再详细面谈。事后我了解到是妈妈抓紧回淄博单位请假,当天再赶回济南,时间紧迫,所以没和孩子打招呼。

这次面谈之后,A 同学没再主动寻求帮助,各方面的改变需要时间,我也没再主动预约 A 同学。寒假过后新学期开始,班主任和我联系,反映 A 同学变得活泼了,愿意和同学讨论问题了,左手也恢复了功能。一年后,A 同学已经和普通同学一样,并在初二期中考试中获得了全班第二名。

每个学生处于家庭系统、学校系统和社会系统之中,特别是小学阶段和初中阶段的中小学生,其心理状态的改善和心理品质的培养都离不开家庭系统的配合和支持。学校心理辅导教师工作的着力点之一就是要启动家庭的资源和力量,促进家庭系统与学校系统的真正合作,如此方能达到教育的最大效果。

(济南市第十四中学　赵燕华)

星河育梦：学困生转化的赏识教育

小 A 是我们班一位性格鲜明的同学，他聪明机智、自信勇敢，尤其是逻辑思维能力很好，但他在学习上目的不明确，缺乏进取心，自由散漫，导致学习成绩较差。

早晨，我刚进教室，任课老师就反映小 A 同学昨晚的作业字迹潦草、错误率高。我听到之后很着急，但是没有立刻批评他，而是先对他进行了细致的观察了解。

我观察到：老师就他的错误单独讲解时，他认真听讲，并且积极讨论。

上午第一节课考试时，他说自己恶心，身体不舒服，但检测体温显示正常，后经校医初步诊断，无发烧症状，可能是因为肠胃不适引起。为安全起见，我联系其家长将他送至医院做进一步治疗，经过一上午的检查，医生最终做出诊断：无病毒性感染，无发烧，先静养观察，不要剧烈运动。在这一过程中我观察到：我和他的妈妈在单独陪他检查治疗时，他整体状况良好，但是上课和课间没有单独陪伴时，他的不舒服就会加剧。

下午返校后，我特别关注他的身体，希望有问题时可以第一时间帮助他。我又关注到：在办公室老师单独陪伴他补考英语和数学时，他非常认真。科学课上老师单独指导科学实验时，他也会积极探索，回答认真。但是练习课和自习课时，他就会小动作不断，需要老师不断提醒。

综合观察到的种种迹象，我发现他所谓的"不舒服"背后可能另有原因。

我和任课老师沟通之后得知以下信息：最近临近考试，复习的节奏很快，小 A 基础薄弱，并且时常出现课上听讲不专注、课下作业不认真的现象。于是我利用正面管教的理念，借助"儿童行为背后的错误目的表"（见表 4-1）来探究小 A"不舒服"背后的原因。

表 4-1　儿童行为背后的错误目的表

第一步：家长和老师的感受	生气着急
第二步：老师和家长想采取的措施	多次提醒
第三步：孩子的回应	暂停片刻，又回到老样子

第四步：孩子背后的信念	唯有得到特别关注或者特殊照顾，才会有归属感
第五步：初步判定孩子的目的	寻求过度关注

此外，父亲"放任自由型"的教育理念使得了小 A 在学习上自由散漫，没有清晰的学习目标，学习态度不端正，由此导致其基础知识薄弱，成绩不理想。而母亲包办式的教育方式，又导致其缺乏责任心，遇到问题或者困难时选择逃避，同时以自我为中心，唯有特殊照顾时才能有存在感。

综合已有的观察实施和原因分析，我采取了以下措施对小 A 进行转化教育。

一、真心悦纳，寻找闪光点

目前小 A 同学因学习情况不理想，开始出现逃避现象，但其实他内心很渴望被老师关注。所以我选择对小 A 进行赏识教育，从尊重他开始，尊重他的人格，维护他的自尊心，以此促其转化。

（一）寻找积极的暂停角

创建积极的暂停角，能帮助我们在情绪即将要爆发时，有一个可以包容的空间，等真正冷静下来，再沟通和处理问题。面对小 A 的问题，我首先让自己深呼吸，当情绪缓和一些之后，我计划寻找一个属于我们两个人的秘密的积极暂停角。我将小 A 叫出教室，一起去他最喜欢的操场。坐在绿油油的草坪上，感受着阳光洒在身上的温暖，我们两个人的情绪都慢慢地冷静了下来，成功地将自己的注意力带回到了当下，接下来再去关注问题的解决就会事半功倍。

（二）坚持和善与共情的态度

坚持给学生制造安全的港湾，关注解决问题，而不是否定学生这个人。我们坐在草坪上聊了很多，轻松愉悦的氛围也让彼此心态平静。我找准合适的时机，用启发式的提问来引导他说出不舒服背后的原因，我问道："最近到了期中考试复习阶段，老师知道你们很累，你一般会怎么缓解这种压力呢？"他思考了一会儿告诉我说："一般会去和小伙伴打篮球。"说完之后，我们都非常开心地笑了，我感觉到学生在慢慢地打开他的内心。

（三）巧奏正面管教修复曲

勇于承认错误是敢于担当的表现，如何对待错误，比犯错误本身更加重要。

第一步，承认。这个世界上没有完美的孩子，我们应该引导孩子把错误看成是学习的好机会。我接着问小 A："那今天你感觉到累了之后，是用什么样的方式来解压的呢?"他陷入了思考,许久之后,他说:"老师,对不起,我学习压力很大,好多知识点不会,所以逃避了。"听到他自己主动说出原因之后,我微笑地跟他说:"老师很高兴你意识到自己在这件事情上做错了,但是事情是事情,老师还是很喜欢活泼可爱的你,其实错误也是学习的好机会,我们一起来看看我们能够从中学习到什么吧!"他羞愧的脸上慢慢出现了一些笑容,然后他回答说:"我觉得遇到困难时,应该勇于面对,而不是逃避,更不应该撒谎。"听到这些话之后,我真替他开心,因为宽恕自己是从错误中学习的第一步。

第二步,和好。只要是真诚地道歉,是可以被原谅的。道歉不仅要说对不起,还要说因为什么事情而道歉。我很欣慰他意识到了自己的错误,于是陪着他去跟老师们道歉,并说出逃避的理由。之后,老师们都表示,愿意用每天的放学时间来给他补习不会的知识点。这件事情的解决,无形之中给我和小 A 之间建立了联结,为之后我们共同致力于解决他自身的问题奠定了良好的基础。

第三步,解决。还记得在一次市级语文公开课上,现场座无虚席,小 A 同学勇敢地发言了 3 次,并且每次回答都逻辑缜密,表达清晰,赢得了一次次热烈的掌声。回想公开课上如星星般闪闪发光的小 A,再看看目前作业状况百出的他,我既焦虑又着急。这时,师父点醒了我:每个孩子都应该是老师心中闪亮的星星,小 A 的问题从自身来说是还没有养成勤奋的学习态度和习惯;从家庭来说,是在家庭教育中没有获得家长的及时关注;从班级教育来说,"勤勉"学风仍需加强。于是,我决定充分调动多方力量来共同帮助他。

二、循循善诱,培养闪光点

目前小 A 同学已经明白了遇到困难不能逃避这个道理,并且师生之间建立起了信任。下一步就需要老师发掘他身上的闪光点,因材施教,激发他养成勤奋探究学习的内在动力,帮助他重新树立起自信。

(一) 火眼金睛,发现闪光点

对于后进生,教师要有敏锐的观察力,重在看"变",着眼于"救",着手于"拉",更多地发现他们身上的积极因素。小 A 同学的优点非常明显:自信大方、表达能力强、逻辑思维清晰、接受新鲜事物能力强,与人相处不计较、乐于分享。

(二) 及时肯定,增强自信心

我紧紧抓住小 A 同学表达能力和逻辑思维能力较强这个优点,在课上遇到较难的问题时,就经常给他机会发言,而他也不负众望,每次都可以条理清晰、严谨地说明自己的观点,并在课上专注地听讲。这不仅培养了他的专注和耐力,学习基础也在慢慢提高,课后做作业的兴趣也随之高涨。

（三）小步前进，鼓励点滴进步

小 A 同学课上精彩的发言为其赢得了老师和同学们的尊重，他非常珍惜。周末，他打来电话询问阅读题"革命英雄人物形象分析"应从几方面考虑。在我的启发引导下，小 A 同学最终梳理出了四个关键词：亮明自己观点；结合事例赞美其品质；表达自我情感；对中小学生的启发。他很快意识到关键词梳理法对阅读题很有用，于是我们趁热打铁将所学过单元的经典阅读题都用关键词法进行了梳理，他豁然开朗，由衷地感叹道："原来语文学习如此有趣奇妙！"

在课上，他分享了自己的答题思路和学习方法，赢得了同学的阵阵掌声，此时的小 A 俨然已经是一颗耀眼的星星了。作为老师，我们要关注学生的点滴进步，增强他们的自信心，满足他们实现自我价值的愿望，为他们在同学面前重树形象。

三、多方合力，挖掘闪光点

（一）耐心教育共坚持

正当一切往好的方向发展时，一张单元练习纸又让小 A"万众瞩目"。在这次练习中，小 A 的错误率很高，他失落至极，连课上的他也变得黯淡无光。下课后，他特别伤心地说："老师，您不是说努力会进步的吗？"我听完抱了抱他，送给他一本《曾国藩传》，告诉他曾国藩"资质平平"，最终却成为了一代名臣，靠的就是"勤勉坚持"，他只要继续精耕细作，终会行稳致远。之后我们一起耐心地分析了练习卷，惊喜地发现他因为上课认真，阅读题回答得很好，但因为基础还不扎实，所以总体不理想，因此，他需要更加踏实勤奋。这样客观地分析后，小 A 冷静了很多。

（二）集体合力巧改变

学生的转化教育，仅仅依靠教师的力量是不够的，还必须发挥班级集体的作用，这样才能有力地促使学生向积极的方面转化。小 A 同学因为乐于分享、敢于承担，担任了值日小组长。每当他的小组能够高效合作，完成值日时，我就在班会课上对其进行表扬，增强他的集体荣誉感。慢慢地，他不仅每日及时上交作业，还提醒组内的同学当日事当日毕。在他的提议下，他所在的小组还自发师徒结对，每人负责最擅长学科的难题讲解，学习氛围愈发浓厚。正所谓赠人玫瑰，手有余香，每个人在帮助别人的同时也成就了自己。看着班内越来越多同学如小 A 一样星星般闪耀，我仿佛看到了璨若星河的美景。

（三）教师合力促改变

考虑到学生在擅长科目的老师面前会更有自信，更能接受老师给予的爱，所以我选择和小 A 最喜欢的科学老师形成育人合力。由于小 A 同学逻辑思维能力和动手能力都很好，我和科学老师推荐他加入科技小组，在充分挖掘天赋的同时，磨炼他的耐力。功夫不负有心人，小 A 同学在市科技节比赛中，一路过关斩将，荣获市二等奖。对他而言，这是来之不易的成功！更重要的是，他明白了成功需要勤奋和持之以恒的坚持，以及为集体而战的责任感。

（四）家校共育促成长

在综合分析小 A 同学考试不理想的原因后，家校协商一致认为，提高小 A 的学习耐力是当务之急。于是小 A 爸爸提出在家里通过运动来磨练小 A 的耐力，并和其约定每周三天夜跑。即使工作再忙，他们也一直在坚持，现在小 A 已经是班内的运动小达人。在运动会和篮球赛中，都因为超强耐心而大放光彩。最主要的是小 A 慢慢收获了自信和学习的动力，有一天他悄悄跟我说："将来想要考中国人民解放军国防科技大学，因为爸爸和老师曾经都是一名军人，我将来也要成为一名优秀的军人。"那一刻，我好幸福。

四、集体赋能，成就闪光点

作为班主任，需要通过不同的方式来营造良好的班级氛围，培养学生正确的价值观。看到小 A 这颗星星熠熠生辉，我更希望收获璀璨群星。古人说："精耕细作，行稳致远。"所以我在班内积极营造"勤勉"的学习氛围，同时开展一系列活动，例如：召开"勤勉"主题班会课，带领学生们学习名人勤勉努力的品质；组织以"学习是否需要勤奋"为题的辩论赛；举办阅读勤奋书籍《曾国藩传》的打卡活动，读后感征文比赛等。让学生在学、思、行的过程中，树立"勤奋做事，踏实做人"的价值观。

教育家陶行知曾说："你的教鞭下有瓦特，你的冷眼里有牛顿，你的讥笑中有爱迪生。"作为教师，要发自内心地尊重、相信并鼓励每一个孩子，带领他们发现自己的闪光点，并予以肯定和及时鼓励，多方合力，使他们从叛逆少年转变成有理想、有抱负的好儿郎。相信努力付出的我们一定可以收获满天繁星！

（舟山绿城育华学校　胡晴）

从"心"开始：树立成长型思维

初中生正处青春期，身心变化为他们带来了巨大的影响。例如，在情感体验方面，兴奋性较高，稳定性较差，容易激动和出现冲动行为，且更容易与周围的人产生矛盾和纠纷；在思维品质方面，其思想较为偏激与极端，不能全面、辩证地分析问题，在思考问题的时候易钻牛角尖，严重的还可能出现心理问题。加上学业压力的骤然增加，导致他们在社交与情感方面易产生波动，因此，更加需要学校与老师的帮助与指导。学校对学生社会与情感能力的关注，不仅能够在短期内提升学生的归属感与幸福感，也能为学生的可持续发展与幸福生活奠基。

本案例主人公 A 同学是一名女生，自入学后，该同学表现出抑郁、不合群等问题，老师对该同学特别关注，定期与其谈心，了解其发展情况。具体而言，该学生所经历的心理情感问题可以分为四个阶段。

一、"早恋"困扰

2020 年 10 月份，A 同学出现恋爱倾向，并给 B 男生写了长达 5 页信纸的情书，表达自己的倾慕之情。B 家长发现后，向老师反馈了这一情况。在家长的描述中，A 同学在两人关系中表现得非常主动，经常在周末给 B 打电话，两人长时间煲电话粥，并相约出去玩。由于担心两人的"早恋"影响学习，B 母亲求助于老师，希望老师帮助处理，引导他们正确对待青春期异性之间产生的好感。

在传统价值取向中，家长们常用"早恋"这一暗含否定色彩的词语来形容青春期的爱意行为，对此也往往采取打压、禁止的态度。然而，随着生理与心理的发育成熟，青春期对异性产生好感是非常自然的情感现象。缺乏理解和沟通，可能会导致青少年经历更多的情感波动，影响其日常生活和社交，甚至导致传播感染性疾病、攻击等行为的发生。这亟需通过积极正向的引导，帮助青少年正确处理自己对亲密关系的需求，丰富他们的情感经验，提高他们对自我的认同与接纳。

老师找到 A 进行谈心谈话，一方面引导 A 同学合理看待青春期朦胧的好感，帮助其作出明智且负责任的决定；另一方面，深入了解 A 同学渴望亲密关系背后的原因,力争治标亦治本。经交谈得知,问题有三:其一,父母关系不好,四五年前就开始在家里肆无忌惮地吵架、打架、分房,他们一吵架,A 就觉得是自己的问题;其二,亲子关系不好,她一头疼不舒服,父母就觉得她是装病,不理解她;其三,同胞竞争,家里有个弟弟,各方面都比自己优秀,在家里地位高,导致其产生自卑心理。

家校合作是培养青少年社会情感能力的有效途径。学校可以通过家长会、讲座或单独沟通的方式加强对家长的培训,引导家长懂得爱护、理解、尊重孩子,并教会他们掌握一些实用易行的支持策略和方法,如沟通技巧、奖惩孩子的方法、如何管理情绪等,提升家长自身的社会情感能力,增强其责任意识,提高其教育孩子的水平。

通过谈话疏导和家访活动,初步帮助 A 与母亲相互理解,亲子关系得到缓解。A 与 B 同学也决定维持朋友的社交关系,在合理社交范围内,互帮互助,共同进步。两人在学业、情绪和社交方面的表现均能够保持一定的水平。

二、同伴冲突

经过前一阶段老师的引导教育后,学生 A 和 B 恢复朋友身份相处,但 A 在学校总是心情低落、郁郁寡欢的样子。2021 年 4 月,与 A 沟通时,A 表示总觉得班里同学对她指指点点,在背后说她的坏话。老师通过平时观察也发现,学生 A 在班级内与同学交往时偶有冲突发生。这种冲突甚至蔓延至网络,在虚拟社交空间中彼此进行相互的言语攻击。

对此,老师采取的应对方式是:对 A 进行人际关系交往指导。鉴于 A 从小对人际关系较敏感,出现问题总觉得是自己的错,老师多次与其进行谈话,帮助 A 同学疏解情绪,逐渐建立起对周围人的安全感与信任感。同时,对其他同学进行人际交往教育,包括原则、方法、注意事项等方面,合力解决问题。比如与同伴产生冲突时,不应采用过激的行为方式,应该积极沟通、协商解决;告诉学生当自己遇到类似欺凌行为时,要采取相应策略降低负面影响,并将此事告诉家长、老师,积极寻求帮助等。此外,向学校汇报此事,进一步完善学校校园欺凌处理制度和措施,明确相关岗位处理校园欺凌的职责,加强对校园欺凌的监督与管理,建立校园欺凌事件的处置预案。

在多方共同努力下,A 同学渐渐融入班级和小圈子,跟冲突同学言归于好,甚至成为了亲密的同性朋友。A 也渐渐意识到了自己的问题,能够客观辩证地看待一些现象和行为,对同伴交往有了自己的心得体会和方式方法。

三、家庭暴力

2021 年 11 月份,老师在定期访谈中了解到,进入毕业班以后,随着学业压力的增加,学生 A 的情况又发生了一些变化。她对自己的成绩不满意,觉得自己一无是处,干什么都不行,出现了自伤等行为。同时,与父亲发生过较为激烈的冲突。比如,被父亲揪着头发往墙上撞,被父亲当众扇耳光等,这些行为对 A 的心理健康造成了非常严重影响。

该生心理问题较大程度上与其父母的教养方式有关,家庭暴力对学生身心都造成了非常严重的伤害。学校可采取的措施是与父母进行交谈并干预,告知其家庭暴力的危害性,并向父母传授有效的教育方式等。

对此,老师采取的方式是:与 A 父母进行谈话,告知其 A 的情况;同时,说明父母对子女实施家庭暴力违反了《中华人民共和国反家庭暴力法》,强调家庭暴力对未成年人肉体上与心理上造成的双重伤害。家暴会使学生变得内向、孤僻、胆小、自卑,增加孩子的孤独感和叛逆感,使其拒绝或规避正面的社会化教育,疏远家长和孩子之间的亲情关系等。同时,与小 A 进行谈心谈话,帮助她寻找自己的优势和资源,重新建立自信心。此外,建议转介去省精卫等专业机构,帮助学生与其父母接受专业治疗指导。

经过调解与共同努力,A 在服药与咨询同步进行的情况下,状态有了好转。能够客观理性地认识自己,控制自己不再自伤,在情绪低落时能够选用其他替代性做法进行缓解,并愿意努力学习,返回学校坚持学业。

四、自残倾向

2022 年 3 月,老师了解到在寒假期间,A 对跟自己表白的男生毫无抵抗力,对方示好就答应,事后又后悔,短短 2 个月间换了 3 个男朋友。在交谈过程中 A 表示"觉得自己很恶心",自伤情况加重,设想过具体的自杀方式及时间等。期间当她再次在家里说想吃安眠药自杀时,父母没有阻止,任其行为,然后拨打 120,用最原始的方式进行洗胃。

老师的做法是:与小 A 进行沟通,帮助其识别、评估、重建并矫正自己的自动化思维与核心信念,能够接纳并理解自己,对自己进行客观理性的评价,学会用成长型思维看待问题与成长;帮助其强化依恋关系,稳定巩固其求生的意愿和想法等,帮助其在黑暗中寻求光亮。

在授课过程中,老师也会渗透社会情感能力培养策略。例如,根据班会内容渗透控制冲动、建立友谊、关心他人等社会情感能力目标,帮助提升学生的社会情感能力。

此外,与家长进行多方会谈,进行转介,强烈建议入院治疗,改善身心状况。

在家校医三方配合及自身努力的情况下,情况有了好转。A 开始能够理性看待自己出现的问题,对自己有了充分的接纳和理解,重建并矫正了自己的核心信念,并愿意以成长型的思维面对问题与成长。同时意识到问题解决不应采取极端的方式与方法,并愿意做出调整。目前,小 A 已重新返回学校上课且坚持到中考,现顺利进入新学校。

五、总结与反思

这个案例中展示的是一个比较极端的初中生在入校后经历"早恋"困扰、同伴冲突、家庭暴力、自我怀疑并最终走向自残自杀倾向的过程。学校在这一过程中通过以下几方面努力,帮助学生提高社会情感能力:

第一,定期与学生交流谈心。通过交流,了解学生近况,发现并积极解决学生面临的困境。同时,在交谈过程中,听取学生想法,并尝试给学生建议,帮助其提高社会与情感能力。

第二,将社会情感能力培养融入日常教学。通过授课过程中态度的引领和价值观的传递,在潜移默化中培养学生自我发展和社会适应有关的技能。

第三,建立学生社会情感能力培养的家校合作机制。通过家访、家长会等方式,让家长了解孩子在校情况,帮助家长树立积极正确的教养方式,坚决杜绝家庭暴力等事情的发生。

同时,此过程也反映出学校在社会情感能力培养方面有待提高的地方。一方面,应加强老师在社会情感能力培养方面的培训,帮助老师获取专业的培养方式与技能,使老师能够及时、准确地应对处理学生存在的问题;另一方面,也要加强学校对学生社会情感能力培养体系的建设,探索科学培养方式,实现社会情感能力培养的专门化与专业化。

（济南市历城区初级实验中学 寇延臣、颜秋茹
南京师范大学在读博士生 金金）

"被冤枉"的多动症：做心灵的呵护者

在教育战线上从教近三十年来，我作为一名小学英语老师，和一名兼职心理辅导员，教育和培养了成千上万个孩子。然而，每一年，我都能遇见比较特殊的孩子，今年也不例外。张强（化名）是一个比较内向的孩子，在他上小学二年级时，被认为有严重的"多动症"。张强以前在另一所小学上学，从上一年级开始就表现出不安分。上课坐不住，满教室乱跑，谁也管不住他，课堂经常被他搅乱，弄得老师无法上课。他总是无端地攻击同学，搞一些恶作剧，把同学抓伤的情况也经常发生。这些遭到了很多家长的抗议，原来的小学实在没办法解决，其他家长集体抗议，二年级的时候，他就被迫转到了现在的小学。

但转学后张强的情况没有丝毫的改变，班主任也拿他没有办法，只好让他的家人陪着他上学。他的奶奶每天影子似的跟着他，寸步不离。上课时陪他坐在一起，看着不让他起来捣乱；下课了，也不让他跟着别的同学玩，怕他伤害别的同学。这个孩子在学校都出了名，班主任也不知道该怎么教育好他。

根据张强好动的表现，他的班主任认为这个孩子有多动症，并且建议张强的父母尽早带孩子到医院的精神科看看。医院诊断张强为多动症，建议他吃药治疗。但是吃了三个多月没有效果，父母就给他停了药。实在没有办法的情况下，张强的妈妈带着他来到了我的咨询室，主动前来咨询。

在咨询中，我了解到张强的家庭背景很不乐观。他的父母在他四岁的时候，都各自在外地打工。他一直跟爷爷奶奶生活。他的爷爷是个脾气暴躁的人，当年对自己的儿子非打即骂，现在又用教育儿子的方法来教育张强，尤其还经常把对儿子的不满发泄到张强身上。然而，他的奶奶则是整天包办孩子的一切，又成功心切，恨不得把张强培养成人才，来改变命运。所以整天要求张强要这样要那样，经常地唠叨数落他。

在这样的家庭环境中长大的孩子，怎能不出现问题呢？看到孩子这么小，我的心很疼。如果不对孩子进行及时有效的帮助，他的未来的糟糕程度是可以想见的。

其实，张强并没有多动症，他的多动症是被"被冤枉"的。他出现多动的根本原因，是心理出现了问题。为了对他进行更有效的心理疏导，我重点针对性地做了以下几项工作。

一、观察和分析他的不良行为

在对张强进行心理辅导之前，我认真地观察和分析了他的不良行为，明确了他的精神状况。

活动过度：(1)经常在座位上扭来扭去，小动作多；(2)在一些不该动的场合乱跑乱爬；(3)很难安安静静地玩；(4)经常话多，说起来没完。

注意力不集中：(1)学习、做事不注意细节、粗心大意；(2)做事时难以集中精力；(3)经常不能按要求做事；(4)经常丢一些常用的东西；(5)经常容易因无关刺激而分心；(6)经常忘事。

反应很慢：(1)考试经常不能在规定时间内完成；(2)写一个字要花别人两三倍的时间；(3)课上被老师点名，要三四秒的时间才会反应过来。

社会功能：多动、暴躁，不愿正常进行学习活动。

二、剖析问题产生的原因

通过观察和分析张强的不良行为，我认真地剖析了孩子存在的心理问题以及这种心理问题产生的根本原因。

作为一名留守儿童，在小的时候，因为长期与父母分离，缺乏家庭教育，缺乏关注与呵护，因此，没有安全感和归属感。有的孩子表现出来的是深深的自卑感；有些孩子表现出来的是极度的叛逆；有的孩子表现出来的是思想扭曲，没有正确的价值观和人生观；有的则受网络中暴力游戏的影响，性格变得具有攻击性。此外，他们在课堂上不认真听讲，出言不逊、言语粗鲁，还用语言攻击同学；在班里容易引起其他同学的排斥，人缘差，有时会用暴力欺负其他同学，甚至攻击老师。然而，教师和家长的批评，可能更加强化了他们的攻击性行为；同学对他们的不友好、不信任，也更加增强了他们的逆反心理。

他们情绪不稳定，意志薄弱，容易失控和情绪冲动，因此，通常会被误认为是多动症的表现。14周岁以下的农村留守儿童，正处于身心发育的关键时期，如果不能及时把握孩子的身心发展和变化，不能有效地引导孩子，他们就会因长期的孤独和自卑，极度缺乏自信和安全感，而对周围的一切存在怀疑，缺乏正确的判断力，变得躁动不安，这是他们被误判为"多动症"的根本原因。

三、制定心理辅导计划

针对张强的问题,我制定了个性化的心理辅导计划,共 8 次咨询,每周一次,每次 50 分钟。第 1—2 次:收集信息;第 3—5 次:建立关系,评估阶段;第 6—7 次:干预阶段;第 8 次:结束阶段。

四、进行心理辅导

为了解决张强的心理问题,我对他进行了多方面的心理辅导。

(一)提升家庭教育环境,进行情感暖化

首先,我同他的父母和爷爷奶奶进行了一次诚恳的谈心。通过谈话使他们明白,孩子的成长离不开良好的家庭教育,要求他的父母多拿出一些时间来陪伴他的学习和生活。当孩子有错时,应耐心开导,而不应该辱骂或殴打。爷爷奶奶不能再一味地放纵,要跟他多讲一些他们小时候学习和生活的艰苦环境,使他从中受到一些启发。同时,请家长多进行校访,了解孩子的在校表现,并向老师汇报张强在家的活动情况。

(二)采取情感导入策略,进行正面转化

每个学生都有自尊心,都需要爱。尤其是张强这样的留守儿童,平时受到批评、冷落太多,爱的需要得不到满足。当他犯错时,如果再进行指责、辱骂,那就只能强化负面影响。因此,针对他的这种心境,我决心想办法和他沟通。首先,用我的热情来换取他的信任,对他的困惑,我热心帮助;对他的忧思,我热心化解。偶尔有点进步,我就在晨间谈话时大加表扬。春游活动时,同学们不愿跟他在一起,我就特意坐在他身边和他聊天,还把自己带去的食物分给他吃,让他感到老师的可敬可亲。

其次,我用自己的坦诚来换取他对我的信任,中午轮到我值班时,我就带上他一起吃饭,跟他聊自己小时候做了错事,受到老师批评,以及现在工作中出现差错时,受到的来自领导的批评,把这些都毫无保留地说给他听。好几次,我突然发现他的眼神有了光芒,他很惊讶,还好奇地问我说:"老师,你也有这么多的错呀?"我知道他对我说这句话时,我已经完全取得了他的信任。于是他也非常诚实地对我说,他做的恶作剧,说的脏话都是为了引起同学的关注,因为同学对他太不在意了,他的心里太孤独了。我了解了他的这种错误心理后,认真地告诉他,不文明的行为和语言根本不能赢得同学们的好感,应该用真心和诚实来获得同学们的信任。随后我又对他说,老师愿意成为你的第一个朋友。听到这话,他的脸上也破天荒地出现了久违的、天真烂漫的、属于孩子应该有的笑容。另外,在班级活动中,我尽量给他创造施展才能的机会,帮助他树立信心和培养他的荣誉感,并经常把他的进步,告诉他的家长或在班级群里公开表扬。

再次,净化他的朋友圈,排除不利影响。我与其他任课老师积极配合,改变和他在一起的小伙伴的思想品德行为,为他创造一个健康理想的活动环境。

最后,利用榜样的力量,进行正面引导。我采取积极措施,多给他一些榜样教育,通过身边的榜样教育他、引导他,让他渐渐认识到自己的不足,让他体验到榜样的光荣,鼓励他争做别人的榜样。

五、辅导效果和反思

通过以上辅导措施,张强"被冤枉"的多动症被治愈了。在我的干预和协调后,他的家庭教育环境有了显著的变化。他的爸爸妈妈开始经常与学校进行联系,有时给老师打电话,有时给老师 QQ 留言,有时亲自到校拜访。通过各种方式,他们不定期地就孩子的思想品德、学习情况、生活习惯、身体健康、社会活动、友伴交往等各方面的情况及时与学校进行交流,对共同关心的问题及时研究,并提出相应的教育措施和方法。

尤其是经常陪伴他的爷爷奶奶,对张强的教育方法也有了明显的改变。他们开始更加注重对张强的情感教育,通过亲密温馨的家庭氛围,让张强感受到家庭的温暖和亲情,并借用自己的生活经验和人生哲理来正面引导与教育张强;更加注重实践教育,他们经常带张强到社区、公园、博物馆、图书馆等地方参观和学习,通过实地感受,通过社会生活中美好的充满正能量的事物,去感化和教育张强;更加注重体育教育,他们开始和张强一起打球、跑步、散步,注重锻炼张强的身体素质,在体育锻炼中,磨炼坚强的意志,体验体育活动带来的快乐和成就感。

在我多轮的精心辅导后,张强在班上与师生建立了良好的人际关系,并时常在日记本上向老师倾诉他的心声,学生也喜欢和他一起玩儿,精神面貌变化很大。学习成绩有所上升,由原来的中下变为中上,班级组织的故事会、朗诵会,他也积极参加,并获得同学们的好评。

通过这个心理辅导案例,我深深地体会到,我们作为一线教师,作为一名孩子心灵的呵护者,不仅要了解到小学生心理辅导的重要性,更要科学地评判各种心理问题产生的原因,以及掌握科学的心理辅导的方式和方法,不要想当然地对孩子的心理问题乱下定论,引起误判。接下来,我要在不断学习心理辅导的同时,加强对小学生心理健康的教育。让学生了解和掌握心理健康的基本内容,知道什么是健康和不健康的心理状态;培养学生的自我认知、自我教育和自我发展的意识和能力,从而以积极、乐观、健康的心态去学习和生活。

总而言之,加强小学生的心理健康教育是当前教育的一个重大任务,是培养新世纪合格人才的重要保证。我们作为祖国的一名园丁,要加强各方面的学习,提升自己的业务能力,从而更好地为每一朵花儿的绚丽开放保驾护航!

(济南市历城区洪家楼小学　陈春美)

做"天边最远星星"的引路人

11岁的晓菲，是我校一名随班就读的学生。在我校六年就读期间，因不能正常参与课堂学习，母亲一度在校陪读。主要表现为：行为、情绪异常，自控力较弱，与人沟通比较困难，但她在数学学习上比较有天分。患有孤独症的她，就像天边最远的那颗星星，在一个属于自己的世界里独自闪烁。

妈妈说，她出生的时候，还是早春，桃李将开未开，于是就以"桃李芳菲"的"菲"字做了她的名字。

已经十一岁的她，看上去白净又秀气。单从外表看去，真是个可爱的女孩。她并不在我教的班级，因为分管随班就读工作的关系，我们俩之间有了一些交集。

早上，一进校园，就看见她在小花园里游荡。

"怎么没去上早读呀?"我问她。

"这儿的花真好看。"她的回答一如既往地答非所问。

我笑笑，表示了解了。

她一扭身准备往楼上走，临走又不忘回过头来说："陈老师，你穿汉服真好看!"

"啊?"

我一愣，等回过神来，她已经跑远了。楼道里传出她银铃一般的笑声。我站在那，也忍不住笑了起来。说真的，她还是所有孩子当中第一个这样夸我的。

如果不是知道她的底细，我至今都很难相信她是一个随班就读的学生。

她的聪慧和她的诸多"传奇故事"一样，多到令人防不胜防。

最近的一次，事情的导火索源于一次随堂检测，卷子右上角的一小块地方，她写了一首打油诗：这次考试，仙女满意。从今以后，继续努力。

"她到底考了多少分?"我忍不住询问一旁耷拉着脑袋的班主任。

"95分。"年轻的班主任有气无力地说。

"那不挺好嘛!"我说，"多好的事呀!"

"是，挺好，好得过头了，人家拿着卷子在教室里疯狂地展示了一节课。"班主任叹口气说，"数学老师怎么拉都拉不住。一节课几乎就没怎么上成。"

我可以想象当时的场景。一屋子看戏的学生，讲台上气急败坏的老师，还有一个满屋子乱窜的身影，女王一样君临天下……

所有教过她的老师几乎没有不被她激怒过的。然而每一次交锋，最后都以老师们灰头土脸的失败而告终。不得已，班主任就时常往我们教育处送，美其名曰接受再教育。作为一个中层，我其实特别明白老师们的心情，所以每次也都欣然接下。但几次三番找她谈话，结果都不甚了了。

在持续多次的沟通中，我发现，这个貌似文静的小姑娘，骨子里其实是属"弹簧"的：你越是在大庭广众之下和她交谈，她越是兴奋；越是严厉地批评，她的反抗力度越会随之暴涨。而每次看到她飘忽的眼神和一脸答非所问的表情，当老师的除了让自己变得更加愤怒之外，教育效果几乎微乎其微。

我不得不承认，一个患了孤独症的孩子，人际交往的确存在严重障碍，很难和别人去沟通，也很难让她按照一名普通学生的要求去完成学习任务。诚然，她就是这样一个孩子，沉浸在自己的世界，屏蔽了周围世界的纷纷扰扰。哪怕这些纷扰是友爱，是关怀，她都很难接收到。而我必须正视这一点，并把它当作自己和她进一步沟通的基石，然后再想办法以一种更委婉的方式，悄悄潜入进去。

每个孩子都有一座属于自己的秘密花园。作为教育者，我不能退缩，更不能放弃。可问题是，我要去哪里才能找到这把花园的钥匙？谁又是领路的知更鸟？我苦苦地思索着。

我试图联系他的家长。可教她三年的李老师却说，别找了，找也没用。她妈妈为了她，已经很多年不上班了，如今好不容易看她大了些，自己能上学了，就出去找了份工作，好补贴家用。

这我倒是知道一些，以前在教室门口经常看到她的妈妈，不管见到哪个老师，都很客气地打招呼，有时候还弯腰致谢，是个很好的妈妈。

这妈当得着实不容易。我叹口气，放弃了这个想法。

同样是母亲，自然明白一个家庭中有这样一个孩子，需要付出多少精力和心血。

可这样一个智商并不低于同龄人的孩子，如果不加以仔细引导，终归是可惜了。不行！得想办法！山不来就我，我便去就山。我决定从她的兴趣点出发，从外围逐步渗透进去。

听说她喜欢读书，我就有事没事和她聊一下读书的话题，还把自己写过的文章，也拿来送给她读一读。我一直相信，阅读有着神奇的力量，能让喜欢它的人，延伸出更多的触角，感知到生命的光芒。说不定，也能让我们找到相互接纳的通道。

听班主任说，琪琪和丽丽都是她的"铁三角"，课堂上的哄笑事件，每一次都少不了她们俩的"神助攻"。那么，这第二步，就从她们俩开始吧！我和班主任商量着，把这两个"神助攻"调到离她较远的地方，断了她的"火力"供应。继而，再安排几个能安心学习又能不受她影响的女生过去，做她的小伙伴，包而围之，慢慢让她受到熏陶。

当然，这些还都不算什么。接下来，我决定出大招了。

"课文不愿背？老师和你一起来背。"

"老师，我能出去背吗？"她局促地望望四周，满屋子的老师看得她小脸都皱巴在一起了。

"也不是不行。"我抬头看看她，笑笑说，"不过，有个条件，10分钟以内背下来，可以吗？"

她点头答应了。

10分钟的时间转瞬即过，我喊她进来，刚背了一两句，又背不下去了。

"没背过？"我问。

"不是，我不习惯背。"她说。

我想起她平时在课堂上的一些表现，回答问题、读课文，她都不在行。在公众场合下的她，显得格格不入。

"好吧，我们换一种方式，不背，改成默写可以吗？"

"好！"她答应得很是爽快。

她很快地完成了默写。居然一字不差。还真行！我心里暗暗惊叹，面上却不显，"我一直相信你是个有潜力的孩子，稍微努力一下，你都会很优秀，愿意试一下吗？"

"行吧。"她居然还歪着头想了一下，好像真的要做出重大决定一样，真是个特别的孩子。

"老师，我喜欢吃夹心糖！"她突然说道，眼睛一眨不眨地看着我。

"啊？"我一愣，随即明白过来。"是这个呀？"我笑着拿起桌子上放着的糖块递给她。其实，上次她来的时候，我就发现桌子上的糖块少了一些。只是没有点破而已。

"是呀，甜的东西我都喜欢。"她高兴得眉眼都含笑，一把填到嘴里去，"好吃！"

"小心吃多了长蛀牙！"我笑着拍了拍她的胳膊。

"我这还有更好吃的。不如这周好好表现，等你能坚持上完一节课，不出来乱跑了，再来领取奖励好吗？"我试探着抛出了诱饵。

"好！"

"老师给的糖果可以吃，陌生人给的可不能要，知道吗？"我不放心地嘱咐。

"知道啦！"说着，蝴蝶一样飞走了。

再一次见到她，是两周以后的一个上午。班主任气急败坏地告诉我："这孩子疯了！举着一条卫生巾在班里瞎转悠呢！"

办公室的老师都笑得不行。我又想起上次她邀请年轻的男校长和她一块上厕所的囧事，意识到这孩子闹不好真的缺少一些性别意识，智商在线，情商却未必跟得上脚步。

课间的时候,我在连廊里见到了她。她靠在栏杆上,腿在栏杆外一荡一荡的。看我走向她,笑嘻嘻地问:"你猜我是谁?"

我摇摇头。

她歪着头说:"告诉你,我是小仙女!"

我走到她跟前,学着她的样子,倚在栏杆上。"来好事了?"

"什么?"她问。

"女孩子来潮,是长大的标志。说明你是大姑娘了! 你说,能不是一件好事情吗?"

"哦,这样啊。"她点头,这回难得没跑题。

"有些好事需要大声张扬出去,也有些好事必须悄悄地进行。女孩子就像花骨朵一样,要学会小心保护自己,不然很容易伤害自己哦!"我搜搜她的小手说,"来例假的事自己知道就行了,记住了吗?"

"悄悄藏起来,不能让别人看见哦!"我把一包卫生巾塞到她的口袋里,"小仙女再有这样的事,告诉我,或者妈妈就好了,好吗?"

"好!"她点点头,又蝴蝶一样飞走了。

随着接触的增多,我们俩逐渐熟识起来。

课间或者活动的时候,她会有事没事的,跑到我身边转悠一圈。偶尔还会恶作剧一番,故意从我背后跑过来,冲我做个鬼脸,然后又跑掉了。对她这样的小"伎俩",我大多数时候都付之一笑。有时候,她也会告诉我,她喜欢穿的裙子是什么颜色的,喜欢吃的菜又是什么味道的,诸如此类。我安静地听着,偶尔问她几个问题,她也能愉快作答。不再像以前那样,总是答非所问了。

尽管她的表达方式还是有些特别,但总归是善意的接近而非疏远。这对她来说,已经是一个巨大的进步了。我能隐约感觉到,她小小的世界里,有一扇门开始悄悄地打开了,那一层不知道由哪位"上神"设置的结界,模糊间似乎有了松动的迹象。

一天中午,我走过她教室门前去倒垃圾,她正巧在走廊里,顺手就把我手中的垃圾桶接了过去。

"我去送吧。"她愉快地说。

真是个热爱劳动的孩子,我拿出班里的劳动奖章奖励她。

"谢谢老师。"她笑得很开心,露出一嘴洁白的牙齿。

后来,我把儿子读过的书也带来给她看,要求她看完了再来换一本新书,她也愉快地答应了。

她的本性不错,我暗暗想到,将来走上社会,一定会有所作为。前提条件是,能有人好好地引领她走上正道。

如果可以,我愿意是这个领路人。

3月,学校里组织经典诵读考级活动。我提前找到她,问她准备的情况,顺便给她讲了讲诗歌诵读的一些小技巧。这样的小课,她听得格外认真。

轮到她上台了。站在台上的她,高挑漂亮,神色却有些慌乱。

"来吧!"我微笑着朝她招手,"相信我,你行的!"

"春风如贵客,一到便繁华……"

诗句背得还算流畅。至于读出感情,我知道不能过多地要求她,大厦不是一天就能建成的,大树也不是一天就能长成的。而我,愿意相信每一个孩子,都值得我们好好等待。哪怕她是天边最远的那颗星星,我也愿意,做她的引路人。

诗人说,野百合也有春天。属于晓菲他们的春天,才刚刚开始。而我们,有足够的时间等他们好好长大。一勺耐心,加一勺糖分,再加上一双善于抚触的手,和一个足以容纳万物的胸怀,我想,便是我们和他们,这些随班就读的孩子,最好的通行证。

(济南市槐荫区实验学校　陈玉珍)

用爱浸润成长：W 同学的"自信"之路

作为济南九中一名普通的班主任，在我的任教生涯中，W 同学的成长与蜕变令我记忆犹新。在教师和家长爱的浸润下，他从自卑、胆小、悲观逐渐变得有自信、不畏难、敢担责。真正的涵育未来一定是引领学生从悦纳自我开始，用爱和关怀去打开学生的心灵之门，最终鼓励学生走向生命自觉。

一、用爱聆听：了解情况特殊的 W 同学

我第一次注意到 W 同学，是在两年前的高一开学。那一天，我在发校服的时候，让他试了一件又一件，每一件校服他穿上都特别肥大，我便开始打量他：站在我面前的这个小伙子，黑黑的、瘦瘦的，还佝偻着背，最让我意想不到的是他穿的那件上衣，袖子明显已经短了一截，拉链也经坏掉，他无奈只能用一排别针充当拉链。一个个普通的别针，深深地扎在我的心里，我几次想跟他沟通，但他每次都很腼腆地回避了这个问题。

突然有一天，有人敲开了我办公室的门，我抬头发现是 W 同学。他进来后，显得非常拘谨，不敢直视我，欲言又止的样子。我先开了口，问他："你是不是有什么想跟老师沟通的？"只见他犹豫了片刻，断断续续地说道："老师，我想跟你谈一谈我家里的情况。"

在他的讲述中我得知，在他两岁的时候，他的妈妈得了癌症，爸爸抛弃了他们母子，妈妈独自带着他来到济南谋生。在他的印象中，从来没有见过他的亲生父亲，他现在生活在一个重组的家庭里，妈妈身患癌症，全家的重任都落在了继父一个人身上，继父一边跑大货车一边照顾他们母子。生活的窘况，让他非常无助与自卑。他不明白为什么上天这么不公平，让他生在这样的一个苦难的家庭里。说着说着，他居然泣不成声。当时的情况让我感到所有的语言都是苍白的，我默默地把我手边的纸巾放在了他的面前，静静地倾听他讲述他的故事。一个多小时后，他渐渐平静下来，说："老师，我和您说完后，心里敞亮多了。"我起身给了他一个鼓励的拥抱，我想，虽然老师的肩膀不够宽阔，但此刻，足以传递给他温暖的力量。

几天后,我便做了一次深度家访。到他家后,我才发现他的家庭情况远比我想象中的更加糟糕:在租住的狭小空间里,昏暗的灯光下,一个病弱的身躯躺在床上,他母亲因为病痛折磨,情绪非常不稳定,但他却用与年龄极不相符的成熟包容着他母亲的任性,这让我感慨万千,我终于找到了这个孩子敏感自卑的根源。作为班主任,教学成绩是一方面,但育人更重要的是育心。

二、用爱关注:为培养自信创造机会

回来之后,我就开始思考,在学校里,除了传递给他温暖的目光、温柔的关怀以外,我能不能通过一些智慧、用心但不刻意的具体行动,让这个孩子实现更好的自我觉察、自我悦纳呢?

很快,我就找到了一个"合适"的机会——让他参加学校的国旗护卫队。当我把这个消息在班里宣布的时候,全班都惊讶了。在全班同学纷纷议论的声音中,他慢慢起身,怯怯地问我:"老师,您确定吗?"我非常肯定地说:"我确定,就是你,W某某!"

就这样,他加入了国旗护卫队,烈日下他一站就是两个小时,一动不动,佝偻的背慢慢变得挺拔,我第一次看到了他昂首挺胸的样子。他的眼神越来越坚定自信,做事也越来越积极乐观。但好景不长,他的状态再次陷入低迷。于是在一次家长会后,我与他母亲单独进行了一次交流。我了解到他母亲癌症复发,病情加重,能否见到明天的太阳都是一件未知的事情。这样焦虑悲观的情绪直接投射到孩子的身上,让刚刚有点起色的孩子又被打回原形。我告诉她,我们无法控制生命的长度,但可以把控生命的质量,在与孩子生命重叠的每一天,我们都应该保持积极乐观向上的姿态,这是我们可以选择的,也是必须要做的。经过这次谈话,家校合作联动育人的效果十分显著。W同学告诉我,他母亲居然开始主动跟他聊天,还为他准备早餐,竟然还去染了头发。对于母亲的改变,W同学对我心存感恩,也开始敞开心扉,坦然悦纳他现在的一切。

三、爱的回馈:W同学的自信蜕变

心向阳,自然见成长。W同学的成长不仅体现在他能够积极地面对生活,努力承担好身上的每一份责任,在爱的浸润下,他的学习成绩也得到提升。

W同学偏科严重,英语成绩非常不好,这与他的自卑是分不开的。我想能不能把他在国旗护卫队训练中的那股劲,有效嫁接到他的学习中来呢?我常说,哪里有痛点,哪里就是下一个成长点。通过分析W同学的学习状况,我发现他在英语学习

中存在明显短板,亟需提高。我积极鼓励 W 同学与英语老师沟通,让他主动请缨去当英语课代表,每天帮助同学们安排英语早读,布置英语作业,检查英语默写等。同时开始向内实现英语学习的自我突破,每天更专注于英语学习,这种倔强与坚定,完美地诠释了"努力到无能无力,拼搏到感动自己"的意义。

注意力在哪,生产力就在哪,注意力是一种可以滋养未来的力量。一个学期后,他的英语成绩居然成为班里的单科状元。与此同时,国旗护卫队里他从众多自然条件比他好的同学之中脱颖而出,成为了国旗护卫队的队长。此后在学校重大节庆活动中,总有一个让我骄傲自豪的身影笔直挺拔地伫立在国旗下。那挺起的脊梁,坚毅的表情,笃定的眼神与以前的他判若两人。

W 同学一次次地与自己赛跑,又一次次地超越,真正做到了优于过去的自己。如今,他从一个原本自卑、胆小的腼腆男孩,成长为一个面有微笑、眼中有光、脑有智慧、心有善念、脚下有路、无畏有为的最美少年!

教育是有温度的,温度是可以传递的,有温度的教育是生成,是唤醒,是温柔且坚定的默默付出。师者,就是用教育的初心描绘孩子们应有的青春底色,用平凡的坚守帮学生扣好人生的第一粒扣子。

W 同学的成功转化是我教育生涯中众多学生的缩影,我始终坚信,过什么样的生活,就是什么样的教育。以生命观为核心的"五有教育"焕发道义心、真理情、使命感,会丰盈一代代学生的精神生命。正是一个个越来越闪亮的"W 同学",彰显了我作为一名人民教师的价值。

王国维在《人间词话》中指出做学问的三重境界:"昨夜西风凋碧树,独上高楼,望尽天涯路";"衣带渐宽终不悔,为伊消得人憔悴";"众里寻他千百度,蓦然回首,那人却在灯火阑珊处"。治班如治学,我在潜心育人的过程中也在追求和体悟着这三重境界。无论是初为师者时的踌躇满志、惆怅迷茫,还是孜孜以求后的累而不悔,亦或是更高境界的教育顿悟与游刃有余,走过的每一步都流淌着教育智慧,浸润着教育初心,链接着美好未来。

我心向阳,唯愿桃李芬芳!

（济南第九中学　黑乃娜）

"折翼"天使笑了：积极情感的力量

"同学们，你们走月亮时想到了什么？"这是《走月亮》一课的特色实践学习任务。

"我想到了毛老师和妈妈。"一句话触动了我心灵深处最柔软的地方，我懂得，我已经走入了孩子的心灵深处。

每个孩子都是天使，有的飞得慢一些，也许是因为他们的翅膀受伤了，也许是因为他们的心灵疲倦了，但他们依然在很努力地飞，飞得那么小心翼翼，那么战战兢兢，着实让人心疼。也许他们更需要一点温暖和呵护，在属于自己的童话世界里勇敢地飞向蔚蓝的天空，用心去听，你会听到童话世界里的笑声——如同花开的声音。

心存美好，便会遇见美好。心存善良，便会遇见善良。每个孩子都是一粒种子，只是花期不同，有的花一开就灿烂绽放，有的花一开始就默默无闻，需要漫长的等待……让我们用爱浇灌他们的内心，细心呵护，用心培育，耐心等待，仔细聆听，忽然有一天，那么一瞬间，你会发现它们绽放得如此绚烂多姿，如此花香四溢……

每个天使都有自己的故事。"我走月亮时想到了毛老师和妈妈。"这句话的主人公是我们班的小俊（化名），也是本期故事的主人公。经过了解，小俊内心敏感孤僻但单纯善良，心理年龄偏小，缺乏自律性，经常会不由自主地做出一些"不可思议"的举动，比如有时躺在地上，上课离开座位，发出奇怪的声音等，他通过这些方式引起别人的注意和关注，但在内心深处，却希望得到别人的温暖和肯定。

一、一次独特的"见面"

小俊是学校"赫赫有名"的人物，是平时学校文明岗关注的"头号人物"之一，每个任课老师都对他"印象深刻"。记得第一次上课，他就给我来了个"下马威"，一进教室，只见他横七竖八地躺在地上，眼睛眯成了一条缝，嘴角上挂着一丝微笑，好像在等待胜利的果实。我慢慢地走上讲台，环顾了一下四周，深情地对同学们说："从今天开始，你们在老师心目中都是最棒的，都是最优秀的，应该没有一个人是甘于落后的，我们要做学习和生活的强者，而不是弱者！"教室里顿时响起了震耳欲聋的掌声，只见小俊骨碌一下从地上爬了起来，趁同学们不注意悄悄地坐到自己的座位上。

下课后，我走到他身边，轻轻拍了拍他的肩膀说："你身体是不是有点不舒服，没事吧？"看着他的目光瞬间柔和了许多，这是我们的"第一次见面"。

二、一句表扬的"话语"

往后的课堂，小俊基本恢复了平静，下课后我会"邀请"他来办公室，然后对他说："你上课安静听讲的样子实在是太帅了，老师从来没见过这么帅气的模样。"只见小俊已经高兴得合不拢嘴了。慢慢地，小俊成了我们办公室的常客，有时我没"邀请"他，他也会主动来问问："老师，我今天表现怎么样啊？"我顺势说："你现在上课听讲越来越专注了，举手次数也越来越多，而且都是先举手后发言。"于是，课上我经常看到他勇敢地举起自信的小手，看着他满是期待的眼神，不提问他都不行。在他的带动之下，同学们发言的积极性也越来越高。一次下课后，小俊悄悄地对我说："老师，我太喜欢上您的课了。"那一刻，一股暖流涌入我的心间，望着他充满希望和纯真的清澈眼神，我仿佛嗅到了爱的芳香，那是教育的芳香。

也许，师生双向奔赴的教育才是最美好的，这种美好，便是教育的幸福真谛。

是的，这便是最好的爱，这便是最好的教育，这便是教育的意义所在！作为一名教师，我感受到的是温暖、感动与幸福，每一天我都在努力着，收获着，被教育之爱的芳香包围着……

就这样，日子平静且踏实……

三、一颗神奇的"糖果"

今天学校召开运动会，早上我在路上走着走着，突然听见一声声清脆悦耳的呼唤"老师！老师！"我回头一看，只见小俊双肩一耸，书包马上滑落下来，他把书包豪气地往地上一甩，弯下腰，小心地拉开书包拉链，在里面掏了半天。突然，他兴奋地喊道："找到了！老师，我给您带了一块特别好吃的糖，我昨天晚上就把它放进书包里了，老师，您快尝尝吧。"我接过这颗糖，感觉到沉甸甸的分量，这是他倾其所有给予老师最好的爱的表达。

运动会结束后，小俊问我："老师，糖好吃吗？"我对他说："这是老师吃过的世界上最好吃的糖。"接着，我从抽屉里拿了另外一颗糖塞给他说："老师也送给你一块糖，你吃了老师的这块糖，书读得会越来越多，字写得会越来越好看，长得也会越来越帅。"他双手小心地接过糖，仔细地瞅了又瞅，眼睛简直放了光，眼珠都快瞪出来了，兴奋地说道："老师，这是一颗神奇的被施了魔法的糖吗？"我刚要回答，只见那颗糖以迅雷不及掩耳之势被消灭得无影无踪，小俊用舌头慢慢地舔了一周嘴唇，难舍对那块糖最后的一丝留恋。我抬头静静地看着他，只见有一小块糖渣正死死地抓住他的嘴角不放。随之，一股淡淡的糖味扑鼻而来……

四、一个满意的"A＋"

上课时的小俊可谓"焕然一新"，可是作业想写就写，不想写就不写，完全看当天的心情。于是，我又有了新的"绝招"。

瞅着他突然写了一次作业，我就在全班同学面前使劲表扬他按时完成作业，这丹"妙药"果真奏效，连续写了三天，而且每次都来办公室问我："老师，作业是什么？"这是之前想都不敢想的。到了第四天，没见他来办公室，在批阅作业时，我悄悄地拿出他的作业本，在上面写了一个大大的"A＋"，而且故意把它留在了我的办公桌上没有发下去。

第二天，只见小俊急冲冲地来到办公室，"老师，您看见我的作业本了吗？"我假装找了半天，翻开他的作业本："哇，你太厉害了，得了A＋呀，字写得太漂亮了，要是不写作业，这么漂亮的字简直是太浪费了。你写作业真有天赋，可不能浪费了你的天赋呀！"他的眼睛又眯成了一条缝，嘴角都快咧到耳朵根了，面色中还夹杂着一丝丝害羞，过了一会儿，他铿锵有力地对我说："老师，谢谢您！"然后郑重地鞠了一躬。此时此刻，他也许"看透了"我的良苦用心，也许在心里暗暗下定决心：一定不能让老师失望。

从此以后，小俊每次的作业都按时完成并上交，在"5331"调研中，他书写认真并全对，获得了一个名副其实的"A＋"（之前错的地方不计其数，让人眼花缭乱）。我把这个好消息第一时间和他的妈妈进行了分享，在电话的这头，我就能感受到小俊妈妈内心的那种欣喜、激动和感恩。

慢慢地，小俊变了，新的小俊展现在了我们面前……

也许，"折翼"天使更需要爱，需要阳光，需要温暖。我们能做的是为他们找到"最近发展区"，在"最近的发展区"里，让他们每天都超越自己，每天不断积累"我进步了"的积极情感体验。唤醒他们的潜能，让爱的种子悄悄地在他们心里生根发芽、苗壮成长，从而变成一种积极向上的内在力量。当他们遇到挫折和困难时，不再害怕，不再孤单，因为他们心中有爱，有阳光，有希望，这种坚韧的生命内驱力，会伴随其整个人生旅途。

每个孩子都是上天派来的天使，也许他们长的翅膀不完美，或是翅膀的颜色不一样，但最终他们都会飞向属于自己的蓝天世界。作为老师，或许能做的就是让他们在飞向蔚蓝的天空时，不会害怕，不会无助，能够更自信地张开属于自己的翅膀！

原来，每天在我们的身边都存在着爱、美好与幸福，置身其中，我仿佛嗅到了爱的芳香,如此沁人心脾。

　　这只是我们班其中一个天使的故事,其他天使的故事每天也在发生……

　　晚上,我做了一个梦,梦见自己长出了天使的翅膀,飞入了一个五彩缤纷的童话世界,我听到了一种花开的声音,细细倾听,原来是天使笑了……

（济南市历城区实验小学　毛连霞）

案例评析

在本组案例中，我们所讨论的"特殊"学生不仅是指狭义上的特殊学生，即那些具有明确诊断结果的身心障碍或问题的学生，如患有孤独症、注意力缺陷多动障碍（ADHD）、学习障碍等。同时也包含了宽泛意义上的教师眼中常见的"问题、特殊、难缠"的学生。这些学生"特殊"的表现不一，原因也不尽相同，但他们普遍存在一个共同的特点——在某些方面的社会与情感能力上存在欠缺。

这些欠缺的能力主要包括自我控制、沟通、自信、协作和责任等方面。例如，在责任伦理方面，我国青少年在家庭、自己、未来三个责任维度的整体认知、情感和行为表现明显高于集体、社会、自然和他人四个责任维度，其中，对于社会责任的认知、情感和行为表现最为不足；[1]部分学生因面临学业、家庭关系、人际关系等多重问题，承受较多的压力和挫折，出现了抑郁、焦虑等不良情绪；[2]在融合教育环境下，"特殊"学生通常会由于自身的学业失败而普遍出现自信心不足、自卑或自我管理方面的一些问题；[3]在学习障碍学生群体中，有高达75%的学生存在严重的社交问题，这些问题主要表现为人际关系技能发展不足，缺乏被他人喜爱的能力，更容易处于被拒绝和排斥的社交地位。[4]

"特殊"一般是指负面意义上的，与"正常"相对的。当一位学生被视为"特殊学生"时，他的学习和生活环境便发生了变化：由于"特殊"学生的"特殊性"，他们更容易收获负面的情感环境，反过来，负面的情感环境则进一步强化"特殊"的问题，二者形成恶性循环，严重阻碍"特殊"学生的正常发展。因此，在全纳教育、教育公平背景下，如何扭转"特殊"学生的不利发展地位，使"特殊"的学生不"特殊"，是每一位教师不可推辞的历史性责任，是教育工作者们关注的重点。

对于"特殊"学生社会与情感能力的培养，各国采取了积极有效的实践探索。德国柏林自由大学的教育研究者、一线教师以及相关教育机构开发出了"凤蝶项目"（Papilio）以尽早地培养儿童的社会情感能力，预防后期因为社会与情感能力不足而出现的发展问题。Papilio项目为教师开发了基础培训课程和进阶培训课程，基础培训包含了"理论、教育行为的发展前提、以儿童为指向的措施以及家长工作"四个模

① 苏娜.社会责任教育的现状调查及教育对策[J].教育研究,2018,39(06):54—59+86.
② 吴念阳,张东昀.青少年亲子关系与心理健康的相关研究[J].心理科学,2004(04):812—816.
③ 张海芸.论随班就读智力落后儿童缺乏自信心的原因和对策[J].中国特殊教育,2006(04):10—13.
④ 杜媛.融合教育环境下特殊需要学生社会情感能力的培养路径[J].现代特殊教育,2023(03):14—20.

块,进阶课程则强调将理论与具体的事例以及实践经验结合起来,通过提升教师的培育能力来促进学生社会与情感能力的发展。① 在我国,卢立涛等人通过近15年的实践探索,构建了"特殊"儿童社会与情感能力提升的班本教研模式,该模式由三大实践策略构成:(1)构建班本研究团队,聚焦关键问题;(2)凝聚群体智慧,实现化短为长;(3)及时反馈总结,巩固已有成果。在具体实践过程中,"尊重学生能力发展的多样性、建构促进发展的生态系统、依据各校情况灵活应用"是班本教研模式成功的关键。② 美国国家学习障碍中心提出了"特殊"学生社会与情感能力培养的七条原则,其中满足学生的基本需要(如生理、安全、归属感等)并为学生提供积极的情感支持是重要原则之一,在满足基本需要的前提下,深入了解学生的情感需求,如不良的童年经历和外部创伤经历等,为其提供建立和保持积极人际关系的机会,③找准症结,以情动情,以情感的变化、转化推动学生自我认知和理解的转化,循序渐进,多方配合,提升培育成效。

为更加生动、具象地展示"特殊"学生社会与情感能力培养的技巧、策略与艺术,促进我国"特殊"学生的"转化"与成才,本组案例从一线教师的教育实践出发,以一线教育工作者的视角切入,通过具体案例的描述,为"特殊"学生社会与情感能力的培育提供更多行之有效的方案和视角,启发学校、教师和家长以更多的耐心、宽容和尊重,更多的智慧、技巧和艺术,改变"特殊"学生的不利处境,推进教育公平,提升教育质量。

《独"乐"不如"众乐":一位"特殊学生"的乐群之路》,通过对高中生小陈的深度分析,经过一个"见贤思齐"的约定、一次"追根溯源"的家访、一次"蓄谋已久"的班会、一次"恰到好处"的合唱,让小陈同学走出了自我孤立与放逐、冷漠、自卑的心理状态,最后与自我和解、与班级和解,恢复了一名高中生应有的活力和乐群意识。每个人都有封闭自我的时候,每个学校几乎都有类似的"小陈同学",案例中教师的敏锐和"招数"让"小陈"从特殊回到常态。

《"独臂"女孩的蜕变:启动家庭的力量》,该案例呈现了一个左胳膊基本不用的"独臂"女孩的故事,作者通过四次心理辅导,找到了这位女孩"独臂"、不与人交流的

① 陈红燕.从针对特殊的"治疗"到面向全体的"预防"提升中小学学生社会与情感能力的德国实践[J].上海教育,2021(26):58—61.
② 卢立涛,王泓瑶,梁威.以班本教研提升特殊学生群体社会情感能力[J].中小学管理,2021(02):53—55.
③ National Center for Learning Disabilities. 7 Principles for Serving Students with Disabilities & Intersectional Identities through Social Emotional Learning Approaches. [EB/OL].(20221-06-08)[2023-08-09]. https://ncld.org/inclusive-social-emotional-learning-for-students-with-disabilities/7-principles-for-serving-students-with-disabilities-intersectional-identities-through-social-emotional-learning-approaches/

深层原因——缺少父母的心理安慰和心理支持，入学适应过程中遇到的困惑和压力在家庭中没有得到有效缓解和释放，从小就没有培养起独立意识。最终，通过母亲的全力配合，该同学恢复了正常生活。如果情感和心理"特殊"的根源在于家庭，那么，家庭的力量就是不可取代的。

《星河育梦：学困生转化的赏识教育》，该案例通过真心悦纳，寻找、培养、挖掘、成就闪光点的做法，多方合力、集体赋能，终于把一个学困生转化成爱学习、会学习的学生，其中有很多细节和做法给人以启发，教师的责任心也让人感动。学困生需要更多的赏识和关心，赏识才能让其找到自信、自尊、积极向上的动力。

《从"心"开始：树立成长型思维》，展示了一个比较极端的初中生在入校后经历"早恋"困扰、同伴冲突、家庭暴力、自我怀疑并最终走向自残自杀倾向的故事。学校在每一个环节都认真对待，以成长型思维引导学生面对成长中的问题，最终在家庭的配合下，扭转了学生的不良心态、错误认知和极端行为。成长型思维对于身心陷入困境和逆境的"特殊"学生来说，是一种点燃生命之火、面向未来的力量，能够给人带来新的希望。

《"被冤枉"的多动症：做心灵的呵护者》，该案例对一位被班主任、家长、医生认定为多动症的孩子进行了深入分析，得出孩子的多动症是"被冤枉"的，并从情感暖化、正面转化、环境净化、榜样感化等多个角度去干预，最后孩子的"多动症"消失了。从中可以看出，轻易给孩子贴标签、乱下定论的做法不可取，"特殊"孩子未必真"特殊"，"特殊"孩子的问题根源可能在成人身上。

《做"天边最远星星"的引路人》，讲述了一个随班就读的学生，智商不低，但情商有问题。作者通过提供诸多机会，在社会与情感能力方面仔细引导，小星星发生了可喜的变化。"天边最远星星"在随班就读过程中会遇到很多困难，甚至是同学疏远和嘲笑的对象，唯有像作者那样用心、动情，慢慢等待，像晓菲那样的野百合才有自己的春天。

《用爱浸润成长：W同学的"自信"之路》，案例呈现了W同学的成长与蜕变过程，在教师和家长爱的浸润下，W同学从自卑、胆小、悲观逐渐变得有自信、不畏难、敢担责。爱、尊重、关怀是最重要的教育力量，情感的支持让W同学找到了自信。

《"折翼"天使笑了：积极情感的力量》，教师通过观察一位经常"特殊"的女孩——这位女孩经常做出一些"不可思议"的举动，经历一次独特的"见面"、一句表扬的"话语"、一颗神奇的"糖果"、一个满意的"A＋"之后，"折翼"天使得到了所需要的温暖和阳光。教师所做的就是要找到孩子的"最近发展区"，在"最近的发展区"里，不断积累"我进步了"的积极情感体验，唤醒其潜能，让天使飞起来。

第五编 ／

路径选择：
不同"社会"领域中的能力培养

"共情式"阅读:语文教学中的情感培养

小学阶段的学生处在身心发展的关键时期,对世界的认识也逐渐从"自我"走向"他人",但在实际的学习生活中,同伴冲突、亲子冲突、师生冲突等层出不穷,其主要原因之一就是学生的共情能力不足。共情能力是一种能设身处地体验他人处境,能够感受和理解他人心情的能力,也是社会与情感能力的重要维度之一。而学生共情能力的培养不是一蹴而就的,需要在日常的教学过程中去落实和渗透,纵观小学各学科课程设置,最持久和有效的落实阵地在小学语文课程。基于此,"共情式"阅读理念被引入到语文阅读教学中,它旨在引导学生深入文本,体验作者的情感变化,从而引发情感共鸣,达到深层理解文本及培养学生共情能力的目的。实践中我们运用深入研读教材、品读关键词句、合理利用资源、创设情境体验、投入感情朗读等方法尝试探索"共情式"阅读的有效策略。

一、深入研读教材——挖掘阅读共情的资源

部编版小学语文教材选篇文质兼美、适宜教学,采用更加灵活的双线单元结构体例,每个单元都有较为明确的人文主题,而整个单元的情,往往就蕴藏在单元的人文主题中。如五年级上册第六单元的人文主题是"舐犊情深":《慈母情深》选自著名作家梁晓声的亲情小说《母亲》,表现了深沉的母爱,表达了对母亲深深的敬意和无比的热爱;《父爱之舟》是著名画家吴冠中的一篇回忆性散文,赞美了厚重的父爱;《"精彩极了"和"糟糕透了"》则体现了父爱的严厉和母爱的宽容。虽然父母之爱表现方式不一样,但学生们也最容易和作者产生共情。我们可以从作者的字里行间感受到父母之爱,体会流淌在血液里的爱和温暖。

教师的教育智慧和认知是共情发生的重要方面,教师应深入研读教材文本,努力挖掘阅读共情的资源,与学生、与教材、与作者产生认知共情。共情内容是教师的教学内容,教师要精心凝练自己的教学内容,将学科知识与情感融会贯通,"基于教材,高于教材",让学生站在"你"的肩上认识世界,通过作者的语言描写,体会作者的情感,形成正确的认知和崇高的审美情趣。

二、品读关键词句——赏析最能共情的文字

词句是构成文章的最基本元素，关键词句又是承载文章价值观的外壳，因此，落实词句品读是小学语文高年级阅读教学的基本内容，也是学生学习语文的抓手。语文教育专家于漪老师谈阅读教学时，就讲到要重锤敲打关键词句，使它们产生耀眼的火花。《慈母情深》一课教学时，我们结合课后习题第一题，让学生默读课文，边读边想象课文中的场景，在感受最深处作批注，然后进行小组交流，说说最触动自己的场景、细节有哪些，重点关注课文第 16 至 19 自然段，从关键词句所体现的细节，体会"我"当时的心情。"母亲掏钱""母亲立刻投入工作"两处细节都是母亲的动作，品读这些词句，想象情景，谈谈自己的体会，理解母亲挣钱的不易，也试着从"我"的角度，想想"我"看到母亲这样的行为，内心会有怎样的触动。和文本共情的基础上，结合第 33—34 自然段的内容，引导学生思考："我"为什么会"鼻子一酸"，此时学生的情感就像开闸的水一样自然流淌。

学习《父爱之舟》一课，我们让学生划出最能体现父爱细节的语句，再品读语句，谈谈自己的感受，最后小组汇报交流。交流时，先以一个场景为例，引导学生品读、交流，如在学习父亲为"我"铺床的场景时，引导品读描写父亲动作的关键语句，体会"我"感受到父亲为供"我"上学凑钱的艰难，感受到父亲对"我"的关爱，感受到"我"已认识到肩上的责任沉重。

学习《"精彩极了"和"糟糕透了"》一文的第一部分时，引导学生抓住巴迪动作、神态、心理等细节描写的关键词句，发现"我"从得意、焦急到最后失望的情感变化。通过对这些语句的品读，理出作者的情绪变化线，跟着文章语句，理解巴迪，和巴迪共情，也为后文巴迪理解父母不同形式的爱打下基础。

学生通过品读关键词句，赏析情感最充沛的语句，与表达情感的关键语句共情，感受语言文字的美，感悟作品的思想内涵和艺术价值，是丰富自己的情感体验和精神世界的重要落脚点。

三、合理利用资源——寻找共情培育的支点

教学资源是为教学的有效开展提供的素材等各种可被利用的条件，合理地利用各种教学资源能起到事半功倍的效果。如在五上第六单元的教学中，我们就充分利用了背景资料这一教学资料。背景资料是指与课文相关的补充资料，通过呈现作者生平、写作意图、社会背景、名家评价等帮助理解主旨、题材、结构、手法等。这些内容虽然着眼点小，但是却与教学文本息息相关，背景资料的补充在阅读教学中起着

重要作用。

在《慈母情深》一课教学时，我们补充了当时的社会背景，让学生了解到当时正值国家困难时期，大多数百姓的家境都很困难，用一元五角买本书在当时是很不容易的事情。因而理解母亲在极其艰难的生活条件下，省吃俭用，支持和鼓励"我"读课外书是慈母对子女的深情，也帮助学生和作者对母亲的敬爱之情产生共情。

在《父爱之舟》一课教学时，为了让学生更好地了解作者为什么以"父爱之舟"为题，在教学伊始，我们就补充了作者资料，了解到作者的籍贯、成就、作品，特别是一幅幅以小舟为主题的江南水乡水墨画，将学生带入江南水乡，入境入情，更易产生共鸣。同样是在这课教学中，我们还补充了另外两段背景资料，其中一处是在学习"父亲凑钱送我读鹅山高小"这一场景时，"家里粜稻、卖猪，每学期开学要凑一笔不少的钱"，对于读书的钱要"粜稻""卖猪"地"凑"，学生没有生活经验，很难产生共情。我适时地补充了吴冠中小时候所生活的背景，学生在了解了那是一个社会动荡不安、百姓生活非常困苦的年代后，自然就容易和作者的后文"感到心酸"产生共情，也就能理解作者为什么"心酸的哭"以及品尝到的人生"新滋味"。

当对补充背景资料进行拓展阅读时，我们发现学生与作者、与文本会有更多的共情体验，自然也对文本的理解会深刻许多。当然，背景资料可以是教师补充的，也可以是学生自己去收集的，背景资料可以成为探寻阅读共情力培育的支点。

四、创设情境体验——亲历情感发生的过程

"情境"实际上是一种情感调节的手段，是以学生的语言生活实际为基础，以促进学生主动参与、整体发展为目的的优化了的语言学习与语言生活环境。创设具体情境能缩短学生与文本的距离，为语文教学提供背景和氛围，让人物从书本中走出来，成为可观、可感、可语、可交流的情感对象。

在《父爱之舟》一文教学中，在学习"父亲带'我'逛庙会"这一场景时，我们创设了情境，让孩子们以父亲的口吻回忆并叙述了当天自己带儿子吃豆腐脑自己却不吃的心理活动。学生深入"父亲"的内心，感受父亲对孩子的那份疼爱，也充分体会到父子之间的理解。在学习"父亲摇船送'我'去无锡师范"这个场景时，我们创设情景，让学生说说看到"父亲弯腰低头为'我'缝补的背影"时，如果自己是作者，想对父亲说些什么？学生们或劝父亲休息休息，感受到作者对父亲的心疼，或对父亲说声谢谢表达了对父亲的感恩，或表示要好好努力不辜负家人和父亲的期望。

在《慈母情深》一文教学时，我们创设了母亲再次凑钱给"我"买书的场景，请一组同学分别扮演母亲和作者，尝试表现人物的动作、语言、内心独白。学生不仅要理解人物的品质，还要换位思考分析，他们将自己代入角色身上，深入探查人物的行为

动机，从而理解其行为。学生和人物形成共情，并沿着该人物的情感线，去体会作品中其他人物的形象特点。这样学生能更自然、真实地感受人物形象。

阅读教学中，通过创设情景、角色扮演等活动，经常站在文章的主人公角度、作者角度、读者角度，站在他人的立场，设身处地地去理解他人的情绪，感受他人的想法，并且能对他人的感受产生共鸣，是阅读共情的体现，也能在这样的学习实践中不断培养学生生活中应有的共情能力。

五、投入感情朗读——完成语言的深层共情

古人读书有"因声求气"的说法，就是强调以朗读为主线，在朗读中感受作品的语言，领悟作者的气势和文法，探索语言的内在含义、情味和形态，与作者产生情感上的共鸣。

课堂教学中，投入情感的朗读形式有很多，可以是齐读、个性化读、分角色朗读、吟读、师生共读、配乐朗读等等。在《慈母情深》一文教学时，在充分品析母亲恶劣工作环境的语句后，我们通过有感情地齐读，体会作者当时震惊的心情。而见到母亲后的对话，我们通过分角色朗读，让学生在朗读中和作者产生共情，理解作者向母亲要钱时内心充满了愧疚。而在《父爱之舟》一文的学习时，则引导学生有感情地朗读那些体现父爱细节的语句，不断地以作者的身份去体会细节描写中所蕴含的感情，把握课堂生成，并进行针对性地指导，让学生更细致地感受"字字有余味"的朗读魅力，促进学生与语言产生里层共情，这无论是对文学作品阅读理解还是对共情能力培育来说，都是十分宝贵的。

共情式阅读不应是教师兴致所到偶尔为之的，而应成为小学语文阅读教学的一种常态，培养学生的共情能力也绝非一日之功。对于师者而言，应以生为本，以学定教；重视学情，换位思考，与学生产生认知共情，立足核心素养，彰显教学目标以文化人的育人导向。教师还应有在阅读教学中进行情感渗透的自觉意识，尊重学生的情感体验，并提高学生的共情阈值，帮助学生在文本语境中寻找情感足迹，达到与语文情感共生的境界，最终成为具有深厚文化底蕴和人文情怀的人。

（上海市徐汇区建襄小学　朱丽）

"认识我的社区"：社会情感能力提升的家校社协同路径

一、背景

山东省济南市山大附中瀚阳学校基于现代生态学理念，以促进学生的发展为核心，充分发挥学校教育的文化辐射作用，将立德树人根本任务延伸至家庭教育和社区教育中，整合与优化三个子系统的育人资源，形成了以学生自主学习、自我教育与自觉发展为核心的家校社良好育人生态。

前期，瀚阳学校细致梳理并学习国内外相关研究，总结了国内外先进理论中的经验启示，探讨了我国"家校社协同育人"实践活动中普遍存在的困难与不足，结合瀚阳学生及家庭基本情况、社区资源分布情况，根据美国霍普金斯大学的"交叠影响域"理论作为"家校社协同育人"项目的概念框架，并按照该理论所提出的"六种家校社合作类型"来设计活动形式，活动内容覆盖"自我认知""自我管理""社交意识""人际关系技能"以及"负责任地决策"等五组社会情感能力。

为聚合"放学后的力量"，打通"最后一公里"，形成家校社习惯养成协同育人合力，瀚阳学校将"培养社会情感能力"作为"家校社协同育人"系列活动的教育目标，全部活动围绕着提升某种特定的社会情感能力展开。

其中，瀚阳学校家校社协同育人活动之"认识我的社区"，是让学生们发现社区生活中亟待解决的问题，并探究其解决方法，提升学生社会情感学习能力，帮助学生"负责任地决策"。

二、"认识我的社区"活动目标

1. 通过开展社区调研和制作"社区地图"，在综合考虑安全、道德和社会行为规范后能够做出对个人、集体和社区合理、有益的选择，并善于评价和反思解决方案的利弊。学生们在此次活动中所做的决策将为学校和社区的健康发展作出贡献。

2. 根据美国学者爱普斯坦提出的"家校社合作活动的六种类型"，此次活动属于"与社区合作"的活动范畴，即通过识别、整合社区资源和服务，营造学习型社区、有爱心社区和友好的教育氛围。

3. 给予学生充分的自主权和决策权，鼓励学生发现社区生活中亟待解决的问题，为解决该问题开展社区调研、收集资料，寻找和形成解决问题的方案，比较和评估不同方案的优劣，从而培养学生的自主学习能力、创新思维和批判意识。

4. 引导学生将活动中习得的能力迁移至其日常生活与学习中，在学校、社区和社会生活中能够正确评估并判断决策所带来的问题与压力，能够辩证地分析所做决策对自我、他人、社区和社会的影响。

三、活动过程

(一) 活动前期调查

教师和家长认为学生普遍存在的问题有如下几个方面：

(1) 在综合能力方面提及最多的问题为缺乏自主能力；

(2) 在素质素养方面提及最多的问题为以自我为中心（尤其是小学阶段）、缺乏礼仪礼貌；

(3) 在行为习惯方面提及最多的问题为拖延症（拖沓）、过分依赖手机等电子产品（尤其是中学阶段）；

(4) 其他被提及的问题还包括抗压能力差、脾气暴躁易怒、卫生习惯不好、纪律习惯不好、娇生惯养、浮躁、名著读得少、逆反心理等。

(二) 活动实施

每个小组讨论确定一个研究问题，将该问题设定为各小组"认识我的社区"的主题，即每个小组的活动主题都必须以问句的形式提出，并且每个小组都应对接一个期望构建的社区类型，例如爱心型社区、学习型社区、环保型社区等等。学生制作专属的"社区地图"，为构建学习型社区、有爱心社区和友好的教育氛围贡献自己的一份力量。

参与活动的孩子们在了解了活动目的、活动流程、活动意义后开展了组内头脑风暴会议。孩子们从自己的亲身经历提出了许多亟待解决的问题：

"我的爷爷很喜欢下棋，可是没有很好的去处，他只能和他的好朋友们在地下室里对弈。"

"每天放学后，爸爸妈妈还没有下班，我只能去妈妈单位等着，这不仅影响了妈妈工作，还导致我的学习效率也特别低。"

"我在上下电梯时经常看到业主把电动车推到楼道里充电,可是我在新闻里经常看到电动车爆炸的报道,业主这么做无疑是把定时炸弹搬回家。"

"上下学时我经常被问路,因为许多外来的访客和外卖员找不到楼号。小区里是不是应该在显眼的地方放置鸟瞰图指示牌?"

……

根据小组讨论的结果,七个小组确定了七个主题:

1. 如何有效处理电动车进入小区带来的安全隐患——安全型社区

2. 美好社区怎能少得了图书角呢——阅读型社区

3. 如何让老人度过快乐的退休时光——爱心型社区

4. 我们是否需要一间共享自习室供大家度过时间自主的周末和假期——共育型社区

5. 如何解决社区访客"最后一百米"难题——爱心型社区

6. 如何解决小区里的安全隐患——安全型社区

7. 垃圾也有家,我们能否带它们回家——环保型社区

一个个小小的身体里蕴含着大大的能力。孩子们提前设计好了采访问题及调查问卷,访问了不同年龄层、不同职业的社区居民,并根据调研结果生成了数据。

孩子们根据调研结果绘制了社区地图、海报展板,把本组的活动目的、活动意义、业主建议、解决方案一一提炼并展示。

这是其中一个小组设计的展板内容:

社区可供使用的空房

活动目的　活动意义

调研结果

自习室平面图

自习室公约

自习室免费设施

(三) 谈及收获

环保小分队被采访时提及自己的收获:"经历这次活动,我们头一次这么认真地去了解我们每天生活的家园。我看到了社区里有许许多多、大大小小的问题。这次活动,我们得到了学校老师、家长、同学们以及物业管理公司等多方面的大力支持与热情鼓励,走访过程中获得了社区居民良好的反馈,爷爷奶奶、叔叔阿姨纷纷向我们竖起大拇指,称赞我们瀚阳小学组织了一项了不起的学生社会实践活动!当听到这些夸赞时,我们每个人都无比自豪!通过这次活动,我们的组织能力、沟通能力、解决问题的能力都得到了锻炼和提升,同时也为建设美好和谐社区贡献了一份力量。"

四、活动效果及反馈

（一）活动效果

瀚阳学校开展的以"认识我的社区"为主题的"家校社协同育人"活动,活动周期为16天,该活动旨在提升学生"负责任的决策"的能力。例如,在"小组探讨"环节中,孩子们提升了自主学习和主动思考的能力,学会在生活中发现问题、提出问题;在"制定方案和计划"环节中,孩子们明确了团结、分工与合作的重要意义,提升了自我决策能力,认识到合理制定方案和计划的重要性与必要性;在"社区调查"环节中,孩子们进一步认识到,不仅要学会"决策",更要学会"负责任地决策",例如,"奋进小分队"在访谈外卖员时曾屡次遭到拒绝,经过讨论和反思孩子们才知道,外卖员为了使订单准时送达顾客的手中,需要不停地奔走,从而无法停下脚步接受访谈。在这一情况下,小组成员们必须迅速调整调研方案和访谈策略,继而认识了不同社会行业的特点,同时也学会了考虑他人的感受。最后,在"交流分享会"和"反馈评价"环节中,孩子们认识到只有学会反思自己的每一个决策,才能够为学校和社区的健康发展做出贡献。该活动的活动类型为"与社区合作（collaborating with community）"。活动过程中,家长陪伴学生共同参与方案制定,并进行实地调研,对社区资源产生了更加深刻的认识,为打造学习型社区、爱心型社区和创造友好的教育氛围贡献了自己的力量。

（二）活动反馈

1. 学生的反馈

（1）家长平时的陪伴很少,该活动提供了亲子互动的机会。

"我爸就参加了这一次活动,虽然也没干啥。我爸妈都很忙,我爸基本上不出来,在家吃饭的时候也要接电话。"（2月22日,学生16在焦点小组访谈中的发言）

"希望我爸妈多参加这样的活动,他们平时没时间陪我。"（2月22日,学生18在焦点小组访谈中的发言）

（2）参与活动很有成就感。

"全是根据调查的数据作出的贡献,感觉很光荣,把社区里的问题都找出来之后向物业汇报,弄好了之后既能保证大家安全性的生活,又锻炼了我们社会实践的能力;我们先发现一个问题,然后我们再去设计一个方案。"（2月22日,学生20在焦点小组访谈中的发言）

"感觉很有成就感,挺开心的,因为是在为社区作贡献。"（2月22日,学生21在焦点小组访谈中的发言）

（3）提升了学生的社交能力与观察能力,提升其环保意识和为社区服务的意识。

"提升了我表达的能力,我们访谈了社区居民、环卫工人、保安大爷,还有门口的卖烟酒的老板、小区的理发师。"(2月22日,学生18在焦点小组访谈中的发言)

"提升了勘察能力,我们当时是转了整个小区找垃圾桶。观察的过程当中就觉得挺难的,因为它就是一个底下一层上面一层对吧? 就上坡下坡经过小区,而且上面一条线。下边一层上面一层的,而且构造都一样,有可能会迷路对吧?"(2月22日,学生19在焦点小组访谈中的发言)

2. 家长的反馈

(1) 提升了学生的自主性和创造性;

(2) 发现了孩子积极投入、有思想、善于沟通的一面;

(3) 帮助学生提升了沟通能力,克服社交时的紧张情绪;

(4) 增强了学生发现问题和解决问题的能力,提升了学生的责任感。

3. 教师的反馈

(1) 帮助教师提升了活动执行能力;

(2) 使教师发现孩子身上的闪光点,见证学生的成长;

(3) 帮助学生提升了解决问题的能力、与他人合作的能力;

(4) 帮助教师们打开教学新思路;

(5) 有助于家长更加了解孩子,看到孩子在活动过程中的蜕变,更加了解学校,理解学校的办学理念,更加熟悉学校老师;

(6) 促进了家庭、学校和社区之间的沟通与交流。

总之,了不起的孩子们不再仅仅接受社区服务,同时还能为社区提供服务。他们从参与者转变为活动的设计者和主导者,在真实的体验中负责任地决策,为建设美好和谐社区贡献了一份力量。这是一次以学校、家庭和社区三位一体的教育生命场,是以孩子为中心,以学校教育带动家庭教育与社会教育,打通从学校到家庭再到社区的"最后一公里"意义深远的社会实践活动!

(济南高新区山大附中瀚阳学校　董矛、彭莉、叶静静、张晓晓)

农村学校如何应对校园霸凌：
"三位一体"的社会与情感能力培养路径

农村学校较城区学校而言面临更多的霸凌风险，从社会与情感能力角度来看，校园霸凌的发生主要是因为霸凌者缺乏自控能力和包容度，从而做出失范行为。教师有必要对霸凌者进行社会与情感能力的培养，从而帮助他们学会管理自我情绪，学会具有同理心，学会与人交际，从而更好地应对和预防校园欺凌现象。

南川区水江中学是一所农村高完中，距离城区 23 公里，在校学生 4 000 余人。近年来，学校平均每年都会发生 1—2 起学生霸凌事件。针对这一现象，学校高度关注，开展了一系列教育整改措施，深层次挖掘霸凌事件背后暴露出的学生社会与情感能力培养的短板和缺失，探索家庭、学校、社会三位一体的学生社会与情感能力的培养路径，取得了一定的成效。

一、事件溯源，探求原因

2021 年春期，学校一伙名为"铁三角"的霸凌团体在厕所对一名同学进行了言语侮辱和殴打，性质极其恶劣，给学校造成了极其严重的负面影响。学校迅速成立工作专班，彻查起因。

（一）班内调查，了解情况

经与相关教师和学生交谈后，了解到这三个霸凌学生分别是小邓、小肖、小郑，他们结成的"铁三角"由来已久，三人臭味相投，均对学习缺乏兴趣，漠视校纪校规，抽烟、上课睡觉、课下打闹、欺负同学是常态，还经常出没游戏厅，和社会人员沆瀣一气。可以初步判断出这几个学生的情况：长时间叛逆成性，无法控制情绪和专注学习生活，沾染不良社会习气，和老师、同学沟通交往不畅。

（二）约见家长，家校沟通

"铁三角"小邓、小肖、小郑多次在校惹是生非，不听老师教诲和同学劝导，这次又发生霸凌事件，说明某方面的家庭教育缺失。为此，学校约见了他们的家长，并大致了解了这三个孩子的家庭情况。

小邓的家庭属于"先富起来"的那部分，家长忙于生意，平时与小邓情感交流少，在金钱上对小邓有求必应，家中姊妹也十分宠爱小邓。小邓与家人的情感交流大都限制于金钱方面，小邓耳濡目染后，他与朋友之间的情感满足也多依赖金钱。

小肖家庭经济条件一般，父亲脾气较为暴躁，遇事从不商量，稍遇意见不和，便对其母拳打脚踢，还从不避讳小肖。小肖母亲害怕离婚影响孩子，忍气吞声，但家庭暴力的阴影在小肖的头脑中挥之不去。

小郑家庭特殊，父母离异，母亲承担家庭重任，家里经济情况较差。小郑常从小邓处得到"接济"，所以对小邓言听计从。

总的来说，小邓家境优越，崇尚"金钱至上"，做事胆大妄为、肆无忌惮。小肖情绪纷繁复杂，容易极端化，时而自卑，时而狂躁。小郑自我封闭感较强，做事缺乏主见，时刻伪装自己。从社会与情感能力来看，三人都不擅长情绪调节，对他人包容度较低。进一步探究霸凌者的成长历程，会发现早期教育缺失或失当是其形成不良品性的重要原因。有些家长过度溺爱导致孩子任性骄横，使得孩子一旦与同学发生矛盾，不会想着如何共同解决，而是肆意妄为，以自己的想法作为处理事情的根据。另一方面，不良的家庭氛围也是催生这类学生产生逆反心理的重要原因，大多数这类学生的家长或者监护人均承认在日常生活中对子女疏于管理。

（三）情感关怀，倾听共情

在了解了学生现实表现和家庭情况后，学校安排人员对三个学生开展了多次谈话，严肃教育的同时，晓之以理，动之以情。在交谈中，学校也了解到他们之所以结成团伙，既有家庭和个人的因素，也有学校因素。他们在校期间因成绩差，长时间得不到老师和同学的认可，没有成就感，从而拉帮结派，想要用另类的方式来引起同学、老师的关注，开始只是言语上对看不惯的事和人进行攻击，到后来慢慢演变为肢体上的粗暴行为。

如此来看，几位霸凌者由于长期融入不了"高雅兴趣"的学习生活，只能转向低级趣味的自我放纵，表现出一定的反社会特质。犯罪学者发现，很多霸凌者精神境界不高，缺乏"高雅兴趣"和"创造精神"，多数时候会无缘由地将初级生物本能发泄于无辜同学身上，需要对其加以正确的引导。进一步探究霸凌者的心理历程，可以发现对暴力行为有错误认识的学生更容易产生校园霸凌行为。当认知能力较弱、是非分辨不清的学生通过现实生活或者小说影视等接触到暴力行为时，往往会产生一种"暴力是能力的表现"的错误认知，认为实施暴力是很"酷"的事情。

二、对症下药，提出对策

当前农村学校由于师资等原因，普遍缺乏对学生心理状况、行为表现的具体分析和跟踪调查,忽视了学生霸凌行为与学生社会与情感能力之间存在相互影响的关系。我们以此次霸凌事件为着力点,分别从潜在施暴者、受害者、时空预防等方面探讨对策。

(一) 针对潜在施暴者的预防措施

预防校园霸凌,应首先从潜在施暴者的预防入手。通过学校、家庭和社会教育,让潜在的施暴者知道,暴力无法解决问题,从而预防一部分潜在的施暴者变成校园霸凌的施暴者。就具体措施而言:

1. 落实"三查",发现问题

开展问卷排查,初步了解校园"霸凌"和"被霸凌"基本情况和表现;用好"两员",定期筛查,设置班级安全员和信息员,及时发现班级矛盾;建立档案,突出重点,适时追查,梳理出情感能力较弱和行为异常学生,定期开展警示教育和谈心交流。

2. 多管齐下,形成教育合力

(1) 完善制度机制

学校将防范校园霸凌放在学生管理工作的重要位置,构建了"校长亲自抓——安全副校长具体抓——政教保卫年级联动抓"的工作机制,建立数据分析、危机评估、重点追踪、专业指导的工作流程,持之以恒抓实抓细。

(2) 加强文化引领

"铁三角"抽烟、打架、进网吧等事件不断发生,反映学校在学风建设和文化建设方面存在短板。近年来,学校基于"智者乐水"的校训,着力打造"水"文化,以"水善万物而不争"为核心,依托南川区"四有八为"德育课程优秀经验、开发和践行"四水"(识水、近水、惜水、若水)校本课程,力求在无声无形中浸润文化影响,培养学生的责任、包容、乐群等能力,消除霸凌滋生的土壤。

除此之外,充分发挥学生中的榜样力量,每学期评出"文明之星""孝道之星""学习之星",每周一举行师生"国旗下讲话",利用"归望文学社"的报刊——《归望》报,刊登师生的优秀文章,让学生在文化氛围中身临其境,熏陶自我。通过营造和谐的校园文化氛围帮助学生进行情绪调节,让其能积极面对生活,从而促进身心健康。

(3) 丰富活动载体

"铁三角"实施校园霸凌行为的一个重要原因,是缺乏同学们正面积极的关注。因此,三个学生所在班级的班主任根据他们的性格特点和特长,给他们安排合适的事情做,例如小邓个子高、体格壮,就安排他担当班级篮球赛的前锋;小肖虽然学习成绩不好,但写了一手好字,就让他担当黑板报主力;小郑则发挥唱歌特长,在艺术节晚会上表演,三人的集体意识有所增强。

学校每年开展"一会一节"(体育运动会和文化节)以及各类主题教育,注重培养此类同学的乐群能力及合作能力。此外,各班还根据前期问卷调查结果,安排此类

"除学习外,其他事情都很积极"的学生做有益的事情,培养他们的任务能力,进而引导学生正确认识个体的多样性,提高包容度。

学校还整合区域资源,邀请派出所民警和法律工作人员到校宣讲法制知识,增强法治意识,让学生知晓实施校园霸凌是违法行为,增强学生对法律的敬畏。

(4)强化家校联动

一个缺乏"社会与情感能力"的学生背后,与家长的教育失位有关。从此次事件可以看出,家庭教育在孩子的成长过程中不可或缺,一旦缺失,孩子便可能出现"性格缺陷"。农村学校的此类情况尤其突出。家访中,许多家长对孩子的认识不到位,未料到在家中或乖巧或寡言的孩子会在校园霸凌他人。究其原因,是家庭与学校之间缺乏交流互动,家长不了解孩子在学校的情况,教育管理孩子的方式方法存在问题。这就需要家校联动,共同解决。

学校近几年举办家长学校,邀请离退休教师、社会贤达、法律工作者及优秀家长代表授课,每学期设立家长开放日,定期组织各年级教师家访。行课期间重点开展,寒暑假全员家访,对单亲家庭、留守学生、困难学生等群体重点关注。每学期各年级至少开展1—2次家长会,定期组织部分学生家长会,沟通学生各方面表现,引导家长注意教育方式,解决家长在家庭教育中的困惑和问题。

(二)针对潜在受害者的预防保护

在校园霸凌案件中,具有孤僻、自卑、软弱、胆小怕事、语言失律等性格特征的人,更容易成为校园霸凌的受害者。例如,霸凌事件中的小林就是一个孤独少有朋友的学生,学习成绩也比较靠后。如果我们能够通过教育或咨询制度的设计弥补受害者的性格缺陷,就可以保护校园霸凌的受害者不会继续受到侵害,也可以避免更多人成为校园霸凌的潜在受害者。就具体措施而言,一是学校和家长鼓励受害者勇于举报霸凌事件,要让受害者明白,忍耐或隐忍只会助长施暴者的嚣张气焰,并不会感化施暴者使其停止暴行。二是学校和家长教育学生养成良好的生活方式,拓展自身的朋友圈,避免学生过分孤僻导致的交往失衡。因为施暴者通常会选择没有朋友、形单影只的对象下手,有相当一部分霸凌事件都是因受害者朋友揭发而曝光的。三是学校和家长及时对被害人进行心理疏导,一方面要避免其产生被迫害情绪,不敢对霸凌事件发声,另一方面也要引导其树立正确的是非观和理性行为模式,避免受害者转化为潜在的施暴者。

(三)针对校园霸凌的时空预防

研究发现,校园霸凌行为具有其特殊的时空特征:在时间上,它一般发生在课间或上下学的时间节点;在空间上,它主要发生在学校厕所、宿舍、操场角落等隐蔽场所。如果能够通过制度设计打破校园霸凌发生的时空要件,那么就能有效防止校园霸凌的发生。为此,我们采取了以下措施:

第一，持续投入资金，实现校园空间的全方位监控覆盖。此举可以有效震慑霸凌事件发生，事后也可快速调查取证；第二，学校建立和完善了校园报警系统，在多处设置了校园霸凌举报箱，第一时间处置有关线索；第三，学校强化安全巡逻机制，增加校内警卫人员或安全员的巡逻频次，特别是在课间、放学后等重要时段；第四，学校加强了与属地政府、村社的联系，定期开展校园周边环境整治，取得较好成效。

三、持之以恒，久久为功

通过学校、家庭、社会等多方联动，"铁三角"逐渐摒弃不良行为，建立了正常的同学交往。小邓有了乐于助人表现，小肖对同学"包容度"有很大地提升，不再会因为"一本书"或是"一句话"而对同学骂骂咧咧，小郑渐渐也乐于表现自己，开始主动承担班级事务。被霸凌者小林也逐渐脱离阴影，开始由霸凌后的疏离老师同学回归到"师生共通"的状态。通过与小邓和小肖的交流发现，他们很感激老师在霸凌事件后没有像父母一样批评甚至是暴力相向，不仅关爱他们，愿意听他们说，还积极与他们的父母交流，让他们与父母的关系也有了缓和。经过引导，不仅这几位同学发生了转变，学校的校园霸凌事件也得到了有效遏制，近两年都未有发生。但我们丝毫不敢懈怠，预防校园霸凌事件永远在路上，培养学生社会与情感能力意义深远，我们将增强紧迫性，提高前瞻性，坚持持续性，在改革探索的道路上一直做下去。

（重庆市南川区水江中学　蒋锐）

参与班级管理：提升学生的社会情感能力

开学前的报到日，我在教室见到的第一个学生是个男孩子，他有点紧张，但特别热情，不管什么事情都冲在前面。我第一次做班主任，急于找到一个"得力助手"，看到他愿意主动帮我就特别开心，于是把这个男生设为临时班长。然而没过多久，他行为习惯上的小缺点就暴露了出来，时常管不住自己。那何谈为全班做榜样，管理全班？我为此感到焦虑，开始在班里物色一个更"合适"的班长，但是我们真正的班长好像并不是按照我心中的标准选出的。

当我第一次在全班面前提起此事时，小 F 同学周围的人都指她，还一边说着："她想当！她想当班长！"小 F 是一个身材中等、成绩中等，就连座位也在教室中间位置的女生，她平时很安静，是一个"存在感不高"的学生。我很惊讶，问她是不是真的，她不好意思地笑着摇头，我便当作是他们在瞎起哄，"当事人"根本没有这个意愿。

小 F 的后座是我们班的纪律委员，纪律委员是个学习、工作能力很强的学生，也很愿意为班级事务出谋划策。他看我并没有把这事当真，有点失望，后来又提了一次，最后终于忍不住私下来找我。他告诉我，小 F 是真的想做班长。我问："那她为什么不承认？"他回答说："她觉得成绩不好不能做班长，她的成绩一直不太好，就因为这个，她什么班干部都没当过。又因为当班长需要以前当过，至少也要当过什么其他职位吧，所以她越不当就越没有机会，越没有机会，就越不可能当上了。"

一、初试牛刀

于是，我又找了小 F 同学单独谈话，询问她是否真的想当班长。这次只有我和她在办公室里，她爽快地点头。我问她原因，她说临时班长做得并不好，她觉得自己能做得比他好。我向她说明，不是一定要成绩好才能当班长，但是当班长也不是一件轻松的事，如果你愿意试一试，我会让全班同学都配合你的工作，她很高兴地答应了。

新官上任才三天，信誓旦旦地说"我肯定做得比他好"的小 F 就败下阵来，她总觉得自己不敢管别人。我跟她梳理了班长工作的本质，并不是要管别人，而是让整个班级有秩序地运转起来,卫生、纪律、学习都有分管的同学,班长看似并没有直接要管理的事情,但处处要留心,事事要关心。

我建议她在班级日志的基础上创设属于自己的工作日志。首先把需要分配给卫生、纪律、学习委员的任务分配好,再把他们应该向自己汇报的内容整理好,只有这样做,每周五中午查缺补漏,做周总结的时候才有依据,有凭证。这样一来,其他班委也能对你的工作心服口服,而不是她凭空就信口开河,东一件事西一件事,很快就会把自己的威信败光。

她点头记下,不过这时的她还是有些扭捏,放不开手脚,想来办公室找我,常常还要拽上另一个好朋友陪同才行,但我很期待看到她的变化。

小F同学是一个负责任、勇担当、肯奉献的学生,这些品质都是胜任班长的必要条件。但是由于她没有班委工作经验,仍然欠缺一定的交往能力、协作能力。同时,做班长不能只与熟悉的人打交道,她能否跟全班范围的同学都沟通顺畅,对她而言,也是巨大挑战。

我对她的建议正是出于这个角度考虑,没有急于鼓励她与全班都搞好关系,这样反而会引起她的反感,甚至撂挑子不做。先将她的优势——任务能力——最大化发挥,将她自己能理顺的工作内容条理化,再通过从这个方面获得正面结果,让其他班委对她信服,自然而然也便有了其他人的尊重,方便其他方面的工作继续下去,她的自信也就容易建立起来。

二、渐入佳境

随着工作的继续,小F明显变得有条理起来。在我去旁听班委会周五中午的周总结会时,她先是肯定了全体班委在过去一周的努力,班级在几个重要时间点的纪律问题有改善。我惊讶地夸她:"短短两周已经学会欲抑先扬,很有领导天赋。"她不好意思地笑了。

通过观察,她总结出在纪律和学习方面的问题。比如,晚自习自愿在走廊讲数学题这个规定,她说:"我们想出这个办法,本意是好的,但是执行久了,开始有同学打着讲数学题的幌子出去聊天。应该想办法限制讲题的人数和时间,甚至就取消这项规定。"其他班委也都很赞同。他们一起商量决定,先控制出门的人数和时间,如果效果不佳再做修改。

三、情绪起伏

期中考试成绩公布后,我明显发现小F的情绪不高。我主动找她到办公室谈心,希望解开她的心结。果然在我的询问下,她承认因为这次成绩没有进步,所以感觉自己很失败。在我与她聊天之后,我惊喜地发现,小 F 在上课时间的注意力也更加集中了,她眼神里的坚定告诉我,"班长"的身份好像让她对自己的一切都更加有信心,她不再是以前那个认为自己一定考不好的女生了。高中学习更像是一场马拉松,成绩的起伏再正常不过,而正是这种起伏让我们必须具备面对挫折的能力。

后来,本学期由于疫情原因转为线上教学后,她仍然积极主动参加学校组织的各项活动,在学校组织的艺术比赛中获奖,在开学后的线下考试中也取得了非常大的进步。她在我们班里提出"早上起立推椅子,书包一定拿上来"的新要求,很好地避免了晨读期间拖地带来的混乱,解决了书包、桌椅夹缝处的卫生死角问题。她用行动赢得了班里同学的一致好评,在不断丰富着自己高中生活的同时,也证明了自己作为一班之长的那份责任与担当。

四、总结反思

作为教师,所谓教书育人,我们不仅应该教授学生知识,更应该注重育人的层面。我认为,作为班主任,使学生获得终生幸福的能力,使学生在离开我们的学校之后仍然能过有温度的生活,这才应该是我们教育的最终诉求。

当前,多数家庭和学校将智力发展和学业水平提升作为关注的焦点,却忽视了学生情感方面的问题,比如,抑郁、校园欺凌等。或许是因为个体缺少同理心,无法理解他人的要求,也无法准确地表达自己的愿望。又或许是彼此之间缺少理解、尊重和信任,这会产生很多矛盾,也容易让学生出现情感上对他人、社会冷漠,只关注自己,甚至自私、疏离他人。

构建班委会正是促使学生超越以自我为中心的个人主义倾向的好办法,信任学生,将班级工作交付给某些学生去做,是提升学生社会情感能力的重要途径。

因为开展班级工作需要首先将自己放在高道德、高标准的要求上,其次又要与同学们交流、沟通,这是敦促学生去关注他人以及周围环境最好的时机,形成责任意识,乃至初步的社会担当,这也恰恰对应了"大五人格"中,任务能力、情绪调节、协作能力、开放能力、交往能力这五种大指标。

基于我校生源,我的学生们在初中阶段往往在班里排名中游,甚至是下游,是老师眼里的"透明人"或"捣蛋鬼",而"责任"和"担当"这两个词,对他们来说不熟悉、更不敢碰。特别是像小 F 这样还有点内向的学生,在集体中她不如活跃的孩子能得到更多的关注,往往是最容易被忽略的群体,他们害怕"抛头露面",但其实很渴望得到老师的关注。通过小 F 的故事,我更加确认了这类学生的特点,并总结了以下几点心得:

第一，小 F 这类学生虽然成绩一般，但并不是对自己的要求低。相反，她对自己标准高、要求严，只是基础薄弱、学习能力不足等原因导致她的文化课成绩不够突出。其实她有着很好的任务、协作、开放、交往能力，我们要善于发现她性格中的这些优点，把它们有效地迁移到班级管理中来，让这些能力优点在"班长""纪律委员"等等岗位上绽放光彩，而不是埋没在学生拿到考试成绩后的垂头叹气中。

第二，大张旗鼓的过分关注可能会让这类学生感到害羞和不好意思，就像刚开始不愿意承认自己想当班长的小 F。我们可以以一种更加温和、具体的方式引导学生说出自己的真实想法，降低他们的心理压力。在这类孩子身上，降低我们自己的要求和期待，反而能得到出乎意料的好结果，在这个过程中，也有助于培养他们本身比较欠缺的自主情绪调节能力。

第三，强化安全感。给从未当过班干部的人一个机会，甚至是让全体学生一起做班长，可以很好地激发他们被隐藏的自我意识，提高任务能力和协作能力。重要的是，我在小 F 上任之后，没有撒手不管，而是适度合理地保持着与班委会的距离。我没有去组织每周的总结会，但我偶尔会去旁听一小会儿；我从不质疑小 F 的方案是否合适，但我常常询问她是否需要帮助。这样一来，班主任主动耐心地关照学生，走近学生，多花时间在他们身上，自然会让学生感受到自己是被人关注和在乎的。这种安全感是他们在初中班级没有体会到的，他们反过来也就会更信任老师，更愿意向老师表达自己，更愿意建设这个班级。

接下来，我会把小 F 的例子迁移运用到更多学生身上，让班委的选拔不拘泥于"有经验"、"学习好"这几条规定之下，而是让更多学生通过参与班级管理，从不同维度提升社会与情感能力，在集体中真正地体会到被悦纳、被尊重、被赏识、被信任的感觉，从而有益于学生的终身幸福。

（济南市第七中学　孙宇奇）

"操场大变身"：指向学生社会与情感能力培养的劳动实践项目

2021年寒假放假前的某个下午，二楼会议室里一场激烈的讨论正在进行中，会议讨论的主题是——"学校劳动课到底该何去何从？"

一直以来，如何开展劳动课程是一个"老大难"问题，这与虹教实验中学的学情特点息息相关。我校学生有近60%是外来务工人员子女。有学生在调研时说"自己最大的挫折就是没有上海户口"，有的学生甚至觉得自己再努力学习也没用，将来还是要像父母一样。花季的年龄，本应开开心心，充满自信，但这些孩子似乎比同龄人多了些许沉重和迷茫。学生们表面看起来是对劳动课程缺乏兴趣，遇到挫折就退缩或放弃，对学习缺乏目标感和积极性，其实更深层的原因是他们对自己的不接纳和不欣赏，缺乏自信和自我效能感，没有思想的开放性和情绪的稳定性，这些都直接影响了他们的人际交往和人际协作，而这些正是社会与情感能力不足的表现。因此，如何通过劳动课程的改进，促进学生社会与情感能力的提升，是本次会议目的所在。

一、以情促劳，劳动项目 1.0

（一）回到课堂：用校园真实情境激发学生劳动兴趣

俗话说"一口吃不成胖子"。大家心里清楚想要一蹴而就完善劳动课程，达成学生社会与情感能力的飞跃性进步显然是不现实的。更何况现在学生明显对劳动课不感兴趣，就更别说其他的了。所以，与其望着"社会与情感能力提升"这个大目标，不如先脚踏实地些，想办法让学生——"回到课堂"。而"回到课堂"的前提就是让学生对劳动课感兴趣，喜欢上劳动课。

一位班主任说："我看他们就喜欢在操场上疯跑，恨不得天天都是体育课！"这句半开玩笑的话却顿时让大家有了灵感，如果说学生在学校最喜欢哪个地方，那必然是操场！既然学科实践需要解决的是真实情境中的问题，那还有什么比操场更让学生感兴趣又适合学生去探究和思考的真实情境呢？

明确了真实情境后，接下来的问题就是"如何教？如何上？"想要改变学生的学习方式，首先需要改变教师的教学方式。"项目化学习"映入眼帘，我们可以通过开展劳动项目的方式进行。于是,《"操场大变身"——如何打造人见人爱的校园操场?》为主题的劳动项目研发被提上了日程。

(二) 首轮尝试:自主探究让学生重新爱上劳动课

课题小组决定先以六年级为实验田,进行第一轮的项目试点实施。项目围绕"如何打造人见人爱的校园操场?"这一核心问题展开,通过四个小问题引导学生层层递进的探究,具体如下:

问题一:我们现在的操场环境怎么样?学生第一次走出教室,走进操场进行实地考察,亲手测量和记录改造前操场的实际状况和存在的问题。

问题二:我们想要一个什么样的操场?学生通过问卷调查的方式,采访操场的真实使用者——老师和同学,了解及采集大家对操场环境的需要,这让孩子们第一次认识了什么是"用户思维",什么是从使用者的角度思考问题。

问题三:该如何打造我们理想的操场?探究目标是明确此次劳动方案的规划设计。课程特别加入了星巴克咖啡厅设计的案例,以及学校食堂座位的改造案例,启发学生在设计规划的基础上初步实践自己的规划。

问题四:如何动手实施理想操场的行动?引导学生对项目进行第四步探究,明确此次劳动方案的实施过程,让学生体验劳动实践,包括劳动分工、安排岗位职责等,并参与班级竞标。

项目化学习主题课程的首轮实施让课题小组的教师们信心大增。一位班主任说:"我印象最深的是让他们自主做调查问卷那里,我原本以为学生做出来的东西会千篇一律,结果他们有很多自己的想法,还有装饰,像个海报一样。"就连在教师最担心的设计环节,他们都积极尝试,小组一起讨论,展现了不同以往的创意想法。劳动在学生心里不再只吃干苦活儿、干累活儿的代名词。原来只要发挥创意和想法,劳动也可以充满创造力。

(三) 反思总结:让劳动项目不只停留在学生兴趣层面

经过1.0劳动项目的实施,学生的社会与情感能力已经在悄无声息地改变了:项目化学习让原本在课堂上作为独立个体学习的学生,重新建立了联系。小组合作和任务探究的学习方式,让学生的协作能力和交往能力发生了改变。小组合作让学生不再是单一的学习主体,他们有了相同的学习目标,开始关心其他小组成员,信任彼此。任务探究的形式要求他们具有好奇心,愿意思考和探索;同时,对不同小组成员的看法和观点保持开放的态度。

1.0版本劳动项目也存在着明显的问题,学生对劳动的理解似乎有些偏颇,对劳动实践的落实不足。比如,学生贡献了多个具有创意的操场改造设计方案,包括为解决操场面积有限的《"地下操场"解决方案》,突显文化特色的《操场京剧主题墙方案》等。但这些方案大多仅停留在想法阶段,学生的劳动兴趣无法转化成真实的劳动成就,就会缺乏现实层面上的成功体验,劳动兴趣也就无法持久保持,这会直接影响学生对任务达成和目标实现能力的信念,以及他们追求更高目标达成的动力。

二、任务提升,劳动项目2.0

(一)解决难点:从劳动课标和任务群设计中获得启发

课题小组在第一轮的项目研发中发现,既要激发学生劳动的兴趣,又要达成劳动实践体验的目标,这样的目标说起来容易,做起来难。比如,项目缺乏落地实践,是项目设计的问题,还是项目主题本身不合适?若让学生多动手,该如何改进?现有的项目对学生来说是否合适,会不会项目太大或者难度太大……

《义务教育劳动课程标准(2022年版)》(以下简称《2022版课标》)明确了劳动课程的核心素养。从课标要求可知,核心素养的达成需要借助学生社会与情感能力的提升。例如:"劳动观念"中要求学生尊重劳动,尊重普通劳动者,了解不同职业劳动者的辛苦与快乐,理解"三百六十行,行行出状元"的道理,这就需要学生具有开放性和包容性;"劳动习惯和品质"中指出学生需要通过经常性劳动实践形成稳定的行为强项和品格特征,比如有始有终、认真负责等,这与社会与情感能力中的尽责性、抗压力和情绪调节能力密切相关。

于是,我们依据《2022版课标》中的十大任务群,改进1.0项目。十个任务群覆盖日常生活劳动、生产劳动、服务性劳动三类劳动。尤其注重学生动手实践、手脑并用、知行合一、学创融通,引导学生从现实生活的真实需求出发,亲历情境、亲手操作、亲手体验,经历劳动完整的实践过程,并通过设计、制作、试验,探究等方式获得丰富的劳动体验,感悟和体认劳动价值,培育劳动精神。

(二)分段实施:2.0迭代瞄准学生任务能力提升

课题小组决定将整个"操场大改造"项目化学习内容进行迭代升级,由单一项目任务,调整为两个彼此关联的项目任务:"设计"和"实施"。首先,保留项目化的学习方式,以及原有课程中体现学生创造性劳动和解决问题能力的《操场改造方案》的规划和执行部分作为项目任务一。其次,增加凸显实操和动手能力的实施环节作为项目任务二,侧重《操场后期运营方案》的确定和执行,以学生为主体进行操场的日常管理和使用维护。学期劳动课的课时数量由原有的10课时,增加到了20课时,其中,"设计"阶段10课时,"实施"阶段10课时。

分段式的设计不仅让学生把"设计"变为"现实",还能通过后期身体力行的运营和维护,加深对项目的实践体验和成果夯实,增强执行任务和实现目标的自我效能感。此外,仅停留在设计层面的劳动往往缺乏对困难和挫折的体验,使得学生的抗压能力和面对困难的毅力无法得到锻炼,而增加的实施阶段恰恰可以弥补这一不足。比如，在项目1.0中，当学生发现工具不合适，测量操场很困难的时候，有的小组干脆连测带猜预估一个数字。但这一次，因为知道项目必须要实现和实施，他们会更谨慎、认真地对待两阶段不同的学习任务，在"设计"阶段，既注重发挥创造性，又注重实操性，工具不合适就一起商量如何找到合适的工具，解决困难的毅力明显提升；在"实施"阶段，为了让自己亲身改造的操场可以更好更持久地保持，他们会更细致地分工，并确保每个人都认真负责地完成各自的分工任务，甚至还会主动协助同伴完成任务，表现出了良好的尽责性、自控力与合作性。

(三) 跨任务群：细化劳动项目目标，夯实综合性能力指标

考虑到我校外来务工人员子女居多，多数学生毕业后会就读职业院校。因此，在劳动教育实施过程中，与社会实践和职业体验进行结合就显得非常必要，其在劳动教育课程中的直接体现就是跨任务群的系统性课程设计。

第一步，增加。原有课程设计中虽也涉及了多个任务群，但因缺乏课标指导，教学目标不明确，任务群分配不均匀。从教学过程来看，主要落实在了任务群2——整理与收纳。通过对课标的研读和两大阶段项目任务的分析，2.0版本的劳动项目增加了其他三个任务群：任务群4，农业生产劳动；任务群8，现代服务业劳动和任务群9，公益劳动与志愿服务，以夯实"操场大改造"项目化学习校本化课程的跨任务群特点。

第二步，删减。删去原有课程中对操场设计环节的过度强调和介绍，防止学生错将劳动课程当作美术课程，避免学生对劳动素养的"窄化"体认，错误理解劳动课程的学习目标。

第三步，更新和整合。重视跨学科内容的渗透和整合。注重加强学科实践和跨学科主题学习，用跨学科的思维培养学生整体认知世界的能力，这是本次课程方案修订重点之一。教材和课程通过素材导入、任务情境等方式融入其他学科的内容，帮助学生融会贯通，习得在解决真实问题/任务过程中所需的综合知识，包括综合运用知识技能、思想方法以及团队协作等能力。

三、项目总结

"操场大改造"作为虹教实验中学第一个自主研发的校本化劳动项目。课题小组一直在试图回答"到底什么样的劳动项目才能培育学生的社会与情感能力"。这一问题在近两年反复的项目改进、项目实施、再改进、再实施的过程中逐渐清晰。它需要具备以下五个特点：第一，情境性，以真实情境激发学生兴趣；第二，项目化，通过项目化的学习方式带领学生自主探究；第三，实践性，手脑并用，通过实践成果提升学生自我效能感；第四，差异化，既关注共性能力培育，又重视差异化能力提升，因

材施教；第五，持续性，持续改进和完善确保课程循环上升。只有做好这五点，才能激发学生的劳动兴趣，提升学生的开放性和协作性，进而促进学生社会与情感能力的整体提高和个性化成长。

在项目实施过程中，我们不仅看到学生对劳动课程的学习兴趣得到了保留，而且他们的一些社会与情感能力也得到了进一步提升。大部分学生的团队协作能力、沟通能力都得到了极大的发展。在分组任务式的学习活动中，学生们通过小组讨论、头脑风暴、沟通协作等方式完成小组决议，制定改造方案，不仅让他们彼此之间有了充分的沟通和交流，还能看到彼此身上不同的闪光点。而走出教室，走上操场，亲自选取工具，丈量操场，画设计图，写改造方案，这些都让学生的通用性能力得到了普遍提升。

每个孩子都是独立的个体，他们既有共性，又有不可忽视的个性，相应的社会情感能力的满足和提升方面也各不相同。有的学生特别有创造力，但可能包容度不够，遇到问题容易坚持己见；有的同学可能抗压力不足，遇到困难或挑战容易放弃……这些个体差异或能力的提升需要借助不同的情境和多角度的任务来达成，特别是那些因为家庭情况而悲观失望的孩子，更是大家心中需要重点攻克的"困难生"。而这也正是研发小组下一阶段所要解决的新问题。

（上海市虹口区教育学院实验中学　全迅）

"趣说情绪"：小学心理主题活动整体设计

小学阶段是儿童形成三观的重要时期,情绪调节是学生形成积极生活态度的重要手段。小学阶段开展情绪调节活动有利于帮助学生养成乐观、积极的人生态度和健康、稳定的心理状态,有助于帮助学生学会在各种情境中表达和处理自己的情绪,还有助于帮助学生获得正确的人际交往技能,促进良好人际关系的形成。

此次《"趣说情绪"之润心环游记——校级心理主题活动》,将围绕提升同学们的情绪调节能力,以推动同学们的身心健康成长为主要目标,正向引导,温润心灵。引导学生对自己的情绪有一个正确的认识,并学会调节自己的情感,用一种更健康的心态来对待自己的生活和学习,营造出一种健康向上的氛围。与此同时,把心理活动融入学校的各项教育工作中,让学生能够更好地实现自身的发展,提升幸福指数。

一、方案设计

本次校级心理活动,我们将围绕"趣说情绪"这一主题,以情绪调节为主线和核心,促进小学生的情感发展和能力发展。同时,紧抓不同年级学生的年龄特点,聚焦情绪,分别从情绪认知调节、情绪行为调节和情绪体验调节三个方面设计了不同形式的心理活动:

二年级主要开展认知调节活动。通过看绘本、看电影、用色彩画情绪、演一演情绪绘本等方式让孩子认识、了解情绪,引导学生认识到情绪并没有好坏,但有积极和消极之分,每一种情绪都很重要,同时帮助学生掌握一些恰当的情绪表达方法和策略,逐步学会调控自己的情绪。

三年级主要开展情绪调节体验。三年级正逢十岁生日,心理室将大队部的十岁生日活动与心理活动有效融合,以感悟成长为切入点,组织了一次"追忆成长历程"活动,引导学生获得积极的情感体验。

四年级主要开展行为调节活动。四年级这个年龄阶段,学生自我意识开始萌芽,虽然四年级的活动设计仍聚焦于情绪,但将视角转向了和父母的情绪表达以及有效沟通上。通过少年说的活动,让学生与父母面对面展开对话,达成和解,形成共识,同时引导学生学会合适的沟通方式,提高自我控制能力和适应能力。

五年级主要开展情绪思辨活动。五年级学生的自我意识逐步深刻,渐渐摆脱对外部控制的依赖。本次主题活动为五年级学生设计了一系列围绕情绪的思辨活动,激发学生对自我的情绪进行探索,对情绪的表达进行思考,最终能形成合理表达与转化情绪的有效方式。

二、活动实施

(一) 全校活动

活动流程:①观赏情绪绘本。学校选取小学阶段学生最喜爱的绘本,在活动期间,组织所有学生一起观赏情绪绘本,让学生了解如何与情绪和谐共处等相关知识,对积极情绪和消极情绪的分类也有更多了解。②观看电影《头脑特工队》。学校组织所有学生集体观看《头脑特工队》这部影片,让他们认识到各种情感的重要性和必要性,并学会在遇到情感问题时,应该怎样去处理。

活动效果与反思:每天阅读一本绘本成为了孩子们翘首企盼的活动,而有趣的电影也给大家留下了深刻的印象。五年级同学还围绕电影开展了头脑风暴,引发了许多对于情绪的思考。活动成效非常明显,很受欢迎。

(二) 分年级活动

1. 一二年级:情绪艺术馆

活动流程:①流动绘本馆。心理室将图书馆中与情绪话题相关的绘本发放到一二年级各班,孩子们可以在课间、课后的休闲时光中,在绘本的世界里感受如何应对和处理自己的情绪,在绘本的世界里浸润,真正开启一场趣说情绪的润心之旅。②用色彩画出表达自我情绪的海报。在观看了情绪绘本和电影《头脑特工队》后,孩子们也有很多想要表达的想法。对于低年级学生来说,绘画无疑能让他们畅所欲言,因此我们利用美术课,让学生将自己的所感所悟通过色彩和绘画表达出来。最后在老师的帮助下,各班都形成了一张特点鲜明、充满童趣和智慧的情绪海报。③情绪绘本表演。我们选取了在绘本阅读过程中,小朋友们最能感同身受的小故事,进行了绘本小品的表演,将绘本中各种情绪的表达通过表演更具象地展现在孩子们面前。有趣的表演不仅能吸引同年级的孩子,连高年级的孩子也很喜欢。

活动效果与反思:情绪艺术馆活动,从情绪绘本入手,让低年级的孩子深入浅出地了解情绪,感知情绪,表达情绪,理解情绪,最后能将绘本中学到的情绪管理的方式运用到自己的生活中,达到了趣说情绪、润心慧心的活动目标。

二年级班主任谈老师指出:小朋友们表演的绘本小品非常好,孩子们都非常爱看,对他们也很有启发。最近班里几个原先爱发脾气的孩子,情绪状态都有改进。

2. 三年级：成长奇遇屋

心怀感恩是一种积极的情绪体验。我们邀请三年级学生在参加十岁生日会后，收集10年来的成长照及生日聚会照，制作快乐成长、感恩父母的电子相册或短片，让大家感受到成长的艰辛和对父母的感激。最后，以班内展示的形式，评选出优秀作品，并在全校范围内进行展示。

活动流程：三年级时学生正逢十岁生日，心理室将大队部的十岁生日活动与心理主题活动有效融合，以感悟成长为切入点，通过制作电子成长相册，让孩子和父母一起回顾人生第一个十年的成长历程，感受成长的喜悦，展望未来成长与希望，开启一段美妙的润心慧心之旅。以班内展示的形式，先评选出优秀作品，再在全校范围内进行展示，同时将优秀作品通过公众号发送，提高活动知名度和参与度。

活动效果与反思：心理主题活动与大队部活动的有效融合，使这次活动更有深度和教育性，活动的效果也十分凸显，受到师生一致好评。

三年级班主任张老师：这个活动形式非常好，也非常有意义，希望以后的每一届都能以这样的形式，给孩子留一个美好的回忆。

三(1)班丁＊名：我很感动，自己成长的每一个细节都在相册中了，最有趣是标题，上面还有我的大头像，可能我的头很好看吧，哈哈哈。

三(2)颜＊昕：我也很感动，我从小到大的事情，妈妈都放在心上，他们真的很爱我。

三(3)班谢＊蕊：在相册中我看见了自己成长的点点滴滴，感谢父母辛苦教育我，陪伴我，让我健康成长。

3. 四年级：少年说学院

活动流程：推荐四年级学生观看《少年说》节目；观看完后，请学生把自己对家长的感言制作成一张海报，并在全班范围内进行"少年说"海报的展示，最后挑选出最具有代表意义的话题参与大队集会《凉四少年说情绪》。在活动当日，我们将家长们请到学校，让学生向家长讲述他们在生活中遇到的困惑，并与家长们进行沟通、协商、达成一致。

活动效果与反思：本次少年说海报的参与度达到了百分之百，由此可见孩子们确实有很多话想要和家长们倾诉，有很多情绪需要用正确的方式去表达。这次活动是一个很好的契机，能让孩子和父母都能静下心来去聆听对方的心声，去尝试理解对方的处境和想法，通过对话也让亲子关系更为融洽。正如四年级班主任郭老师说的那样：愿父母能读懂孩子的情绪；愿孩子能成为懂事的少年。这一活动的视频在公众号一经推出，就得到了广泛的关注和好评。

4. 五年级：心语辩论社

活动流程：在观看了学校推荐的《头脑特工队》影片之后，五年级的同学们进行了头脑风暴,为辩论活动选择合适的话题。辩论主题确定后,面向全年级征集辩论选手,并制作1张辩论海报。最后,面向五年级学生直播辩论比赛过程。辩论比赛结果则由五年级同学投票决定。

活动效果与反思:在这次头脑风暴中,同学们充分表达了自己对情绪的理解,从不同角度提出了许多有趣的观点,其中有一位同学提出了一个值得探讨的话题:愤怒要不要藏起来?围绕这个话题,五年级的同学们展开了激烈辩论,通过直播辩论,以一种有趣的方式给所有五年级的同学们提供了表达自己观点的机会,激发他们进行自我探索、自我突破和自我肯定。通过辩论,同学们发现,藏或不藏都是一种选择,如果我们能找到更适合自己的情绪表达方式,那便是我们与情绪和谐相处的最好方式。

辩手叶＊莱感言:通过这场辩论赛,我与大家敞开了心扉,也锻炼了我的勇气,让我收获了许多。我用自己的实力告诉了大家我的选择。虽然辩论结束了,但我想今后我能更好地用合适的方式来表达情绪,这才是我最大的收获吧。

辩手袁＊蕤感言:作为一名辩手,我很高兴能把我的观点和意见发表出来,每次发言都能看到更多的人支持我,这让我很高兴。虽然最后还是持愤怒不用藏起来的人更多一些,但是没关系,每个人都有自己表达情绪的方式,只要是不伤害自己和他人的都是好的方式。

观众归＊歆:通过这次辩论赛,我知道了愤怒不管发泄还是不发泄,都是自己的选择,我们在面对不同的事或不同的人时分别思考应不应该发泄愤怒。

三、心理健康宣讲

在工作中,心理教师发现一些任课教师和家长们对学生的情绪问题缺乏一定认识和了解。为此,学校举办了针对不同人群的心理讲座,如邀请专家为全体教师做了《课堂中的情绪冲突——教师如何应对情绪爆发的孩子》的讲座;为家长做了《正确甄别"厌学"情绪,有效改善"厌学"状态》讲座。心理教师为班主任和有需求的家长制作了微讲座《面对坏脾气的孩子,我该怎么做?》的视频。此外,学校还特邀社工老师带来《面对挫折我知道》《拒绝欺负我知道》《情绪那点事儿》等一系列讲座。学校开展了一系列心理健康教育活动,宣传普及了积极情绪的相关知识,提升了师生的自助互助意识和能力,增强了师生的心理弹性,促进了学生的健康成长。

四、总结与反思

(一)顶层架构,分层设计
心理主题活动从三月底启动,由心理老师出具总体构想,上交校长室行政会议讨论后优化、调整，再由分管德育的教导牵头建立团队，优化每个年级的人员配置，最终使整个心理月方案成功落地实施。

（二）家校协同，直面症结

本次三四年级的活动都有家长积极参与的身影，这样家校联动的形式不仅有利于活动本身的顺利开展，使活动丰富性得到保证，更是促进亲子关系融洽的有效手段，润心慧心于点滴瞬间。

（三）专家引领，思想进阶

如何管理好自己的情绪，这不仅是学生，也是教师、家长都会面临的问题。教师和家长同时又是儿童心理健康的建设者和领航者。当我们面对孩子们的负面情绪、面对一些有情绪的孩子，我们该如何科学地看待他们，有效地改变他们，甚至该如何做到不被孩子的坏情绪所影响，都需要专家及时的引领。

（四）回顾全局，优化完善

心理主题活动虽告一段落，但在活动中还存在诸多不足或有待商榷之处。比如，五年级辩论比赛结束后对于情绪的管理和表达仍需要做进一步的后续跟进，可以产生一些衍生的活动来进一步强化学生的思辨能力和对自我情绪觉察的思考，可以做一些分享有效情绪表达方式的小沙龙或是相关的小研讨。同时，这类由学生作为主导的活动是否可以结合项目化学习？如何根据项目化学习的要求来调整活动方案，进行活动再构？能否形成一个新的科研项目？同学们都十分期待第二季的少年说情绪，那么进阶版的少年说能否更加细化表达的内容？值得思考的部分还很多，有待一一解答。

本次心理主题活动以"趣说情绪"之润心环游记为主题，将心理活动与学校各项育人工作有机结合，分年级开展一系列丰富多彩的心理健康活动。同时，心理室结合情绪主题开展了一系列相关的培训活动，引导师生更好地认识情绪，学会自我调节情绪，营造健康向上的氛围，润心慧心，健康成长。

（上海市虹口区凉城第四小学　姜慧）

发现平凡人之美：语文教学中的情感教育

"苔花如米小，也学牡丹开。"生活中许多普通人，或在自己的工作岗位上辛苦地坚守、默默地工作；或以自身微小的光芒带给我们前进的力量。岁月静好，因为有他们在负重前行。为让学生眼中有凡人，心中有微光，肩上有重担，在学习《老王》《阿长与山海经》等课文后，语文教师往往会以《平凡的美丽》这类作文题让学生写一写生活中类似老王、阿长这样的平凡人，期望学生能够发现普通人身上的闪光点，从中汲取向上向善的力量，并获得精神的成长。然而，学生真的关注过生活中的平凡人，真的能表达出真情实感吗？

一、激起情感波澜，感知平凡人的不易

在学生完成《平凡的美丽》的习作后，我整理了他们的写作素材：

表 5-1　学生写作素材

写作素材		
做兔儿爷的老者	小区里的清扫员	爸爸陪我跑步
垃圾分类志愿者	钟南山、90 后护士	捞水藻的河道清洁工
小区巡逻的张爷爷	妈妈辛苦地陪伴	外婆为我精心制作我爱吃的菜
做糖画的老者	爷爷每天接我放学	老师耐心辅导我学习
做糖人的老者	同桌帮助我完成化学实验	外公把写好的对联分发给邻居
做银饰的老者	老师鼓励我继续跑下去	交通协管员

在与学生交流的过程中，我发现不管是写做兔儿爷的老者，做糖画（人）的老者，还是以捞水藻的河道清洁工为选材的学生，他们对于这些平凡人的事迹其实都只是匆匆一瞥，内心并未涌起过多的情感波澜。至于钟南山、90 后护士这些素材，学生完全是通过媒体了解的。他们选择这些素材是因为他们觉得这样能展现普通人对传统文化的坚守，或者切中社会的热点，从而帮助他们获得更高的作文分数。

《义务教育语文课程标准》指出："写作教学应贴近学生实际，让学生易于动笔，乐于表达，应引导学生关注现实，热爱生活，积极向上，表达真情实感。""语文教师应高度重视课程资源的开发和利用，创造性地开展各种活动，增强学生在各种场合学语文、用语文的意识，通过多种途径提高学生的语文素养。"基于此，我发起了"找一找校园里的平凡人"活动：让学生与校园里的保安、保洁、食堂工作人员、后勤服务人员聊天，了解他们的工作情况。

学生的兴趣被极大地调动起来，他们发现，原来聊天也是一种学习方式，聊天中得知的信息也能写进作文。更重要的是，通过聊天，他们发现这些校园服务人员的工作并没他们想象中的轻松，而且他们领取的报酬仅达到上海市最低工资标准。学生的内心受到了震动，对于校园里这些熟悉的"陌生人"产生了一丝敬意。因为看到了现实生活中"小人物"的困境及艰辛，体会到了他们顽强、朴实、善良的品格……学生们纷纷把写作视线投入到了校园、社区、菜场、超市等更多的普通人身上。

二、形成共情情绪，产生对平凡人的真情实感

"找一找校园里的平凡人"活动拓宽了学生的写作视野，但由于学生对所写之人、事、物缺乏强烈的认知和深层的思考，因此习作或虚情假意，或以"大唱高调"来提升所谓的立意。有的学生甚至草草写完事件，文章就结束了，完全没有体现自己对自然、社会、人生的感受和思考。从学生撰写的《平凡的美丽》习作结尾中，我们可以窥见一二。

学生1：原来，如他一样平凡的人，也是美丽的。我深深地感动了。

【分析】这位学生写自己感受到了门卫的美丽，但是"美丽"的内涵是什么，在文中并没有交代清楚，这一份感动也就显得苍白了。

学生2：外婆执着而又温暖，她用手支撑了全家。外婆是平凡，也是美丽的：她用巧手包的不单单是粽子，还是对文化的传承。

【分析】外婆之所以是"美丽"的，是因为她以包粽子的方式来传承传统文化。可是，包个粽子就能上升到对文化的传承层面吗？

学生3：太阳落下了，人们也纷纷回家了，老爷爷那精美的小摊在暗淡中显得依旧是如此美丽。老爷爷那平凡的背影在暗淡中显得也是如此不同寻常。

时间的流逝并没有冲垮平凡的美丽，老爷爷坚守的这份刻骨铭心的"美"会一直流传下去，让更多平凡的人知道，家喻户晓。

平凡的文化，也能折射出不一样的"美"！

【分析】"美丽"就是精美的小摊和老人的坚守。但这样的思考并没有体现小作者自己的独特认识和思考，即老人坚守的到底是什么，坚守的价值到底在哪里？

当学生对所写的人、事、物没有投入真正情感，没有真正属于自己的认识，那么即使文章中有情感，情感的真实性也值得怀疑。而结尾的"大唱高调"是其情感与认识缺失的一种表现。

要让学生表达出真情实感，合适的途径就是建立"慈悲的共情"，也就是感受他人的痛苦，并希望减轻他人的痛苦；或是建立"快乐的共情"，即从他人的幸福、成就和快乐中感受到快乐。

新冠疫情缓解后学生复学，为引发学生对身边习以为常的人员的关注，了解那些为抗疫默默作出贡献的人员，我在语文课上开展了"人物采访"活动。该活动的设计依据是八（上）第一单元的"活动探究"，包括任务二：新闻采访；任务三：新闻写作。在九年级，我重启了这项活动，并设计了"新闻采访"任务，让学生参考教材第15页提供的采访提纲对本校的一位保洁阿姨进行采访。学生们自行设计的采访提纲如下：

采访提纲

时间、地点：2022年6月11日第三节语文课，九1班教室

采访对象：学校保洁张阿姨

采访目的：了解张阿姨日常及抗疫特殊时期的工作情况

采访方式：深度访谈，拍摄照片

采访用具：纸、笔、手机

采访问题：（1）平时您几点到学校工作，几点结束？主要工作内容是什么？

（2）疫情期间您的工作有什么变化？

（3）疫情期间您感触最深的是什么？（请详细讲述）

（4）您对这份工作有什么样的认识？（请详细描述）

（5）您对老师设计的这次活动有什么要说的吗？

访谈结束后，学生表示，他们没有想到张阿姨每天6点10分就到校工作了，为的是让师生一走进校园，就能看到干净整洁的大厅、道路，产生愉悦的心情。每天光打扫学校安排的卫生，张阿姨微信上显示的运动步数就能达到2万步左右。

更让他们想不到的是，学生返校复学后，为防疫需要，她看起来并不是很坚实的身躯，要背着重达50多斤的消毒桶，对2号楼的大厅、楼道、走廊以及学校内的路面一一消毒，这个流程走下来需一个半小时。虽然每天只需要消毒一次，但就这50多斤的消毒水至少要用掉5.5桶。

他们说，阿姨说这些的时候轻描淡写，但他们却被深深感动到了。"我们是真的没想到，这个阿姨工作是这么辛苦。""怪不得，每次看到阿姨，她都在打扫。""阿姨看见我们会微笑。""下雨天，阿姨总在拖地，怕学生滑倒。""阿姨有一次还把我被风吹到楼下的考卷拿了上来。"……学生们纷纷回忆阿姨工作的场景。

"阿姨文化不高,但真心希望你们能好好学习。"这是张阿姨走出教室前留给学生们的最后一句话。听罢,教室里响起了久久不息的掌声。

对学生来说,在校园里接触最多的人是老师,但很多人对与自己朝夕相处的任课老师的付出尚且视而不见,更何况是与他们的学习没有多大交集的保洁、食堂人员。不过,这次特殊的"语文课",引发了他们对于保洁张阿姨这些"平凡"人的关注,他们在作文中用心写下了自己对于张阿姨最深的感触:

【学生作文开题段和结尾段 1】

最简单的色彩勾勒了我最难言的感动。

……

蓝色的背影刻在了记忆里。保洁阿姨擦去了黑色墨水,但永远擦不去的是藏在我心底的感动,是附送了成长养料的那份感动。

【学生作文插叙部分】

犹记得五月返校后的一天,天有些许热,上完体育课的我回到教室大口灌水。突然,一个深蓝色的背影从窗口慢慢走过。她的背上背着一个比衣服颜色浅一点的桶。看着她稍微弯下的背,我想这桶估计有点分量。等她走到走廊的尽头,我看到地上满满白色的小点,空气中弥散着消毒水的味道。后来杨老师请她到我班讲讲她平时的工作和防疫期间增加的工作,我才知道,那个桶竟然要重达 50 多斤! 难怪她的腰要弯下去,这也太重了吧。她说这样的重量她要背 6 桶。我惊呆了! 保洁员的工作也真不容易! 我对她刮目相看了……

张阿姨这样的普通人,激起了学生内心的情感波澜。他们的笔下或许没有华丽的辞藻来歌颂这个普通的学校保洁员,但至少他们在现场流露的情感是真实的,笔尖流淌的情感是真实的。

三、推动移情关怀,以实践温暖平凡人

从学生完成的习作来看,还有一个比较大的问题就是学生对身边的人缺乏细致的观察,或缺少深入互动,以致无法真切地表达出自己在看到身边人的行为后的最真实的感受。由此,我引入了斯洛特的移情关怀理论。移情,指的是主体自身产生与他人具有相同性质的情感体验。移情关怀让我们对于他人的处境能够感同身受,促使我们选择恰当的道德行为,这样便能促进人际间的和谐和个人的发展。基于此,我让学生认真观察所要写的对象的言行举止,然后通过交谈或者自己的认识,真正了解观察对象行为背后的动机,当真正了解以后,还要明确自己用怎样的方式表达对他的情感态度。

为了让移情关怀这一能够提升学生共情能力的理论得以落地实施,我还在学生

间开展了志愿服务活动,形成了四步操作路径:1.钉钉在线开展"志愿服务调查"。2.学生自主选择"志愿服务"内容。主要内容分为以下三类:(1)班级志愿服务岗位,以小岗位的坚守提升责任感;(2)学校志愿服务活动,以小任务的参与提升合作力;(3)社会志愿服务,以小活动的完成发展共情力。3.根据安排参与志愿服务。4.在完成志愿服务后写一写自己的见闻和感受。

通过志愿服务活动,学生对于生活有了更深入的理解,也自发以行动关怀身边的平凡人。当打扫教室、走廊、保洁区时,学生们不再马虎,因为他们知道看着整洁的环境,不仅自己,其他人也会感到高兴;对于学校保洁人员的辛苦付出,他们有了更深刻的体会,还会微笑表达感谢;当出现雨天、大风等恶劣天气时,他们会主动把教室前走廊的水拖干净,把残叶扫干净,给保洁人员减轻负担。

学生有了移情关怀,有了真心付出的行动,学生的写作也有了更广泛的素材。学生写作"无米之炊"的情况得以改善,学生的写作内容更加丰富,有:担任班级"光盘行动"责任人的酸甜苦辣;学校运动会承担纪律维护者的艰辛与成就感;发挥自身特长参与社区对联书写的荣耀感等。更令人欣喜的是学生写作时更能用细节来描写,用情感来书写。一位学生参与志愿服务后这样写道:"我没想到,志愿者的举手之劳,在受助者眼中竟如此珍贵。我也确实明白了付出比收获更快乐,给予原来比接纳更心安。"

学生因共情而体察,因移情而关怀,因情感触发而生真情,因真情而笔下有温度。

当教师具有了课程资源开发意识,并能有效地利用学生身边的资源时,可以帮助学生发现原来写作素材就在身边,原来朴素的话语也能打动人,原来有了情感支撑的文章是具有打动人心的力量的;能够让学生主动感知普通人的情感,写出他们的喜怒哀乐,并通过共情更准确地表达自己的感受和认知;甚至还能够让学生的语文素养和社会情感能力得到提升。不过,教师需要谨记,提升学生的社会情感能力道阻且长,需要大家付出努力,共同培育!

(上海市嘉定区戬浜学校 杨美华)

在集体中成长：指向社会情感能力培养的课堂教学设计

对初中生而言，日常的学习小组、班级、社团、学校等都是能够带来归属感的集体。谈及"集体"，不可回避的是如何认识和处理个人与集体的关系。在这个问题上，该阶段的学生往往存在两种错误认识：一是过分强调集体利益，以致遮蔽甚至无视个人的正当利益；另一种则是以自我为中心，过分强调个性发展和个人利益，轻视甚至无视集体的存在。以学校每年三月份组织开展的班级义卖活动为例，部分学生缺乏责任意识，无视班级、学校的规则与制度以及个人责任；部分同学缺乏协作意识，在售卖物品的过程中未能展现良好的交流与合作；部分同学缺乏主人翁意识，虽然参加了活动，但并未充分展现个体的积极性，把活动理解为按部就班地完成老师布置的任务……

在集体中成长是学生成长过程中的一项重要内容，如何帮助学生更好地融入集体，学会处理个人与他人、集体、社会的关系？作为道德与法治科任教师，笔者基于道德与法治七年级第三单元《在集体中成长》的相关内容，结合学校义卖活动，从社会情感能力培养的角度出发进行教学设计，借助项目化学习形式开展教学，学生通过反思义卖活动并设计活动改进方案，深化对集体的认识，培养个人的主人翁意识，提高社会与情感能力。

【环节一：我与美好集体】

师：同学们，如果要用几个关键词来描述一下我们的集体，你会用哪些词呢？可以举些具体的例子来说说理由。

学生分享。

师：刚刚同学们举了很多丰富的例子，也有同学提到了过去不久的义卖活动，老师在朋友圈中也看到了我们班级一位同学记录下的班级义卖活动，让我们跟随着他的朋友圈，一起回顾我们的活动。

情境文字：小进的朋友圈

＃记录一次成功的义卖＃

今年义卖，同学们提出了好多建议，经过讨论后选出的合理建议让活动变得更加丰富多彩。义卖现场人群熙攘，宣传组画的海报获得了大家的好评。全班票选出来的义卖员都在大声吆喝，他们的积极推销让负责记录的同学忙得不亦乐乎。大家分工合作，齐心协力。虽然我没选上义卖员，但是也帮忙分担了义卖员的工作。刚开始我还有点羞涩，后来，同学们不断鼓励我，看着同学们都如此卖力地推销，我也努力加入了他们的团队。最后，义卖的收益额远超预期，大家开心极了！

设问1：老师觉得这真是一个美好的集体，通过这次活动可以看出我们集体有很多优点，同学们说说你发现了哪些优点？

学生分享观点。

设问2：是什么让我们的集体在这次活动中如此团结一致，积极进取的呢？

生：大家都希望义卖活动更成功。

师：是的，大家都非常有爱心，希望能帮助到更多人，这说明我们班的同学都有着正确的价值观，在此基础之上呢，大家形成了一个一致的目标——让活动更成功。我们也看到为了达成这个目标，大家都自觉承担了自己在活动中的使命，这就是所谓集体的共同愿景。班级的共同愿景让这个集体有了成长前进的动力源，也让班级同学更加团结一致，开拓进取。

设问3：同学们的共同努力让活动更成功、集体更美好，那么，在这其中，作为个体的小进有收获吗？

生：有的，小进不那么羞涩了。

师：是的，美好集体是同学们共同学习、共同成长的精神家园，在一个美好的集体中，我们更有可能获得丰富的精神养料，拥有充实的精神生活。美好集体能为个人提供更优质的成长环境，当然，美好集体的创建也离不开集体中的每一个人。虽然我们的义卖活动圆满结束，但是反思总结活动能为我们积攒更多有用经验，助力集体的发展。请大家基于本班的义卖活动，讨论总结一下这次活动有哪些可改进的地方。

【环节二：我为集体出谋划策】

学生小组讨论，2—3位学生分享讨论结果。

生1：售后规则不明确……

生2：义卖现场比较混乱，没有更有效的吸引顾客的方式手段……

师：大家都非常善于发现问题，非常棒！发现了问题，就要思考如何解决问题。接下来，请大家群策群力，再思考讨论一下我们可以如何应对或解决这些问题。

学生小组讨论改进策略，请2—3位学生分享。

图 5 - 1　小组讨论成果 1

图 5 - 2　小组讨论成果 2

师：同学们刚刚热烈的讨论体现了大家对集体的热爱和关切。接下来，请几位同学分享一下你们小组提出的改进策略。

学生分享改进策略。

师：同学们都很有想法！大家提出的建议让老师都觉得耳目一新。这些建议都非常有价值，虽然它只是大家对这次义卖活动的反思与改进，但它也反映呈现出了我们班级体的一些共性问题，指引着班级建设的方向。老师也会将大家提出的宝贵想法反馈给班主任，希望我们班也能不断朝着更好的方向发展。

【环节三：评评最佳方案】

教师出示《义卖活动改进方案》评价量规，学生根据量规对各小组的改进方案进行评价,并推选出最佳改进方案(见表5-2)。

表5-2 《义卖活动改进方案》评价量规

评价指标	评价标准	对应分值	自评	互评	师评
创意	完全模仿和借鉴已有成果	1			
	部分模仿和借鉴已有成果	3			
	没有模仿和借鉴已有成果	5			
可行性	符合实际,但不具有可操作性	1			
	符合实际,具有可操作性,但所需的人力资源、物力资源较不合理	3			
	符合实际,具有可操作性,且所需的人力资源、物力资源合理	5			
预期效果	对于解决实际问题的帮助不大	1			
	能够解决实际存在的问题	3			
	能够解决实际存在的问题,对活动具有改善效果	5			
应用范围	只适用于本班	1			
	可应用于年级	3			
	可应用于学校	5			
总计					

【环节四:总结与反思】

学生总结本次学习心得与体会,并进行分享。

生:通过本节课的学习,我认识到了成功的义卖活动能够帮助更多有需要的人,希望在下次义卖中我能做出更多的贡献。

师:随着年纪的增长,大家在未来会加入更多更大的集体,正如一代人有一代人的长征,一代人有一代人的使命。希望同学们能够认识到自己的责任,在未来积极地融入社会、融入国家,为美好国家的建设贡献自己的力量。

学校是青少年学习知识、养成习惯、陶冶情操的主要场所,学校要采取多种方式培养学生的社会情感能力。作为一名科任教师,在教学过程中要有意识地观察、发现学生在社会情感能力学习上存在的问题,并在日常的教学设计中融入相关的能力培养。通过本次尝试,我对于社会情感能力的教学形成以下几点认识:

其一,社会情感能力的学习要基于学情,并源于学生真实的生活经验。在本节课中，我创设了贴近学生生活的情境《朋友圈：一次成功的义卖》，以本校的义卖活动作为认识美好集体的切入点。通过创设情境，吸引学生兴趣，调动学生情绪，引发学生共鸣，让学生在真实的情境中体验和探究，提升学生对义卖活动的认识，认识到义卖活动献爱心的本质。同时以此情境探究实现教学目标，在此过程中培养学生的健全人格，引导学生体会友爱互助的力量，感受人与人之间的相互帮助和扶持。

其二，项目化学习的方式能更好地助推学生社会情感能力的培养。在本次教学中，我融入了项目化的元素，通过微项目式的小组活动，以"我们怎样做能让义卖更加成功？"为驱动问题组织学生为义卖活动提出改进方案。在提出义卖活动改进方案的环节中，学生进行了充分且热烈的讨论，为集体的成长贡献自己的力量，同时，锻炼了学生的沟通能力和合作能力，并通过解决真实问题，实现知识迁移，培养学生的责任意识，增强学生的主人翁意识。

其三，社会情感能力的学习要重点关注学生的"学"，并精心设计教师的"教"。学生以小组合作的形式沉浸式地参与课堂活动，通过合作，学生能更好地拓宽个人的思路，群策群力，形成更为优秀的方案，但与此同时，教师要为学生指明努力的方向。因此，本节课以《义卖活动改进方案》的评价量规作为学生合作学习的检验工具。该量规以社会情感能力为导向，重点关注学生做事、解决实际问题的能力，以自评、他评、师评三种方式进行多主体多维度的评价，促进教学评一体化，帮助学生反思和评估自己的学习成果，提高学生解决未来现实问题的能力，以期达到知行合一。

学生社会情感能力的培养不是一蹴而就的，需要配合学生的身心发展不断进阶，是一个螺旋上升的过程。作为一名道德与法治教师，要在日常的教学中不断引导学生建立知识与生活经验的关联，让他们在实践中践行和理解知识，并逐步内化认同。

（上海市进才中学北校　庞珊珊）

美丽情绪：美丽家长计划

一、前言

（一）前期实践

我校多年来一直致力于"提升儿童情绪智力的课程开发与实施"的研究，自主编写出版了各年段校本情绪系列读本——《我的情绪朋友》，努力探索情绪智力培养的实践路径。

（二）发现联系

积极的家庭教育，可以培养孩子高度的情绪管理能力、良好的人际交往能力和责任感，从而有助于他们在社会环境中更好地适应和发展。要在家庭教育中实现社会情感能力的培养，一定涉及到父母的角色和行为以及家庭的氛围和文化。

在我们开始关注学生的情绪智力和情绪能力提升的过程中，越来越发现家长的情绪能力与儿童的情绪智力之间存在极其紧密的联系，主要表现在：第一，在后天的教养中，父母无一不是带着自己的情绪（表情、动作、语言……）与孩子发生互动的；第二，从家长的情绪能力表现可以直接预测儿童的情绪智力水平；第三，儿童对情绪的认知、理解、表达和控制，很大程度上是以父母为参照的。

所以儿童情绪智力的发展及社会情感能力的培养离不开父母。

（三）确定方向

从以上的关联中可以明确，家长不仅要意识到情绪智力和社会情感能力培养的重要性，意识到自身对孩子的教养方式会在根本上影响着孩子情绪能力的走向，更重要的是，能够清晰地认识到培养孩子和自身的情绪智力，这是亲子和谐、家庭幸福的保证。

所以，只有家长能够捕捉孩子的情绪状态，理解孩子的心理，善于管控自己的情绪，善于用理解与引导的语气与孩子沟通，才能称得上是高质量的陪伴。

基于此项认知，我们确立了造就"美丽家长"——指向情绪能力培养的家庭教育指导研究方向。

二、方案

（一）确立研究理念——培育美丽家长

众所周知，"教育的效果取决于学校和家庭影响的一致性"。

为突破学生情绪智力发展的瓶颈问题，学校启动了"美丽家长计划"，并以此作为特色品牌，积极推进家庭教育指导工作。

"美丽家长计划"通过"小脚丫"家长课堂、"小青苗"亲子社区、"小摇篮"合作项目等三个运行载体，来实施《美丽情绪，美丽家庭——情绪能力培养家庭教育指导手册》，让家长在对情绪能力的认知上，培养孩子情绪能力的策略上，控制自我情绪的方法上获得提升，从而帮助家长读懂孩子的情绪，修炼自己的情绪，形成美丽的亲子关系；同时也能促进美丽的家校关系、美丽的教育智慧的形成。学校助力家长成为小"可爱"们眼中的最美爸妈，推动我校家庭教育创新发展。

（二）找准实践抓手——一本指导手册

情绪在很多时候是内隐的、抽象的，如何帮助家长读懂孩子的情绪、感知自己的情绪，将其显性化、可操作？这就需要找到发展亲子情绪智力的实践抓手、现实路径与支持保障。

这个抓手就是编制一本能够指导情绪能力培养的家庭教育手册，它要结合学校的情绪课程，以此达成学校和家庭影响的一致性。

《指导手册》的主要内容涉及"生气、害怕、快乐、伤心、讨厌"等五种基本情绪，和情绪校本教材的内容相呼应。框架结构包含对家庭教育案例进行解读和专业建议的"情绪独白"、感受和应对相关情绪的亲子游戏"开心一刻"、带领孩子阅读情绪绘本的方法指导"绘本共读"、提供给家长的经验快餐"情绪 Channel"、给到家长反思的留白空间"情绪笔记"。

1. 情绪独白

比如，在"生气这回事"的"情绪独白"篇章为了让家长理解"生气"会积聚、会传染，我们出示了两则常见的家庭场景，以及家长的"扪心自问"——家长的制止会让孩子的哪些情绪越堆越多？长此以往，这样的孩子会变成什么样？让家长们产生思考。后面的"父母必读"是对案例的解读和分析以及专家提供的建议。在家长学校中，学校还会有意识的建议聘请的报告专家以手册里的案例为例，给予更详细的解读。

2. 开心一刻

"开心一刻"中的活动往往跟《我的情绪朋友》的课程相配套，在实施课程时作为拓展任务要求学生回家后和父母共同完成。

比如，"爱心折纸"是在上《生气》一课时开展的亲子情绪游戏，通过游戏，父女间了解当对方出现生气的情绪时，自己可以如何应对。

"你快乐所以我快乐"这个篇章中的亲子互动游戏，是让孩子跟家人按照手册上的介绍开展"快乐射击"，自己动手设计游戏卡片，动手制作游戏装备，和家人一起玩。一家人其乐融融，感受着快乐情绪的传递。

3. 绘本共读

在"绘本共读"中，关键是要给到家长如何带领孩子阅读故事的方法指导，以及故事所带给孩子和家长在情绪方面的思考与启示。通常会指导家长与孩子分角色阅读，从不同的角色感受表情、动作、语气等对情绪的影响，引导亲子讨论并联系自己和孩子之间的真实事件，借助故事加强沟通，提升家长自身共情的能力。

4. 情绪 Channel

"家长成长课堂"是我校为家长购买的专业"家庭教育指导线上平台"服务，内容丰富，是家长学习的资源库。"情绪 Channel"则是从平台资源中精选有针对性的内容，重新编辑，形成微课，成为提供家长观看的"经验快餐"。随着平台资源的扩展，各种快餐也必将成为丰盛的大餐。

5. 情绪笔记

"情绪笔记"会引导家长用科学的方法记录一段时间里孩子的情绪状态。一位家长在一周陪伴孩子的观察记录中发现自己陪伴孩子的时间里，孩子的心情是快乐状态的并不多，于是她开始反思自己的陪伴方式，反思自己在陪伴时的情绪。她写道：陪伴时家长的情绪很重要，也要适时观察小朋友的情绪！

《美丽情绪，美丽家庭——情绪能力培养家庭教育指导手册》就是通过这五个版块的内容安排，帮助家长建立对情绪的认知，进而感受情绪，理解情绪，再应用到现实生活中。

(三) 明确实施路径——三种运行载体

有了手册，在具体实施路径上究竟应从哪些维度出发？我们借助家长学校的三大运行载体——"小脚丫"、"小青苗"和"小摇篮"，帮助家长提升培养情绪能力的意识，掌握培养情绪能力的方法。

1. "小脚丫"家长课堂

"小脚丫"家长课堂是在高校学者、市区专家、学校班主任等多方力量的专业指导下，通过开展专家报告、名师网课、教子沙龙、学习指南等各种形式的情绪能力家庭指导课程。

（1）专家报告

学校每学年会面向一年级新生家长进行"儿童情绪能力培养"的通识讲座，一方面让家长知晓学校即将对学生实施的情绪课程的重要意义，另一方面是让家长签署同意开展情绪能力测试的协议。这也拉开了每一届"美丽家长"培训指导的序幕。

（2）名师网课

除了充分利用好"家长成长课堂"网络平台的资源，学校也会推送各种专业渠道的网上学习信息，更会聘请专家有针对性地录制讲座视频，并通过学校公众号、在线授课平台等组织家长们学习、交流。疫情期间，我们邀请复旦大学心理系教授录制了一系列"大咖小课"——5分钟情绪讲座，得到了广大家长的点赞。家长借助专家建议，通过和孩子"共情"，妥善处理了亲子间的矛盾，缓解了孩子负面的情绪。

（3）教子沙龙

"教子沙龙"是自主参与型的学习组织。大家经常围绕一些教育热点展开交流分享，活动形式也更多样：有和专家面对面的讲座咨询会；有家长和家长面对面的经验交流会、热点话题座谈会；也有多位家长亮观点、教师点评、其他家长互动的论坛会……

（4）学习指南

在家长开放活动日，学校会安排心理活动课展示，让家长参与一堂情绪课。课后老师会就家庭环境中如何延续课程活动，结合手册上的"开心一刻"、"亲子共读"板块给予说明和指导。目的是让家长通过观摩老师的教学、观察孩子的反应来加深对情绪课程的认知，感受开展情绪教育的意义，同时学习情绪辅导的方法，进而更好地运用到家庭教育中去。

2."小青苗"亲子社区

有了本体性知识，并不意味着家长在解决相关情绪问题上能够游刃有余。基于此，我们借助"小青苗"亲子社区，让家长陪伴孩子，与孩子共同体验和感悟成长，进而帮助家长习得有效培养情绪能力的方法，实现学生情绪能力提升的家校协同。

学生成长档案的整理过程也是一次很有意义的亲子陪伴过程，将孩子一学期来积累的各种评价表、记录表一一呈现，家长和孩子此时的心情一定是五味杂陈，此起彼伏，这也是对情绪管理一次很好的训练。我们会在每学期给到家长的"成长档案整理建议"中提示家长，关注孩子在面对评价时所表现出来的情绪状态（激动、尴尬、害怕……），学会用共情来倾听孩子对评价的感受，心平气和地鼓励孩子进步；并提醒孩子用情绪课上学过的方法缓解情绪，以及要求家长管理好自己的情绪。

3."小摇篮"合作项目

根据手册上推荐的情绪绘本，家长走上讲台给孩子们讲故事，同时也和更多的孩子交流，倾听更广泛的儿童群体的心声。往往当孩子面对的不是自己的爸爸妈妈、不是老师时，就更能吐露真实的想法；往往家长面对的不是自己的孩子，就更能倾听和换个角度思考问题。学校给了家长一个读懂孩子的机会，家长们也给了学校一次又一次的惊喜……

一位"故事妈妈"的感悟："……我能从孩子们对故事的反馈中理解这个年龄的孩子最真实的想法和心情。我想我的宝贝应该也是一样的！"

（四）建构支持保障——牵手式多向度

为了完善家庭教育网络体系，形成全体参与、条线分明、专项负责、骨干引领的家庭教育工作格局，学校建立"三线并举、协同互通"的"牵手式"家庭教育工作机制，成立了由学校牵头、家委会协调、社区参与的工作领导组。从家庭教育指导服务工作、家庭教育参与监督工作、家庭教育资源保障工作等方面加强协调配合与相互促进，创新我校家庭教育工作的新模式。

同时我校也形成由专家、分管负责人、核心骨干教师、家长代表等组成的学校家庭教育指导工作队伍，定期开展家庭教育指导和研修工作。这种"'牵手式'工作网络＋多向度"家庭教育指导师资队伍，支撑了"美丽家长计划"从思路到设计、再到实施与优化的全过程。

三、结语

如今，情绪问题成了学校与家庭不得不直面的难题，而对家长情绪与儿童情绪之间关系的思考亦成为必然。成长，不仅仅是孩子的事情，而是学校、家庭、社会应当共同承担起的责任。对父母来说，不是简单地教育孩子，更是家长对自身的教育。对学校来说，不是仅仅面对孩子，还有孩子们背后支持他长大的家庭。

通过"美丽家长计划"的开展，将家庭教育整合并融入学校特色课程，父母和孩子之间会有更高质量的陪伴，每一个家庭能找到发展和谐亲子关系的方法，连通起每一个家庭成员的心路。学校也能在此过程中积极探索协同育人的新路径，真正让家庭教育成为学校教育最有力的支持系统，让家长成为学校教育的有力支撑，让情绪美丽的家长培养性格可爱的孩子。

（上海市杨浦区杨浦小学　赵静菡）

案例评析

　　社会与情感能力中的"社会"，是指人际交往的环境、领域，情感在各种各样的"社会"领域中发生发展。社会既为情感发展提供了必要的"场域"、"领域"、"土壤"，也对情感提出了"规范性"的要求，即并非所有的情感都值得提倡和值得同等对待，要追问和反思在不同的社会情境下，什么样的情感才是正当的、平衡的、稳妥的，最上位的规范性审视是道德审视。所谓"路径选择"，就是指从不同的社会领域来看，在该社会领域应该培养什么样的情感能力以及如何培养，或者说，经由此种路径、领域，能够为社会与情感能力培养做出何种贡献。社会领域，大至家庭、学校、社区和整个社会，小至班级、课堂、开展的具体活动，均构成了学生社会与情感能力发展的社会生态环境，这些环境既对交往主体有特定的情感要求，也为交往主体敞开了一定创造性、个性化空间。

　　从生态学视角来看，学生所处的班级、课堂、学校、家庭、社区，甚至整个社会都属于生态系统中的重要组成部分。生态学理论指出，生态系统是一个统一体，是由一定空间内生存的生物及其环境相互作用所构成的。[①] 其主要包含三个基本要素，即主体、环境和关系。由此，教育生态系统主要包含教育主体、教育环境和教育主体与教育环境之间的关系，三者之间相互联系，相互作用。就布朗弗布伦纳所提出的生态系统理论来看，儿童所处的生态系统可分为 4 个不同的层次：[②] 微观系统、中间系统、外部系统和宏观系统。个体的发展就是不断生长变化的有机体在其所处的环境中不断适应的过程。

　　当前许多国家和组织已立足于个体的发展环境，开展了丰富的教育实践来培养和发展学生的社会与情感能力。美国的 CASEL 组织基于长期研究实践指出，对社会情感学习最好的实践是课堂教学，同时强调学校、家长和社区的整体互动。英国开展的"社会情感学习"项目则采用了整校推进、课堂教学和教师专业发展三项策略，为学生社会情感能力提升创造支持性的系统环境氛围。OECD 也对社会和情感技能的提升途径进行了深入研究，认为可以通过改善学习环境、开展干预项目来促进学生社会与情感能力的发展。具体而言，美国 CASEL 组织指出，发展社会情感能力的有效途径主要包含如下：[③]第一，通过独立课程直接教授社会情感能力，这是最为直接且最为被接受的一种方式；第二，通过学科融合，将社会情感学习的相关内容

---

① 范国睿. 教育生态学[M]. 北京：人民教育出版社，2000：21—22.
② 范国睿. 教育生态学[M]. 北京：人民教育出版社，2000：11.
③ 朱锐锐. 美国 CASEL 组织：为社会情感学习落实提供可行之策[J]. 上海教育，2021(26)：48—50.

融入到学术课程中；第三，将社会情感学习融入日常实践，以创造支持性的社会情感学习环境。新加坡作为最早开设社会情感学习项目的国家，通过在学校设立公民与道德教育课程发展社会情感能力，并通过文化传递法、设身处地考虑法、价值澄清法、认知发展法、叙事法、行动学习法助力课程实施。英国首先在小学通过社会情感学习项目改善学校专业人员的专业素养、学校环境、课程材料等，随后在中学阶段推进，主要侧重学校工作人员专业发展、全校参与，为学生引进教学资源，向额外需求的干预小组提供资源。可以发现，不同国家和组织经实践研究提供的培养策略与方法各有特色，但也存在着共同之处：一是将社会情感能力课程与学科课程相结合；二是建立支持性的社会情感学习环境；三是在项目和活动中发展学生的社会与情感技能。

我国的社会与情感能力研究起步较晚，主要借鉴西方的理论和实践成果来推动我国学生的社会与情感能力发展，但也已取得了一定的成果，并展现出旺盛的学术活力，逐步脱离纯粹的思辨研究，从工具建构、模型搭建、机制探寻等多个方面入手展开实证研究，为该领域的深入研究提供了评估工具、方法策略与实践指引。需要指出的是，研究结果的移植效果存在不确定因素，不同的话语和文化都有可能影响概念与内涵的建构，也可能导致改进策略和干预技术的效果差异，因此，需要慎重借鉴国外研究成果。

教育，就是要立足于当前的社会环境、青少年成长过程中的社会领域、环境，审视其对青少年的情感要求，充分利用其特有的资源和条件，提升青少年的社会与情感能力。本组案例展示了在家校社协同育人、阅读和写作课、道德与法治课、劳动实践项目、心理活动等育人途径中如何进行社会与情感能力培养。

《"共情式"阅读：语文教学中的情感培养》，把"共情式"阅读理念引入到语文阅读教学中，旨在引导学生深入文本，体验作者的情感变化，从而引发情感共鸣，达到深层理解文本及培养学生共情能力的目的。作者从深入研读教材、品读关键词句、合理利用资源、创设情境体验、投入感情朗读等角度探索了"共情式"阅读的有效策略。

《"认识我的社区"：社会情感能力提升的家校社协同路径》，设计了"认识我的社区"这一活动，该活动以孩子为中心，以学校教育带动家庭教育与社会教育，通过家校社协同育人，让学生们发现社区生活中亟待解决的问题并探究其解决方法，提升其综合性的社会与情感能力，帮助学生"负责任地决策"。

《农村学校如何应对校园霸凌："三位一体"的社会与情感能力路径》，农村校园霸凌的发生主要是因为霸凌者缺乏自控能力和包容度，所以有必要对霸凌者进行社会与情感能力的培养，帮助他们学会管理自我情绪、学会对他人具有同理心、学会与人交际。针对这一现象，学校深入挖掘霸凌事件后面暴露的学生社会与情感能力培养的短板和缺失，提出了家庭、学校、社会三位一体的机制和路径，取得了一定的成效。

《参与班级管理：提升学生的社会情感能力》，展示了小F想做班长、做了班长和做好班长的经历，从中可以看出构建班委会、让更多学生参与班级管理，是促使学生超越自我为中心、全方位提升社会情感能力的重要途径。同时，班委的选拔不必拘泥于"有经验"、"学习好"的传统做法，应该给其他学生机会，让每一位同学都体会到被悦纳、被尊重、被赏识、被信任的感觉。

《"操场大变身"：指向学生社会与情感能力培养的劳动实践项目》，探索了如何通过劳动实践提升学生的自信心和自我效能感，培养人际交往和协作等社会与情感能力。学校不断升级劳动项目的版本，专门设计了"操场大变身"校本化劳动项目，注重劳动的情境性、项目化、实践性、差异化、持续性，提出了"以劳育情"的新思路。

《"趣说情绪"：小学心理主题活动整体设计》，探索了如何通过系列心理活动，提升学生的情绪调节能力。该活动以情绪调节为主线和核心，根据不同年级学生的年龄特点，分别从情绪认知调节、情绪行为调节和情绪体验调节三个方面设计了形式多样的心理活动。同时，将心理活动与学校各项育人工作有机结合，开展对教师和家长的情绪指导科普宣传，共同营造有利于情绪调节的良好氛围。

《发现平凡人之美：语文教学中的情感教育》，通过《平凡的美丽》写作教学，呈现了如何让学生在平凡中发现、感受、表现普通人的情感和美丽，既培养了学生写作能力——有情感支撑的文章具有打动人心的力量，同时也培养了学生的情感敏锐性、共情能力、关爱之心。语文写作也是培养社会与情感能力的重要路径。

《在集体中成长：指向社会情感能力培养的课堂教学设计》，基于道德与法治《在集体中成长》一课的相关内容，结合学校义卖活动，从社会情感能力培养的角度出发进行教学设计，借助项目化学习开展教学，深化学生对集体的认识，培养了主人翁意识，提高社会与情感能力。

《美丽情绪：美丽家长计划》，旨在通过"美丽家长计划"，提高家长的社会与情感能力和家长的教育指导能力。学校编写了《情绪能力培养家庭教育指导手册》，建构了"小脚丫"家长课堂、"小青苗"亲子社区、"小摇篮"合作项目等三个运行载体，将家庭教育融入学校特色课程，真正让家庭教育成为学校教育最有力的支持系统。

第六编／

工具策略：

行之有效的方法与技术

绘画艺术疗法：情绪的有效调节剂

儿童的绘画作品是儿童心理状态和个人特点的重要体现，对于儿童、青少年的心理治疗具有重要作用。从实践应用来看，绘画艺术疗法的治疗效果相当可观，在积极评估、情绪调节、增进人际关系、促进自我认知等方面存在重要价值。值得一提的是，该过程中的绘画活动不注重绘画技巧，强调接纳作品，重视学生的绘画表达过程。我将以个体辅导案例和团体辅导案例来说明绘画艺术疗法对情绪的调节作用。

一、个别辅导

经心理健康诊断测验（Mental Health Test，以下简称 MHT）与前期访谈，明确学生的心理健康状态后，我尝试使用绘画活动对学生进行了情绪调节。具体而言，我共接待了五位来访学生。

（一）来访学生 A：五年级，男生

来访学生 A 即将升学，学习压力较大。在 MHT 结果中，学习焦虑一项显示得 8 分（高分）。学生 A 对学校学科测验有恐惧心理，自我效能感较低，存在学习焦虑情绪，对学习压力的处理存在困难。

在对来访学生 A 的个别辅导中，我参考了《考试压力那些事》，将绘画主题定为"我与学习"，引导他用绘画形式将"学习压力"这个抽象概念具体化、形象化。A 将学习压力绘画成一个"小恶魔"的样子，再把自己画到"小恶魔"的身边，通过绘画呈现自己与学习的关系，还在"小恶魔"周围画出了同学、家人、教师等形象。见此，我告诉小 A，良好的人际关系可以帮助他与"小恶魔"相处，甚至打败"小恶魔"，还引导他通过听音乐、运动、吃东西等方式转移注意力，放松心情。

在 MHT 结果中，小 A 除了存在学习焦虑，还存在一定的自责倾向，即怀疑自己的能力，自我效能感不足。为此，根据心理学家韦纳提出的成功归因论，我进一步引导小 A 绘制"学习归因"，思考并画出影响学习成绩的六大因素：努力程度、能力高低、任务难度、运气好坏、外界环境、身心状况。小 A 画下了自己的头像、灯泡、书本、骰子、草地、人体和爱心，分别代表以上六大因素。在此过程中，我告诉小 A 只有自

身的努力程度是可控的,其他因素均不可控。如果努力了,学习成绩还是不理想,毋需过度自责。在我的指导下,小 A 一一划去不可控因素,不断加强自我认识,坚定了努力学习的信心和动力。

(二) 来访学生 B:四年级,男生

来访学生 B 情绪波动较大,频繁出现打同伴的行为。MHT 报告显示,小 B 的冲动倾向分值较高,为 12 分。

在对小 B 进行辅导的过程中,我首先制定了"我与朋友"这个主题。从交流中,我获取到以下信息:小 B 喜欢以打闹的方式与朋友相处,但容易因行为失当而造成彼此情绪过激。为此,我判断小 B 需要增强行为控制能力与调节情绪能力。

在进一步辅导中,我使用了"情绪选择披萨"主题,其原型来自美国心理学家简·尼尔森的书籍《正面管教》及《苏菲的愤怒选择论》,书中认为只有孩子在自己冷静下来,能够恢复到理性思考状态的时候,才能真正专注于解决问题。在辅导过程中,我有意观察了小 B 辨识情绪的能力,发现他在自己有情绪的时候,较难关注到他人的情绪。于是,我邀请小 B 和我一起头脑风暴,思考当生活、学习中遇到冲突或者问题时,可以用哪些办法让自己冷静下来。然后,我让小 B 将解决方案绘制到了"选择披萨"上:吃点心(重复两次)、去外面游泳、骑平衡车(重复两次)、写作业、去外面散步。我与小 B 约定,当他遇到冲突或者感到生气时,可以拿出"选择披萨",在执行指定内容后,有意识地让自己冷静下来。经过 2 个月的辅导,小 B 情绪管理能力有了一定的提高,同伴关系明显好转。

(三) 来访学生 C:四年级,女生

来访学生 C 的 MHT 报告结果中,对人焦虑一项显示为 9 分(高分),人际关系较为紧张。她生活在重组家庭,平时生活中缺少关爱。在学校时,缺少纪律观念,与同伴和教师交往存在困难,认为他人对自己很严厉,不愿意积极面对。我引导她绘制"一件重要的事",了解她对人际关系的看法。

该生的绘画作品颜色鲜艳,图案美丽,画面丰富。在辅导中,她画出了几个画面:摔倒了,朋友搀扶她;教师教她题目很多遍,依然不厌其烦;自己懒懒的,但他人也会原谅自己。可以看出,小 C 对美好的人物品质充满向往,她喜欢拥有包容特征的朋友,同时对自己的缺点有一定的认识。对当前不喜欢的教师和同学依然充满期待。

看到小 C 对于人际关系如此重视,我告诉小 C,人际关系是相互的,引导她在绘画中思考自己对他人来说是否有帮助或价值,提高她对人际交往技巧的掌握与运用能力。指导她在获得帮助后,向他人表示感谢;在他人需要帮助的时候,愿意主动提供帮助;做好自己的分内之事,帮他人减轻负担……自此,我发现小 C 与他人的相处和谐了许多,不少老师和同学也向她表示了赞扬。

（四）来访学生 D：四年级，女生

来访学生 D 的 MHT 结果中，身体症状一项为显性。该生的父母长期分居，对她缺少关心。虽然她与父亲一起生活，但父亲总是请司机接送，父女之间交流较少，与母亲更是长时间没有见面。学生 D 的情感缺失逐步发酵为身体不适，伴随呕吐感，症状持续了一个月，送医后诊断为无器质性病变。经班主任推荐，小 D 来到心理咨询室寻求帮助。

为缓解小 D 的身体不适，我尝试转移她的注意力，邀请她成为心理室的小助手，为同学们发放心理室活动的邀请卡。经过 1 个月的工作协助，我与小 D 的信任关系建立良好。正式辅导过程中，我为她提供的绘画主题是"安全岛"。安全岛的绘制可以使心理放松，可以缓解生活中由种种变化带来的压力。小 D 绘制了一个爸爸，一个妈妈，两者相距甚远。在显眼的地方，有一个自己，可同时看到爸爸和妈妈。

通过绘画，我了解到了小 D 的压力来源，她的身体不适来源于希望引发家长关心的潜意识。小 D 的父母正在商量离婚之事，她不希望父母离婚，便故借身体不适来拖延父母办理离婚手续的进程。我引导小 D 意识到，父母分开可能只是他们之间的一种生活方式，即使分开了，他们依然可以在她需要的时候出现。无论他们的关系怎么变，他们依然爱着自己的孩子，从而使小 D 认识到她所绘制的安全岛在现实中其实一直存在。

（五）来访学生 E：二年级，女生

来访学生 E 的父亲有暴力行为，给家庭成员带来了较大的心理伤害。学生 E 内心缺乏安全感，在与同学特别是男同学的交往中存在敌意、态度强硬。她会因父亲的行为感到委屈、难受，但不敢轻易落泪，同时存在睡眠较差、做噩梦的情况。

我使用消解噩梦的绘画活动——"噩梦，我不怕"对该生加以引导。绘画活动过程首先是将一张纸对折，在左侧画出自己曾经做过的噩梦，再发挥想象，继续创作，在画纸的右侧画出战胜恐惧的续篇。通过"再度虚构"的方式来消解噩梦造成的心理阴影、摆脱恐惧。

整个辅导过程的节奏较为缓慢，小 E 的噩梦内容为被蛇缠绕全身，不知如何挣脱。消解噩梦的用时比较久，我在辅导中适当提示小 E 可以增加道具和角色，这激发了小 E 的灵感，她画出了以下画面：天上突然打雷把蛇吓了一跳，她趁此机会，赶紧挣脱了束缚。小 E 通过"噩梦，我不怕"绘画活动，意识到事情不会一直糟糕下去，很可能会出现转机，同时也可以求助他人，主动改变现状，逐步增强了自己正视暴力的勇气。

二、团体辅导

2022 年 3 月至 6 月疫情隔离期间，大众的主流情绪表现为担忧、恐惧和愤怒。

小学生作为身心发展尚未成熟的特殊群体，是心理应激反应的易感人群，出现了负面情绪累积、同伴交往受限、学习难以适应等问题。基于此，我开启了团体辅导活动以调整学生的心理状态。

(一) 心情天气图鉴

我向全校学生发起了"超级玩家·心情天气图鉴"活动，引导学生在绘画活动中体察自身情绪，并将其表达出来。学生通过选择与制作天气图片卡，尝试觉察情绪、认识情绪，并通过言语描述和倾听，尝试表达自身情绪，感受他人情绪。学生们灵活运用不同天气描绘着不同的心情，感受着自己的心理变化，享受着肆意挥墨的过程，极大地舒缓了长期积累的负面情绪。

(二) "绘画＋"心理活动

我还为部分学生开设了线上团体绘画活动，运用共享屏幕、互动批注等功能实现了人际关系的互动、情绪情感的表达。活动内容有命题绘画、任务绘画和抢答绘画。命题绘画的主题有种菜高手和美食达人。这两个词汇由学生自行推选而出，侧面反映了疫情期间学生对隔离生活的理解和积极乐观的生活方式。任务绘画考验的是学生之间的默契，让学生组队，根据所给关键词（数量、颜色、物品）进行配合绘画。该活动具有较强的互动性，较容易调动学生的积极情绪，获得人际交往的快乐体验。抢答绘画富有趣味性的同时，也存在竞争性。在活动中，需要特别注意观察学生的情绪变化，这一活动受到了学生的广泛认可和喜爱。

三、回顾总结

经辅导发现，学生对绘画艺术疗法接受度很高。部分学生一开始怯于绘画，但经沟通逐渐愿意尝试。他们的绘画作品有一定的逻辑性、可读性和美感，充满着丰富的想象力。绘画艺术让心理辅导变得有趣生动，让辅导资料得以良好保存。

就我个人而言，作为心理辅导老师，通过观察学生的绘画过程及绘画成果，我能够更直观地了解到学生对自己的认识、对他人的看法、对事物的态度。我认为，绘画作为一种艺术疗法，在潜移默化中促进了咨访关系，推动了心理辅导工作的顺利开展。

此外，辅导之初，来访学生在心理健康诊断测验量表中至少有一项指标异常。而经过辅以绘画艺术疗法的心理辅导，学生在情绪管理、创伤疗愈、自我完善、社会技能掌握、环境适应等方面有相应程度的进步，可以说，绘画艺术疗法能够有效地促进学生社会与情感能力的发展。

绘画艺术疗法是一种简单而有效的情绪调节方式，它可以帮助学生释放压力，减轻情绪负担,增强自我认知和情感表达能力。通过绘画,我们可以将内心的情感转化为形象的艺术作品,从而达到情绪自愈的效果。我在日常心理健康教育工作中将深入探索绘画艺术疗法,让它持续成为我们情绪的有效调节剂。

(上海市华东师范大学附属小学　陈靓)

教育戏剧：打开情绪互动之窗

济南市经纶小学的追风中队在一次班干部竞选中遇到了棘手问题,教师通过《新龟兔赛跑》戏剧表演的形式,为学生创造了一个安全、自由的表达协商环境,潜移默化地影响了学生情感能力的发展。班级中的每个同学都在表演中打开心扉,学会了换位思考、协商冲突与合理表达自己的观点。

一、教育戏剧创意的缘起:高年级班干部竞选的新难题

经纶小学 2018 级四班是一个重视在班级管理中培养学生自主管理意识和能力的班级,通过实行班级岗位轮换制,提高学生的自我管理能力。然而,在一次"传统"的班干部竞选活动中,新的问题暴露出来。竞选开始前,部分学生开始私下拉票,有的用"小零食"收买"选民",有的甚至承诺利用自己"小组长"的职权,放松对组员的作业上交要求来贿赂"选民"。竞选结束后,没有竞选成功的孩子明显没了劲头,从学习到班级生活,各方面退步明显,并持续了一周以上。还有学生觉得其他同学在议论自己,可能还在暗地里嘲笑自己的失败。为了让学生正确认识竞争、合作与公平,帮助学生在感悟中提高处理各种社会情境问题的能力,教育戏剧成为一个可供探索的选项。

二、《新龟兔赛跑》的立意、实施与效果

(一) 立意:为什么选择改编《龟兔赛跑》

教育戏剧相关理论说明,情境是学生主动深入问题、事件、情况的动力,只有当学生以戏剧为媒介找到个人生活和角色生活之间的联系,在角色中找到彼此联系的方法,才有可能产生真正的兴趣或投入感。《龟兔赛跑》中的哲理有助于启发学生正确看待竞争和成败。

(二) 实施:一个没有结局的故事大纲

如何将面对的问题寓教于"剧",引发学生的情感体验,帮助学生建构真实的情

感世界,需要精心策划剧情。建立戏剧活动情节的过程包括戏剧情节导入、戏剧情节扩展、戏剧情节串联三个阶段。

1. 情节导入

旁白:很久以前,森林村的乌龟和兔子举行了一场家喻户晓的比赛,结果兔子输了,因为他过于骄傲,竟然在比赛的路上睡着了。等他一觉醒来,比赛结束了,乌龟取得了胜利。一天天一年年,兔子老了,当他回想自己的一生,想到兔子家族跑步健将的名声竟毁在了自己的手上,他感到悲愤交加。这时,他想到了自己的孩子——小兔子,"诶? 虽然我老了,但我有孩子呀!"想到这里,他把小兔子叫到了身边……

2. 情节扩展及串联

由于情节是随着排练创编生成的,因此,后续情节以设计的引导提问为抓手,在学生的参与下一步步推进完整剧情。

【第一幕】:老兔子和小兔子的对话

老兔子对小兔子说……

小兔子听了老兔子的话,心里想……

(对话由两位扮演者自由创编。老兔子希望小兔子能替他向乌龟家族再次发起挑战,为兔子家族挽回颜面,而小兔子却犹豫了。)

【第二幕】:小兔子的决定——下战书

小兔子明白了爸爸的心意,但他的心里五味杂陈……

小兔子的内心独白(聚光灯打在小兔子头顶,非常安静):……

(由小兔子扮演者自由创编。小兔子既相信自己的跑步技术,又担心输掉比赛爸爸会失望,村里人也会嘲笑他。)

小兔子做出了一个艰难的决定——下战书……

(引导小兔子思考,是否发起挑战,怎样发起挑战。适时采访全体同学,作为村民,听到这样的消息有何感受?)

【第三幕】:老乌龟和小乌龟的对话

老乌龟听到了小兔子要向乌龟家族发起挑战的消息,他想……

老乌龟把小乌龟叫到身边,对他说……

小乌龟对父亲说……

(对话由扮演者自由创编。)

【第四幕】:小乌龟接受挑战

小乌龟的内心独白(聚光灯打在小乌龟头顶,非常安静):……

(由小乌龟扮演者自由创编。同时适时引导全体学生思考:在我们面对巨大压力的时候,可以怎么做?)

【第五幕】:村里的风言风语

为了准备这次比赛，小乌龟马不停蹄地开始训练，他换上了运动装备，开始围着村子练习跑步。村里人都听说了兔子的挑战，看到训练中的小乌龟，大家三五成群地讨论着，不久，很多风言风语就传到了小乌龟的耳朵里。村民A：……村民B：……村民C：……村民D：……

（由村民扮演者自由创编，引导出不同的看法。）

小兔子得知小乌龟接受了挑战并已经投入训练，也开始了自己的强化突击训练。同样，各种对他的讨论也萦绕在了耳边……

（由村民扮演者自由创编，这次村民自然生成了两大阵营：有的鼓励，有的嘲笑。）

【第六幕】：比赛前日的嘱托

比赛前日，老乌龟对小乌龟说……

比赛前日，老兔子对小兔子说……

【第七幕】：比赛日到来

站在起跑线前，小兔子心里想……小乌龟心里想……

（通过学生讨论，探讨不同结果的出现，最后没有得到统一结局。）

【第八幕】：颁奖典礼

比赛落下了帷幕，村长发言……

(三) 效果：可见的社会情感能力提升

1. 情绪调节能力的提升

教育戏剧对情绪调节能力的促进是最为直接和显著的，具体实施中主要体现在以下两个方面：

一是教育戏剧为学生提供了通过角色探索自我感受的空间。

在《新龟兔赛跑》中，老师除了扮演旁白、交代剧情进展外，最重要的功能就是引导角色体会自身感受。更多时候我们会发现，无须引导，当学生被赋予角色的一瞬间，他们就瞬间"入戏"了。

比如，在第一幕中，老师追问已经代入到小兔子角色的同学："当爸爸说，'爸爸当年虽然输了，但我觉得你能赢'的时候，你有什么感觉吗？"

学生说："嗯……我有点觉得，爸爸都完不成的事儿，为什么我就一定能胜利，说不准我也会失败呢……"

"为什么呢？"

"大家都知道兔子曾经输给过乌龟，我也没有真的战胜过乌龟，所以挺担心的。"

通过角色体验，学生承认了自己在面对竞争时忐忑不安的心情，真实体验角色的感受，其实也是面对并且选择方式表达自己的情绪。

二是可以通过教育戏剧创设有压力的情境，让学生模拟探索如何排解压力。

在第五幕中,扮演村民的孩子们指着"小乌龟"七嘴八舌地嘲讽他,扮演小乌龟的小演员由站立着,到蜷着背,再到蹲下。最后,在村民们此起彼伏、越来越带劲的批评声中,小乌龟的扮演者竟抱着自己的膝盖缩成了一团。我赶紧暂停排练,走到他的身边。当我把他扶起来时,发现他竟然已经红了眼眶。

于是,我们开始了对这一环节剧情的讨论:

"大家有没有经历过这样的时刻,周围的人对你的议论和评价就像紧箍咒一样紧紧围绕着你?"

学生们一下打开了话匣子,有的表示寒假家里的亲戚朋友问她期末考试成绩时,感觉自己就像小乌龟一样,压力很大,也有学生说自己有一次钢琴比赛前压力很大。

"大家觉得小乌龟该怎么应对这些声音呢?"

"也许……"一个孩子有点怯生生地说,"也可能不是所有人都觉得小乌龟不行呢。"

"特别感谢你的想法,老师也觉得很有可能,那么请认为小乌龟可能会胜利的同学上台对小乌龟说点什么吧!"

于是又有很多同学上台,围绕着"小乌龟",对他表达支持和鼓励。

在这种互动中,我问小乌龟扮演者有何感受,他认为别人的信任让他有面对压力的勇气了。

2. 交往能力和协作能力

从角色分配到剧情生成、串联,无一不锻炼学生的交往和协作能力。在设定的情境中,学生们不仅要对自己的角色有信念感,还要充分信任对方,在互动中合作。另外,当我邀请全体同学为角色设计制作服装时,没有角色安排的同学主动要求提供服装。无论是交往能力还是协作能力,其基础仍然是情绪情感能力,并且交往协作能力只能在真实的集体活动中得以体现,而教育戏剧的形式本身就为学生交往协作能力的提高提供了很好的平台。

三、教育戏剧提高社会情感能力的途径

(一)角色体验:在情境中自由再现

老师设计适宜情境,寻找适合学生代入角色的身份,引导学生进行事件重演或者自由创编。学生需要以自己的观察、经验或想象,模拟扮演某一个特定情境下的角色,表现角色的人物性格、思想感情等,从而体会角色所处的情境或问题。在《新龟兔赛跑》中,无论是两代龟兔,还是村民、村长,每个角色都给了孩子充分体验的空间,角色体验本身就是孩子情感能力发展的根基。

（二）角色创造：在合作中主动建构

每个参与者都需要带着角色身份进行思考，角色扮演不完全是对角色的复制，更有对角色的生成，需要参与者在创造中加入自己的生活经验，加入自己的理想模型，加入自己的观点，在与其他角色的对话和互动中完成自我的建构，包括肢体语言的建构。例如老乌龟的扮演者是一位小个子男孩，在这一角色的创造中，毋需指导，他主动构造了一个佝偻着身子、沙哑着声音的年迈老乌龟形象，博得了全班同学的赞赏，这种自发的形象建构也促进了他与其他角色的互动。

（三）角色互换：培养同理心和共情力

角色互换是指教育戏剧的参与者需要扮演不同的角色。在戏剧的核心冲突——小兔子和小乌龟面对村民的议论这一片段中，村民的扮演者是没有固定演员的。在实际的排演过程中，发现有"村民"在支持小兔子、嘲笑小兔子、支持小乌龟、嘲笑小乌龟的阵营中随意切换，主动参演。在角色互换中会产生角色的表现差异，形成不同的人物关系，这能帮助学生培养同理心和共情能力，从而建构起自我与他人的关系。

（四）自我反思：价值观的确立与提升

在面对这场比赛的压力和面对结果的忐忑中，除了引导学生深刻感受各角色的情感，老师还采用采访观众的方式让每位学生都有参与反思的机会。此外，老师还引导小组内成员互相交流，于他人的启发中反思自我，帮助学生暂时从表演中抽离出来，对角色进行深入思考。出戏和入戏都是为了帮助学生走近事件，探索事件中人的境遇。通过这样的反思，孩子们开始关注生活，关注周围的人群，对生活充满了热爱和思考。

四、结语

《新龟兔赛跑》使我意识到教室变成剧场的魔力。这一次教育戏剧实施于追风中队，就像打开了一扇充满魔力的大门。在教育戏剧中，学生主动选择角色，从角色的不同背景、不同角度出发，在老师和同伴的协助下，主动地进行体悟、创造，建构起角色对现实世界的意义。教室变为剧场，打破舞台上下的界限；学生集观、演、编于一身；老师变为主持人，调节气氛，调动力量，起到判断、穿插、引导的作用。教育戏剧使构建人人参与的学习共同体、于无声中提高孩子们的社会情感能力成为了可能。

（济南市市中区经纬小学　　杨雅琳）

教育问诊技术：重建班级社会情感能力的教学实践

任何一个班集体都是在所有学科教师的共同努力下，以班主任为主导，基于各个学生家庭教育结果基础上完成班级建设，而这种班级建设的实质就是班级学生个体和班集体的社会情感建构与完善。班级社会情感能力缺失或不完善，班级管理难度就会增加，班级秩序和课堂学习容易出现混乱，班内学生也会陆续出现各种成长问题。

教师面对班级时，首先要整体感知该班教育教学现状，做出初步"诊断"，继而给出精准的应对策略，以完善班级社会情感能力的建构。这一过程就如同医生问诊一样，需要教师具备教育问诊技术，即教育"问诊"和教育"治疗"的能力。本文将结合实践案例介绍以教育问诊技术完善学生和班级社会情感能力教育的规范流程。

一、问题输入——症状呈现与评估

（一）面临问题

开学接手了一个新班级的体育课，笔者发现该班集体社会情感能力构建效果非常差，班级内大量学生社会情感能力缺失，抱怨、指责、冷漠等负面情绪严重，争吵和动手随时发生，他们从不找教师寻求帮助或因教师在场有所收敛。除班主任外，学生不尊重其他任课教师，很多教师也"识趣"地不再对班级学生进行教育引导。班级中学生三五一组，相互对抗，"强势者"欺负"弱势者"，"弱势者"利用小礼物或奖励卡交付"保护费"攀附强者，求得自己不被欺负，甚至还会欺负其他"弱势者"。班干部及优生对班里的情况冷眼旁观，起不到榜样引领作用。家校沟通不畅，大部分家长认为班主任没能力或对待班级不负责，孩子一有问题，就认为是学校和老师管理不力。

体育学科内含游戏化属性、感性体验形式和知行合一逻辑，使得体育教师、体育课堂和体育活动对学生个体及班集体社会情感能力培养具有巨大优势。对班级过往体育教师和体育课堂进行了解，有助于掌握班级学生社会情感能力的培养状况。经调查发现，该班的前两任体育教师并没有借助体育课堂建构学生和班集体基本的社会情感能力，使得学生两年校园生活社会情感观念缺失。

(二) 典型事件突出典型学生

在一次体育课上，小腾与比他高一头的小天发生矛盾，鉴于小腾属于"强势者"组织成员，小天当即认怂，小腾对小天进行"谈话教育"，用手薅着小天头发，持续发泄自己情绪，小天一边忍着被薅头发的疼痛，还要屈膝弯腰以适应小腾的身高。笔者发现后上前制止，并告诫小腾，他的行为涉嫌校园欺凌，后果非常严重。由小腾的反应可以确定他先前并没有意识到自己行为的恶劣，只是习惯了班里其他学生与小天发生冲突时都是如此处理，甚至小天自己也习惯了。笔者的介入对小天触动很大，他开始偷偷关注教师，并渴望与教师交流。

小怀是一个品学兼优的学生，但性格内向，爸爸工作繁忙，妈妈身体不好，家庭教育质量不高，小怀基本不与家长做任何学校发生事情的交流。一节接力跑的体育课上，小怀被五六个学生集体排斥，五六个学生每一个跑完之后，都迅速回到队伍中排队，前胸贴后背，连成一串，绝不让小怀站到队伍中。小怀一气之下，情绪崩溃，疯狂地冲向操场一角，嚎啕大哭。笔者随即走到他跟前，请他相信教师会有公正的处理结果。随后，将小怀强势地插到那五六个同学中间。然而，让笔者意外的是，有个平时"乖巧"的学生明确告知他们是一伙的，而且有很多人都是他们一伙的，小怀不可能被接纳。随后在交接棒时，前一个学生故意将传给小怀的接力棒扔到地上，当小怀低头去捡时，队伍中的五六个学生立即开始用脚拖动接力棒，相互配合，不让小怀捡到接力棒，最终小怀无奈地看向笔者，笔者告诉他，强大是需要一个过程的，他的问题只有自己强大才能解决，但在此之前，他要做好自己。

机缘巧合，在一次朋友聚会上，笔者认识了小怀的家长，并从其口中得知了部分家长对班级、学生、班主任和学科教师的主观评价，同时确认班级内非正式群体普遍存在。交流中笔者还借机了解了班级家长的层次组成，为确定改变学生的教育策略做好准备。除此之外，班里还有多个学生需要关注，如一惹就崩的小羿，"社会人"小鑫，内心"阴暗"的小瑜等，限于篇幅，不再展开。

二、问诊决策，开具处方——教育问诊技术的结构剖析

(一) 问诊

问诊具体分为两部分：第一部分是对学生个体的信息搜集，包括学生性格、学习状况、班内好友组成、家庭情况（如父母职业、学历、情感状况、是否独生子女和陪伴时间质量等）、班风、班主任情况等。全面充分地了解学生和班级，有助于提高教师"治疗"决策的有效性和时效性，有助于巩固教育效果。第二部分是教师与学生和班集体的认知与情感建立共识链接，教师需要尽快让学生了解教师自己的风格和品

格,获取学生们的情感信任,争取与大部分同学建立同盟关系。随着教学开展和家校沟通的深入,教师必然与家长、学生迅速建立情感链接,要知道社会情感教育绝不是单纯的认知覆盖,而是情感共勉,教师需要用自己的情感引燃学生个体的情感结构,并最终形成班集体学生的群体情感建构。

(二) 治疗

治疗总共有五个原则和两个策略,每一个个案处理中不一定涉及全部,具体用哪一个,需根据具体情况决定,只要能起到预期效果即可。

1. 幽默共情原则。利用诙谐幽默的上课风格吸引学生注意,让学生对自己产生好感。诙谐幽默的上课风格在给学生带来欢乐的同时,也会潜移默化地感召学生,构建师生共向情感,这是处理学生成长问题的关键手段。

2. 同理心原则。学会用学生语言与学生交流,同样的语言体系会瞬间拉近教师与学生之间的沟通距离,让教师轻易走进学生的内心世界,获得学生的认可和信任,这是了解学生自身及借此了解其他学生的重要环节和关键一步。

3. 真实性原则。越有问题的学生越要让他们看到"不完美"的教师,当他们发现教师和自己一样,也有这样那样的不足时,他们很容易将教师与自己间的距离拉近。

4. 广域性原则。广域性有以下几个内涵,一是时间广域,学生和班级体问题的了解和处理,要利用一切可以利用的时间,尤其要增加教师与学生一起生活的时间和质量。二是主体广域,家长、同学、其他家长和其他教师、榜样人物等均可以成为教育影响主体。三是事件广域,不局限在学习过程中进行引导教育,在活动、生活、冲突中都可以。

5. 激发性原则。简言之,就是用情绪体验解决情感建构问题。"不愤不启,不悱不发"更像是情绪激发性的育人智慧,通过师生之间激烈的、原则性是非对错的情绪冲突,让学生面向教师真实表露自己的本真思维和认知观点。这是帮助教师切实掌握引导和干预学生心智的核心手段。

6. 群体干预和非正式组织影响策略。对于个别社会情感观念出现严重问题的学生,利用班集体反馈和协同干预等手段影响个体价值观,同时借助个体所参与的班级非正式组织,对学生进行深度矫治。

7. 亲近性策略。额外关照和特殊亲密关系是学生社会情感能力培养时的重要手段之一,当教师出现在学生世界之中,学生出于本能会对教师产生亲师心理。教师看似不经意间的格外关注,或与其家长的友好交流都有助于学生与教师建立亲近的情感关系,进而大幅提升教师教育影响效果。

三、由个别到整体，情境治愈，解决问题

班级无序是班集体社会情感缺失或不健全的具象化，是班级学生个体社会情感的集约呈现。解决了班级学生个体的社会情感能力塑造和培育，那应该如何解决班集体的整体问题？学生个体的社会情感建构和发展可以运用上述七个具体策略，但是对于班集体的问题，则需要结合具体的冲突情境，放大教育问诊技术在公共课堂上的教育干预。教育问诊技术实质是学生个体和班集体社会情感培养的方法手段，真正的培养路径还需结合适宜情境来修复和完善，具体步骤是先个人情境，再集体情境。

教师需建构或把握最适宜治愈的情境，情境即整体把握问题，整体解决问题。营造适宜情境或把握随机情境中的高相关情境，升级情感氛围，以情境解情感。其效果影响的高低主要取决于教学主体教师陪伴学生的时空累积和角色属性。陪伴时间长，班主任角色等都可以增强教师对班级和学生的教育影响力。当学生逐渐恢复了是非对错的统一判定标准和观念，此时就可以营造两难的情感观念价值判断情境，组织全班学生共同参与，由个别到整体相互影响。

四、教育情境治愈社会情感能力缺失的教学实践过程

在开展了 2 个月的教学活动之后，学生对笔者产生了一定感情，笔者也在班级里树立了权威，较全面地掌握了大部分学生的具体情况和班级问题，接下来就是纠正治愈的工作阶段了。最好的切入点还是小怀，他能够与笔者建立一定的情感链接，这是亲近性策略有效的关键要素。笔者可以借此与小怀建立超越其他学生的认可关系，迅速处理学生问题。后来小怀经常过来找笔者，但笔者未表现得太过热情，只是正常对待。但同时增加与其父母的交流密度，在每次相遇时"不经意间"流露出对其的关心和肯定，正是这种貌似平淡但公正的态度使得小怀重拾自信，学习状态大有改观，小怀终于彻底脱离了胆怯和抑郁状态。

小鑫在班级生态中是一个核心角色，因此，对于他的问题处理必须尽快、高效和持续进行。以小鑫为首的"强势者"群体是班级不和谐事件制造的根源所在，想要迅速平复班级风气，首先就要瓦解这个非正式组织。但在前期的课堂教学中，笔者发现小鑫是班里最为强壮的，其父母又是"社会人"，这就使得小鑫具有较重的社会习气，班里学生都非常怕他，几个异常活跃的学生更直接拥立他为"老大"，组建小团体。经过一段时间的观察，笔者发现，小鑫是一个非常单纯的孩子，且具有较强的上进心，耻于做"大哥"。有趣的是，他一直在偷偷地关注着笔者，并流露出渴望的眼

神。在一次仰卧起坐的测试课上，笔者看似无意地安排小鑫及小瑜去帮教师借和归还体操垫，他们表现得非常的积极和自豪，同时，几乎所有学生都投来了羡慕的眼神。所有的学生都渴望帮助教师，承担一些班级事务，渴望获得表扬和认可，对临时组建的小团队其实并无太多期待和依赖。据此可判，小鑫只是缺乏正向引导和展现自我价值的机会。典型学生的特殊问题是群体干预和非正式组织影响最高效的资源和情境素材，小鑫的问题只有在群体干预和非正式组织的影响下才会彻底解决。在一次群体治愈情境中，笔者告诉全班学生："我没有放弃施教，全是因为小鑫让我看到了希望。"正是这种继发性的表扬，让"强势者"群体瞬间瓦解，每个人都渴望获得属于自己的表扬和被发现，自此班级课堂上"集团化"聚集和欺负其他同学的事件再也没有发生，课堂逐渐恢复有序状态。

借助教育问诊技术和情境治愈手段，笔者先后解决了小天弱势、小瑜"阴暗"、小腾孤独、小羿和小毅情绪失控等问题，班级氛围逐渐向好。自此，班集体社会情感教育实践和班级学生个体社会情感建构及完善也逐渐完成，相信在不久的将来，我们能够看到完全不一样的班集体和学生。

在经过长期理论研究和实践之后，对于建构高质量的学生个体和班集体社会情感能力，我形成了以下经验和思考：

1. 健康的情绪管理是在大量的情境体验中生成的，并不是与生俱来的。由于当下学生成长过程中所经历的真实情景趋向单一和一致化，许多学生无法合理地调控自己情绪，形成良好的情感品格，以致出现各种复杂问题，甚至产生了生理和心理疾病。

2. 学生的情绪管理能力和情感观念并不是想当然存在和自然形成的，必须经由科学系统的培养和建构才能获得。学校教育中，最高效的学科路径就是体育课、体育活动和体育比赛，其中起到关键作用的是体育活动的高情境性。

3. 社会情感学习需要以显性形式在学校教学中开展，但并非必须设置专门的学科课程，学科渗透是社会情感学习"性价比"最高的实践方案。基于社会情感学习对情境的高要求，建议教师在学生的日常学习和生活中，灵活进行学生个体和班集体社会情感学习的过程性渗透。

（济南市山东师范大学附属小学　刘兆成）

焦点解决技术：提高新生入学适应能力

对于高中生而言，入学适应的好坏与快慢不仅会影响其能否获得高质量的高中生活，还与其能否对未来生活产生积极期待、能否顺利踏入社会密切相关。在寄宿制学校，相当一部分学生缺乏独立生活经历，在入学之初，各种不适应的状况频出，甚至有学生因此休学退学，这种情况"忙坏"了老师，"愁坏"了家长，家校双方都为此精疲力竭。

一、案例简介

小 A，寄宿制学校高一女生，16 岁，家中独生女，自开学一个月以来，她一直没有适应学校生活：做事情提不起兴趣，上课无法集中注意力，晚自习不知道要做些什么，融入不了集体，吃饭、走路、学习都是自己一个人。她认为高中"规矩太多""管得太严""节奏太快"，怀念初中的同学和老师，还经常想家，夜里睡眠不好，感到孤独，常常默默哭泣。小 A 基本上每天都会跟妈妈打电话，刚通完话会感觉好点，但过不了多久就又会感到情绪低落。她跟班主任提出了走读请求，班主任做了大量思想工作，最后以不符合学校管理规定为由拒绝了她。

据班主任反映，小 A 在班里独来独往，性格内向，上课经常走神儿，老师提问后总是站起来低头不语。小 A 父母则经常打来电话了解情况，希望班主任好好开导，让小 A 在学校安心学习。班主任特地安排了班里善解人意的女生做小 A 的同桌，希望两人可以成为好朋友，互相照顾，结果收效甚微。无奈之下，在征求小 A 个人意见后，班主任将小 A 带到了心理辅导室，希望身为心理老师的我能够帮助小 A 解开心结。

二、教育措施

在一般的教育模式中，老师和家长更多地关注学生的问题本身，而不是关注问题行为的主体和问题行为的解决。本案针对小 A 的现实情况，采用了焦点解决技术。焦点解决技术不会对来访者问题形成的原因做过多分析，而是致力于帮助来访者发现改变目标，并由此建构解决方法。

（一）正向引导，设定适切目标

首先，我告诉小 A，高中校园生活跟初中校园生活有很大不同，出现适应问题是正常现象。接着我肯定了小 A 主动求助的行为，激发她主动改变和调整的愿望，然后逐步引导，和小 A 商定了心理辅导目标。

我：你能主动来找老师，我很高兴，我能感觉出来你想做出一些改变，是吗？

小 A：是，我不想再这样下去了。

我：你希望我在哪些方面给你提供帮助呢？

小 A：我现在对高中非常失望，最近心情很差，睡不好也吃不好，好像有很多事情要做又不知道要做什么。

我：你说你对高中生活失望，能不能说得具体一些？

小 A：跟初中相比，我现在对学习提不起劲儿，我在这儿没有朋友，没有人在意我，也不能经常回家，每天都不知道要做些什么，感觉很没有意思。

我：我能理解你的感受，目前的生活令你茫然和沮丧，那你可不可以说一说什么样的高中生活才是你喜欢的？

小 A：我希望每天都能感到充实、有意义。

我：你可以具体说一说吗？

小 A：比如，我学习能够跟得上趟儿，能在班里有一两个知心朋友。

我：很好，还有呢？

小 A：……

经过这样的逐步引导和挖掘，我和小 A 就心理辅导目标的重要性、可操作性和具体性达成了一致。小 A 确定近期目标为缓解沮丧失落情绪，改善人际关系和学习状态，接纳新的环境；远期目标为恢复校园生活热情，学会从积极的角度挖掘自身资源，促进自我和谐成长，提升心理健康水平和适应能力。

（二）聚焦解决，探索例外情况

焦点解决技术并不强调问题情境，在商定好具体的心理辅导目标之后，为帮助小 A 转变思考角度，我带着浓厚的好奇心和她一起探索其他生活情形，引导小 A 从中看到自身的能力和资源，从而打破自我设限。

我：请你仔细想一想，过去有哪些时候你感觉生活是充实有意义的？

小 A：初三的时候，那时候每天都在为中考努力，也不感觉累。

我：嗯，当时有中考的目标，所以在全力以赴的时候也不感觉累。还有呢？

小 A：暑假我在番茄网上更新了 2 万字的小说，老师，我有一百多位粉丝！（小 A 的眼里泛起光亮）

我：这听起来真的很不错！你看，你有表现得很好的时候啊！当时你是怎么做到的呢？

小A:我给自己定下一个目标,每天完成一点,有时候有了灵感,就赶快把它记录下来。

我:目标带给你动力,而且你的执行力很好。

(三) 寻求改变,运用小步思维

焦点解决技术珍视来访者的小小改变,认为一小步的改变积累,会像滚雪球一样带来一大步的改变。这里我首先采用刻度技术将抽象的概念以具体的方式加以描述,给小A提供"小步思维"的行动模式,促进她的反思。

我:小A,你说你现在的学习和生活状态非常糟糕,如果让你给你的学习和生活状态打个分,0分代表最糟糕的状态,10分代表最好的状态,你会给自己打多少分?

小A:我想,应该是2分。

我:哦? 2分,为什么不是1分或者0分呢?

小A:我学习上也有听得懂的时候,我跟我现在的同桌能说上几句话,上次宿舍抽查卫生我们宿舍是第一名,还受到了班主任的表扬。

我:那么,你觉得分数上升到几分,你感觉可以接受?

小A:8分吧。

我:嗯,那如果要达到8分的状态,你觉得你可以做些什么?

小A:遇到不懂的问题主动请教老师和同学。

我:还有呢?

小A:主动跟同学交流,像其他同学一样跟大家有说有笑。可以积极参与班级里的活动,让大家注意到我。

我:我们把这些事情切分成0.5的小分,只要去做了就可以给自己加相应的分数,一段时间以后看看这个状态会发生什么样的变化。

在整个会谈结束前,我表达了对小A真诚的赞许,激发她改变的动力:"你现在对问题有了新的看法,这真是一个很大的进步!"接着我以布置家庭作业的形式与小A细化了可以从"小处"着手践行的具体事件,并签订了一份行为契约书(见表6-1)。小A眼睛里多了一份坚定,神色也不似刚走进心理辅导室时那般沉重。

表6-1 一周行为契约书

时间:___年___月___日至___年___月___日　　立约人:_____

目标行为	小步子着手点	完成情况							反思
		周一	周二	周三	周四	周五	周六	周日	
人际关系方面	主动跟路上碰面的同学打招呼								
	和舍友分享小零食								
	主动加入同学讨论的话题								

目标行为	小步子着手点	完成情况							反思
		周一	周二	周三	周四	周五	周六	周日	
学习方面	遇见会的问题主动举手发言								
	课下请教老师或同学不懂的问题								
	每天牢记 10 个英语单词								
生活方面	每晚睡前用热水泡脚助眠								
	用心品味饭菜的滋味								
	发现一处校园美景								
情绪方面	接纳焦虑，放弃抵抗								
	把负面情绪写出来								
	采用腹式呼吸让自己放松								

三、技术原理

焦点解决技术是指以寻找解决问题的方法为核心的短程心理治疗技术，提倡当事人是解决自身问题的专家，强调看似"问题"行为的背后往往有着正向的动机，从优势出发进行改变更有可能获得成功（见图 6-1）。

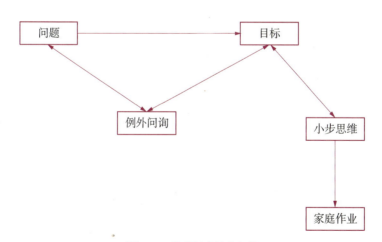

图 6-1 焦点解决技术架构

在本案中，我首先对小 A 的境遇表示充分的理解与共情，对她主动求助的行为表示赞许与肯定，帮助她看到出现这个问题是"正常现象"，而她本身有"智者行为"。这样的开场既建立了良好的信任关系，又能够激发她主动改变的愿望，为心理辅导目标的设定和后续辅导过程的顺利开展作了良好铺垫。

焦点解决技术基于优势视角，认为任何人都不可能每时每刻都处在问题情境中，总有不发生问题的时候，即所谓的"例外"，当学生看到例外的时候也就减轻了被问题威胁和打败的感觉，产生希望感和掌控感。此案例最打动人心的地方是我和小A探索"例外"的过程，当我引导她说出过往的"成功经验"时，她的眼里冒出光亮，神态一下子自信和轻松起来，那一刻，我眼前展现的是一位朝气蓬勃的中学生。

焦点解决技术相信组织系统或关系中一个元素的改变，都会影响其他元素和关系，一小部分的改变会引起整个系统的变化，这个过程会出现"滚雪球效应"。本案中，我通过量尺刻度技术引导小A思考如何做好一小步，我们将看起来"大"的改变细化为可操作的具体步骤，这为小A迈出第一步制造了抓手。

四、案例小结

小A在经过第一次心理辅导后，情绪就得到了一定的缓解，经过四次心理辅导后，她逐步摆脱了消极情绪，学会从正面、积极的角度看待当前的状况，开始接纳新的环境和新的人际关系，能够看到自己身上的优点，逐渐变得开朗自信。班主任反映，小A担任了班级卫生委员，热情为同学服务，上课能够主动举手回答问题，跟老师和同学关系融洽。小A的妈妈也打来电话反映现在的小A经常跟父母分享学校里发生的新鲜事，不再打电话哭着要求回家。

此辅导案例的成功说明焦点解决技术非常适合学生发展性、适应性心理问题的解决。焦点解决技术包括一般化、改变询问、量尺询问、赞许、例外询问、家庭作业等技术结构，清晰且容易操作，也非常适合班主任日常教育管理使用。因此，心理教师应该与班主任组成强有力的教育联盟，为学生健康地发展、幸福地生活保驾护航。

（济南市济南中学　张凯歌）

"正向关注"：情绪控制的积极策略

一、情况介绍

笔者就职的学校位于城市边缘，有许多外来务工子女，这些孩子的爸爸经常出差，妈妈是全职太太，负责在家带小孩，因此，妈妈对孩子的"辐射能力"很大。笔者班里就有一个这样家庭的"个性化"学生，就叫他小叶吧！先说小叶的家庭情况：爸爸常年出差外地，很少和小叶沟通，妈妈曾经在单位是个女强人，待人处世都比较强势，辞职后妈妈为小叶量身定制了一系列成长计划，如练跆拳道、硬笔书法等她认为的必要技能；还向小叶灌输了一系列思想观念，例如：你不可以欺负别人，但别人欺负你，就一定要还手。再说小叶的"个性化"表现：他有一个"爱好"就是打人。

二、流血事件

某一天正值语文教研，班级由副班主任蔡老师管理。小叶和小胡同学于第一节课下课后在走廊上打架，小叶奋力一拳把小胡的两个鼻孔打出了血。

听闻事件，笔者马上致电蔡老师了解情况，这是蔡老师的说法："这两个同学在课后打架，因为小胡先向小叶做'飞吻'动作，小叶不喜欢，就一拳打了过去，没想到直接打成两只鼻孔出血。"

挂掉蔡老师的电话，笔者马上致电小叶妈妈了解情况，这是小叶妈妈的说法："放学后就接到小胡妈妈的视频电话，两个同学已经通过视频面对面说明情况了。因为小胡先向我们孩子做了'飞吻'，这个动作是音乐课上老师教的舞蹈动作，我们孩子特别不喜欢男孩子对他做这个动作，所以推了小胡一下，小胡就踢我们孩子，小叶就还手了。对于小叶打人造成同学受伤这个情况实在抱歉！"

第二天，笔者让两个同学当面做了一个情境重演：小胡向小叶做了"飞吻"，小叶用胳膊肘制止小胡的动作，小胡反手推小叶，小叶很反感有人反抗他，就一拳打向了小胡的脸，没想到小胡一抬头，小叶的拳头就打到了小胡脆弱的鼻孔，两行热血喷了出来。

除此之外，笔者问了事发在场的同学，这是在场同学小敏的说法："我只看到小叶一拳打向了小胡，小胡被打出了鼻血。"

这是小徐的说辞："我看到这两个同学在走廊上做'飞吻'的动作，做完动作后他们俩互相打了起来，后来小胡鼻孔就流血了。"

由于小叶动手在先且把同学打出了血，笔者在 V 校（班级评价管理平台）上的课间文明玩耍这方面给小叶扣了一分。当天晚上，小叶妈妈微信留言给笔者："孩子看到扣分，内心有些失落，感觉老师比较偏爱另一个同学。虽然他平时表现得比较强硬，但造成孩子这种性格也是有原因的。"

看了这条微信留言，笔者心里有些难受。是的，小叶在其他同学心目中是个喜欢打人的同学，但是作为他的班主任兼语文老师，笔者并没有正确引导班里对小叶的舆论，也没有设法去真正改变小叶爱打人的习惯。为此，笔者下定决心要好好分析小叶爱打人习惯的成因。

三、分析诊断

（一）现实原因：环境变动引发自卑

小叶属于新杭州子女——是一个跟随父母赴杭，远离故土，生活在异乡的孩子。来到一个陌生的环境，小叶需要重新适应生活。由于适应的时间比较短，小叶幼小的心灵承受着不少压力，逐步产生了自卑的感受。加之受妈妈强势教育理念的影响，小叶开始寻求安全、弥补劣势，他变得强硬，以便没有人能够欺负他。

（二）内部原因：缺乏情绪控制能力

回顾这件流血事件，是小叶没有控制好情绪、没有控制好力道造成的。可见其社会情感能力欠缺，在情境中并没有做出适宜情绪决策的能力，包括无法正确识别自己和小胡的情绪，无法用适宜的方式疏导不良情绪，无法以适宜的方式解决问题等。

（三）外部原因：班级舆论消极影响

孩子们在玩的过程中，尤其是男孩子，会比较激动，有时上升到肢体摩擦，一旦控制不好就会"打架"。而小叶的力气大又不肯吃亏，别的孩子打不过他。这时"受害者"一方就会引起周围同学的同情，后者总觉得是小叶不对。而这一年龄段的孩子都不记仇，前一天闹矛盾了，后一天又在一起玩了。慢慢地，这种事情就没断过，小叶"爱打人"的说法也没断过。

四、积极干预

基于上述原因，笔者采取的辅导原则为正向关注，该理念强调以积极的态度看待他者，对其言语和行为的积极面或长处给予关注，利用其自身积极因素促使其发生积极变化。笔者希望基于小叶的整体发展需求、兴趣以及自身与周围人、事、物的互动关系，激发其积极的、正向的亲社会行为。

（一）发现优点，树立自信

自从二年级后，小叶的书写确实大有进步，不再像一年级的字那么歪歪扭扭，而是端正且讲究笔法，所以笔者在流血事件发生后一周就在班里推出了书写计划：一是在语文作业讲评时，选择优秀作业投影到投影仪上，并结合班里的奖励制度，给被投影的作业一张奖励卡；二是每月向写得特别好的五份作业颁发书法小能手奖状；三是结合每周四无作业日，布置制作识字小报的作业，将优秀作品展览在教室后面的学习园地；四是实行"最多跑一次"订正计划。

其实，小叶学习积极性高涨的原因很大程度上是源于笔者的表扬和书写计划的推行。例如第一条，笔者有意识地选择小叶的作业进行投影，对照着他的作业进行讲评，频率控制在一周三次左右，次数不能太少，防止影响他的积极性，但也不能多，还要保证他向前努力的劲儿。再例如第二、三条，笔者特别关注小叶的作品，小叶写得特别好的作业，笔者会给他颁发奖状，还将一张小叶画的日历，张贴在了学习园地，让来来往往的人都能看到这份精美的小报。最后第四条，笔者知道小叶是个有自尊心的孩子，他希望自己做到"最多跑一次"，所以小叶在上课讲评时听得很认真，自然订正一次性就通过了。这样小叶既提高了学习效率，又收获了老师的表扬，慢慢建立了起自信心。

（二）真诚沟通，润泽心灵

一个学期下来，笔者觉得小叶比之前有了更多的自信。既然时机已到，就该和他好好谈一谈了。笔者把他叫到心理咨询室，面对面来了一次"心灵沟通"。

笔者告诉他："这学期你在语文学习方面表现得特别出色，尤其是书写，老师知道这是妈妈每天要求你练习的结果，你之前觉得妈妈太严格，自己很辛苦，但事实是你因此收获了更多赞美，苦尽甘来了，现在想想妈妈的严格其实是对你更深远的爱。"

听到这番话，他似乎内心有些触动，眼睛又眯成了一条缝儿，嘴角弯弯的。

笔者继续说："你能在书写方面获得不小的改变，相信你一定能在其他地方做出改变，老师知道你是一个力气大的孩子，经常帮老师分书、发本子，这些都是你擅于运用自己的力量，但其他时候如果同学不小心让你生气了，你能擅于运用自己的力量吗？因为他们的本意只是想和你玩而已，没有别的意思，每次想还手的时候，请记住老师和你说的这句话，控制住自己的情绪，加油！"

他听完后，若有所思地点点头。

"最后，老师想说的是老师很喜欢你这学期的表现。你看，因为你书写上的付出，你比别人收获到老师更多的赞美，其实你根本不比别人差，你和别人是一样的，不需要自卑。希望下个学期，你能保持住这样的学习状态，收获更多的赞美，变得更乐观，更自信。"

这次，小叶又笑了。

(三) 抓住契机，改变舆论

小叶的爱好是"打人"并非自称，而是从其他同学的口中说出来的。因此，笔者需要改变班内的舆论导向，这对小叶这种社会情感能力的发展至关重要。

正好快放假了，学校组织各班开展假日活动小队，笔者觉得小叶有这个能力担任小队组长带领小队成员，就先把这个活动仔细地和小叶说了一遍。在我们像大人一样的交谈中，小叶觉得老师把一个光荣而伟大的任务交给了他，他可以像一个男子汉一样去执行任务。看他那么激动，笔者也告知了班里的同学，呼吁大家参加小叶同学的队伍。话音刚落，班里马上出现了些声响，看来笔者用行动对小叶的支持引起了不小的震动。

回去后，小叶把这件事转告了他的妈妈，小叶妈妈很赞同笔者的决定。休业式那天结束，以小叶为首的雏鹰小队开始活动了，小叶是队长，他拿着小队队旗，还嘱咐旁边的同学别把横幅拖地上弄脏了。就这样，六个人站在阳光下拍了一张集体照，看着小叶昂首挺胸的身影，我不禁露出了笑容。听一名成员家长说，看不出来小叶是会打人的学生啊。另一名又说，挺阳光一男孩子，他们多和谐嘛！

在此期间，小叶组织队员精心制作了一本小队活动手册，身为队长的他，不仅承担了较多的工作，还时常帮助队员。放假回来后，笔者拿到那本精美的活动手册的同时，还问了队员们对小叶的看法。一名队员说，小叶的字写得更好看了，手册里面那些字真漂亮。另一名说，他觉得小叶人挺好的，还会和大家讲冷笑话，假期里他还经常找小叶玩呢……

通过笔者的正向关注的引导，有五名同学也学会了正向关注。有时，同伴间的影响力会比成人大许多。开学初，笔者就发现同学们说小叶爱打人的情况少了些，想必是受那五名同学的影响。下一步就是继续引导其他同学对他正向关注了。所以在之后这个学期，笔者还是继续推行书写计划，以此进一步树立小叶的自信心；与此同时，也不断通过鼓励与支持，引导剩余学生对小叶产生积极的想法。

(四) 开展家访，助力成长

在儿童社会情感能力的影响因素中，父母教育是一个非常重要的因素。基于小叶的家庭情况及其母亲情况，笔者主动请求小叶父亲抽出时间到场参与家访。

笔者告知小叶父亲："在一个家庭中，父亲的角色非常有价值，因为父母教育孩子的过程中，需要表现出相对稳定和一致的教养观念和行为。我知道您非常忙，需要出差，不能每天陪伴孩子，但您可以参与到每周的亲子活动中去，例如露营、绘画、做陶泥等。"

小叶父亲深知对小叶母子的亏欠，以及小叶现在在学校出现的种种状况，保证再忙，他也会每周抽一两天陪伴孩子。

笔者又向小叶母亲表示："父母的榜样示范对孩子社会情感能力的习得十分重要。在妈妈的教育理念中，您对孩子说的是只要别人欺负就要还手，孩子学习了这点才会有时控制不了情绪；另外，多去倾听孩子内心的想法，什么是他真正感兴趣的，什么是妈妈要求的。"

或许是看到笔者前期的措施有效，小叶母亲表示会慢慢弱化自己对孩子的管教，好好配合老师培养孩子控制情绪和人际交往能力。

最后，笔者向小叶父母表示："有助于培养孩子社会情感能力的家庭是能觉知孩子的情绪，理解情绪，允许孩子表达情绪，表达自己的观点。"

夫妻二人点点头。

五、体会反思

学生的问题不是一朝一夕形成的，问题的解决也不会一蹴而就，需要时间慢慢使其改变。在这段时间里，小叶不负众望，保质保量完成作业，获得了许多赞美，也拿到了一些奖状，这对他来说树立起了不小的自信。听着老师对他的声声赞美和鼓励，同学们对他也有些羡慕，下课也不太去招惹他。感受到来自其他同学的这种情绪，他也不希望破坏掉这种和谐的同学关系，没有人招惹，他当然也不会主动去打人了。现在，小叶打人的情况已经慢慢消失了，他变成了同学心中的书写小能手、假日活动小队的好队长。

欣喜之余，笔者感慨良多，从流血事件开始，对小叶的正向关注已历时一年多，且卓有成效。如今，小叶已学会控制住情绪的方式方法，逐步树立起自信心。可见，正向关注理念不失为一种有效的情绪控制策略。

（杭州市丁信小学　王畑畑）

团体辅导:提升高中生自控力的实践

高中生在自我管理方面普遍存在问题:注意力分散,易在诱惑面前"缴械投降";"向前一小步,后退一大步",实现小小目标后,用不良行为"款待"自己;明日复明日,今日事难今日毕;缺乏目标规划,执行力欠缺等等。而高中生身心发展尚未成熟,仍有较强的可塑性。因此,提升高中生自控力,增强他们的自信,赋能学习品质就显得十分迫切。

一、手机"拿"起来,我怎么就"放"不下了?

某日自习课巡视,我发现小陈同学的表情"异于他人":时而眉头紧锁,时而笑逐颜开。有情况! 我立马施展"凌波微步"来到他旁边。小陈浑然未觉,完全沉浸在手游中无法自拔。直到我轻拍了拍他的肩膀,他才猛然抬头,脸上写满了羞愧、紧张。

"老师,我错了! 不该在自习课上玩手机,本来课间有事联系妈妈,结果没忍住,点开了游戏……"办公室里,小陈开始了"花式"自我忏悔。鉴于小陈最近学习状态欠佳,我还是决定约他的家长来学校沟通。

听完我对小陈"事迹"的陈述,小陈妈妈连连叹息,无奈地表示,孩子在家时手机不离身,最近还常常和班级同学组队打游戏。"老师,你不知道,手机就像'逆鳞',一提就炸毛! 都高一了,还完全不紧张,唉!"

于是,我暗中做了排摸,发现班上不少同学带手机来学校,课间也会偷偷拿出来用,在家更是难以割舍。小陈同学的问题要解决,更难的是要解决一群"小陈"的手机使用问题。怎么让学生不被手机"左右"? 如何帮助他们提升自控力,进而合理地使用手机?

二、手机"拿"起来,我们要"放"下去。

(一) 班会动员——"我愿意"

危机也可能是转机,于是,围绕着手机事件,我召开了一次班会课。

師:大家知道什么是自控力吗?

生:当然知道!就是自我控制的能力。

师:没错,那你觉得自己的自控力怎么样?

生:自然是极好的!

师:敢不敢测试一下?看看下面这些,你中了几条(PPT呈现)。

1. 说要认真上课,却云游会周公。

2. 说要认真复习,却是看书三分钟,玩手机三十分钟。

3. 说要问同学作业,却手滑到视频软件。

4. 说只玩一局游戏放松,却酣战到天昏地暗。

生:……我也不想啊,可就是控制不住,怎么办啊?

师:想要提高自控力,先要了解什么是自控力。

接着我介绍了凯利·麦格尼格尔《自控力》中的一则故事,主人公盖奇在事故中损坏了大脑中决定意志力高低的地方——前额皮质。之后,他好像变了一个人,经常失控,无法很好控制自己的情绪。

师:意志力客观存在于我们大脑的前额皮质中。大家经常抱怨控制不住想玩手机,而事实上只要前额皮质没有受过伤害,你的意志力都是存在的,可以利用自己的意志力抑制冲动,提高自控能力。

师:愿不愿意和老师一起"打怪升级",管控手机,做个有自控力的人?

生:愿意!

利用班会课播下"我愿意"的种子后,我又分享了一些自控力相关的书籍、文章、故事,作为这一阶段的主题延伸。

(二) 同伴互助——"我们一起来"

生物学镜像神经元理论认为,人可以模仿观察到的行为,当身边有某方面的榜样时,无形中会受到感染。经商议,班级成立"自律与成长"钉钉群,学生分享个人经验,提供可借鉴的自控方法,搭建沟通平台"我们一起来",借助榜样力量,同伴互助,让一群人走得更远。

通过前期初探,唤起了学生对提升自控力的内在价值认同,做好了接受意志力挑战的准备。那么,如何建构阶梯,让学生从"知"高地到"行"高地,是我接下来的重要工作。

三、手机"拿"起来,我们"能""放"下去!

(一) 敬畏规则、自律循之

1. 建立班级"养机场"、细化规则,让自控有矩可循

就"如何加强在校期间手机管理"问题,我在"自控与成长"钉钉群进行了民意征

询,同学们建言献策,群策群力,制定《高一2班在校期间手机使用公约》。大致内容如下:

原则上不提倡手机到校;

确有需求提交书面申请凭家长签字在钉钉群内报备(申请中需备注手机颜色及型号);

手机到校关机并上交至班级"养机场"(班费购买的手机保管箱);

"养机场"管理员每日核查手机上交情况;

校内无特殊情况不得使用手机,有特殊情况须向班主任说明并在指定地点使用;

放学后领回手机,出校门方可开机;

校内违规使用手机须写情况说明、扣除平时成绩等。

同学们在公约上郑重签字,为规则加权。从他律入手,利用规则约束,培养自律的手机使用意识。事实证明,学生的自我承诺对自律的培育起到了一定效果,"养机场"管理工作有条不紊,学科老师也普遍反映课堂质量有所提高,危害学习和专注力的手机在课堂内外似乎销声匿迹了。

2. 家校联动、守护规则,让自控动力持久

某天教室后门巡视,我看到小张同学在书本掩护下正入迷地玩手机,心中不禁犯嘀咕,这孩子并未提交手机入校申请。"老师,我今天早上出门太着急,没注意到什么时候把手机放进口袋的,下次肯定不会了。"未等我开口,小张慌忙辩解道。"好的,下次要注意啊。"我答应着,可心里还是画了一个大大问号,于是拨通了他家长的电话。"他每天带手机去学校的,没上交吗?"家长诧异地问。

以此事件为契机,家长会上我做了呼吁:班级"养机场"的维护需要您的支持。家长们纷纷表示愿意配合做好监管工作。

"今天孩子需要自己回家,为联系方便带了手机。"

"孩子换了部新手机,颜色型号我稍后发你。"

"最近艺术节活动,孩子说要排练节目,带了两部手机。"

……

家长们实时沟通、信息共享,让"养机场"的管理工作更加顺畅,也让一些同学的"小心思"无处遁形。正当我为手机管控行为感到欣慰时,后方传来"高能预警":"老师,孩子一回到家就疯狂玩手机,说要奖励下自己,怎么讲也不听,这可怎么办啊?"

很明显,这位同学在为玩手机寻找借口,认为自己在校期间手机管理没有失控,"我已经做得很好了,应该得到奖励"。在规则约束之外,如何架起认识自我到学会手机管理的桥梁?

(二)向内自省,他律到自控

钉钉群内,我布置了一个情景任务:放学后,面对手机和作业,你的选择:A. 先写完作业,再玩手机一小时;B. 先玩手机半小时,再写作业,记录下你的做法或内心想法。

表6-2　情景调查统计

选择	做法 or 内心想法
A. 先写完作业,再玩手机一小时	最近成绩下降,想把学习赶上去; 把手机放到卧室,不出现自己眼前; 听音乐、吃零食,然后写作业; 和家长有约定,先写作业再玩手机; 如果期末考试进班级前三,爸爸会有奖励,还是先学习……
B. 先玩手机半小时,再写作业	太累了,想玩手机放松下; 定好半小时闹钟,本想只玩一会,但最后玩到忘了时间; 最近游戏排位下去了,要赢回来; 上次月考成绩不错,最近可以适当放松下; 玩得忘记了时间,明天不会再这样了……

根据回复,我做了如上统计,在班会课上进行展示、讨论。

师:当然,理性答案是 A,但事实上不是每个人都能抵挡住诱惑,在与自控力的博弈中,我们内心往往会进行理智、冲动的两股力量的拉扯。结合以上统计结果,大家觉得哪些因素可以帮助用理智战胜玩手机的冲动?

生:心中有努力的方向。

生:远离手机,避免手机的诱惑;

生:找其他让自己放松的方式。

生:想一想和家长之间的约定……

师:大家说得非常好!

接着我做了进一步总结:

明确自己的长期目标。当内心"我要做""我不要"的想法互相拉扯时,问问自己想要的是什么,牢记目标,再做抉择会相对容易。但要注意,你的目标应是长期的。以短时期的进步作为"奖励"借口,会让已建立的自控秩序陷入失控。

正确对待多巴胺的快乐。当我们刷短视频、打游戏、浏览网页时,手机带来的快乐触发了大脑中的奖励系统,持续分泌多巴胺,使拿起的手机很难放下。这时试着思考:1. 我的目标是什么;2. 如果玩手机,是否和目标违背;3. 如果不玩手机,还可以做什么。在这一过程中,多巴胺的分泌水平逐渐下降,玩手机的欲望也会降低。

人都有意志力,丧失自控力的诱惑看似来自外界,实则源于内心欲望,和心理、生理状态有很大关系。压力大或身体状态欠佳时,自控力较弱。一个人的自控力又十分有限,调动意志力对抗诱惑时,身体、心理会处于高度专注状态,要消耗大量能量。

师:结合刚才的讨论和老师的介绍,你总结出了哪些提升自控力的小妙招?

图 6-2　自控力挑战小妙招

从日常情境出发,让学生意识到自控博弈中两个自我的对抗,教师进行理论引导,唤醒学生理智自我,寻找切实可行的自控方法。

这次班会课后,不少家长反馈:孩子手机管理有了很大改善,不再捧着手机,写作业也不会拖拉到很晚,休息早了,精气神都好了。但经验告诉我,不要高兴得太早。果然,某日刘同学找我抱怨:"为什么我用了自控小妙招,可还是经常完不成计划?"我不禁一笑,因为大脑和你们一样啊,喜欢偷懒,倾向于做简单事情。一旦目标模糊不定,执行难度变大,就会造成拖延。

(三) 时间管理,让自控看得见

为帮助学生合理规划目标,制定明确具体的学习计划,我介绍了一种时间管理,也是训练自控的方法——番茄工作法。

根据任务内容和所需时间制定番茄钟数量,把"大而模糊的计划"变成"一步步走",将"必须做完"变成"如何开始",在每个番茄钟里,专注当前任务,高效做事,然后有效休息。"制定计划——开始——番茄钟(25 分钟,过长容易倦怠)——休息(5分钟,恢复意志力)——番茄钟(25 分钟)——休息……(2 组后)阶段性休息(25 分钟)"。通过降低执行难度,让任务变得简单、可操作。每次番茄钟结束后,复盘执行情况。学生可根据提供的番茄工作法模板,结合自身情况制定每日学习目标规划表(见表 6-3)。

表6-3　学生"番茄任务"清单实例

日期	计划内容	目标"番茄"	收获"番茄"	达成星级（自评，五星满分）
3.25	背单词（30个）1个番茄钟、数学作业2个番茄钟、作文训练2个番茄钟、错题整理1个番茄钟	6	5	★★★★★
计划外的事项：无				
执行情况：做数学作业时浪费了番茄钟，有些知识点遗忘，花了些时间复习。背单词效率较低，导致1个番茄钟有些紧张。				
调整措施：做作业前，制定1个番茄钟进行知识回顾；寻找背单词的小窍门。				
提示：按优先级排列今日任务； 如某项活动所需时间较短，不到1个番茄钟，可与其他活动合并； 在1个番茄钟内，不做与当前任务无关事情，不可被打断，否则重新开始； 休息时间不做与当前任务相关事情，让大脑得到放松； 如遇计划外事情：1.急需立刻做，停止当前番茄钟，完成该事件后，重新开始同一个番茄钟。2.非必须做，将该事件列到"计划外事件表"，另安排时间去做。				

从"知"到"行"，需大量持续练习，打卡便成了形成班级习惯的好方法。同学们每天做目标规划，在钉钉班级群内打卡，最终在班会课上评选出"自控力达人"。

"一周以来坚持做目标规划，让我发现原来任务可以被简化得如此清晰，消灭番茄钟时有满满的成就感。想懒怠时，看着其他优秀同学，就有了坚持的动力，我感觉心中沉睡的'巨人'在慢慢被唤醒。"小陈同学的"获奖感言"让"老母亲"倍感欣慰。

本团体辅导利用班会课教育阵地，借助同伴间的榜样互助，提供提升自控力的方法，通过目标可视化的练习提升学生自我管理的能力。大多数学生表示非常感谢"自律与成长"平台，帮助自己建立起了和手机之间的"约定"。但自控力的提升是一项复杂的情感能力训练，没有一劳永逸的方法，由此也激励着我更深入了解学生，不断探索应用，以求更好的帮扶效果。

（上海市嘉定区封浜高级中学　米姝利）

微型博物馆：搭建幼小衔接的情感桥梁

一、馆藏缘起

2022年7月，在期末举行的幼小衔接工作会上，经纶小学的王校长带领项目团队成员一起复盘，总结亮点，反思问题。在问题反馈中，"分离焦虑"、"入学焦虑"以及个别学生暴露出的"自我意识、自我管理滞后"等问题格外突出。之前的哄、劝，甚至是奖励等措施完全失效。尤其是在入学适应课程的开展过程中，有的学生不参与、不配合，表现得不合群、自我主张多，着实让老师苦恼。

王校长指出："新学期，学校微型博物馆的第一期馆藏发布由幼小衔接团队负责，做一期幼小衔接主题展。突破以往多彩课程衔接、温暖环境衔接和家校携手衔接的局限，创设一个专属空间衔接，即场景式衔接，让微型博物馆里的每一个空间、物件、画面都能和一年级学生建立情感连接，让学生在学校里找到归属感和幸福感。"同时，为更有针对性地解决课程实施过程中出现的不同问题，王校长建议大家设计、研发一套"适应性课程工具"，让孩子们有真实触感、有真情实感，在充满趣味的游戏中助推课程的落地。

二、馆藏解密

（一）"星宝成长足迹"工具套装诞生记

经纶小学以自创的"五育并举"学子卡通形象为基础，打造了兼具游戏性、趣味性、方便性、适龄性与益智性的"星宝成长足迹"衔接课程工具套装（见图6-3）。

工具套装里包含"跟随康康艺艺快乐读童谣、跟随勤勤搭乘生活列车、跟随馨馨探索社会学问、跟随真真在学习空间跳跃"四个模块，分别有相应的工具。如第二模块的工具为"勤勤卡"：一套共5张，正面为5项家庭劳动小技能，反面为5项校内和社会劳动小技能，卡片在小组内合作使用，组内每位同学都能成功打卡10项劳动小技能，就可获得一枚"勤勤"卡通形象贴纸。再如第三模块的专属工具为印有"馨馨"

图 6 - 3　经纶小学"五育并举"卡通学子形象,分别为:
德(馨馨)、智(真真)、体(康康)、美(艺艺)、劳(勤勤)

卡通形象的纸杯:一套共 15 个,小组合作完成"纸杯造型摆""纸杯叠叠乐""纸杯桌面舞""纸杯传声筒"等游戏,在游戏的同时学知识、明规则、守秩序、善解决、乐交往。

(二) 大手拉小手,一起向前走

博物馆于学生正式开学后一周开馆:一方面,可以给新生预留出在适应课程中创作作品的时间;另一方面,我们可以准确锁定入校焦虑的学生,对症施策。一周后,一年级新生经由美术老师和高年级学生的指引,描绘出心目中真实的校园。大手拉小手,一起向前走,新生在与老师和学长学姐的互动中,增加了彼此的情感联络。

(三) 聚焦"多子女家庭"

学区范围内已入经纶和拟入经纶的二孩家庭共有 412 个。其中,两个孩子均已在经纶入学的家庭有 97 个,"已入经纶＋预备一年级"的家庭有 45 个,"已入经纶＋学区幼儿园"的家庭有 270 个。于是,"大"带"小"就自然而然了,这和之前的"大手拉小手"似乎有着异曲同工之妙。在班主任老师的帮助下,学校开始收集"多子女"家庭的合影照片。这是一个值得跟进的关注点,既为家校之间提供了新的情感联系纽带,也为幼小衔接馆藏新增一抹温暖的色彩。

(四) 回忆拉近"我"与校园的距离

学校借助幼小衔接共同体平台,与学生的家长和大班班主任取得联系,在博物馆内增加一年级新生在幼儿园时期值得回忆和喜欢的内容。经过反复商榷,大家汇总出新生们心中最珍贵的回忆,大到幼儿园时期的奖状、证书,小到一件比赛时穿的裙子。另外,三件印有毕业班同学和老师头像的毕业 T 恤也得到了大家的一致推崇。从此,馆内增加了带有学生们美好回忆的"展品"。

(五) 童谣助衔接

童谣是中国传统文化的重要载体。本校与福景幼儿园联合教研,研发了"童谣"系列主题课程。诵读童谣,改编童谣,将童谣与游戏相结合……童谣帮助一年级新生实现了潜移默化的成长。学校教师还围绕"身心""生活""社会""学习"四个维度筛选了 60 组适龄童谣,并由美术团队加以排版、美化。就这样,第一本《经纶小学入学适应童谣 60 首》就集锦成册了。在幼小衔接主题馆中,也有了它们的"一席之地"。

三、馆藏开馆

经过大家的精心筹备,幼小衔接博物馆终于开馆了。博物馆共分为四个展区:"心"港展区,"探"园展区,"动"情展区和"遥"愿展区。

(一)"心"港

初入其间,温暖与关爱扑面而来:一张张照片,一个个物件,定格曾经的美好,也筑起心灵温暖的港湾。看,是那微微上扬的嘴角,是那静静绽开的笑颜,是那无忧无虑的童年。

九月开学第一周,往往是一年级入学的关键期、特殊期。我们积极关注,锁定目标人物。一年级二班的一个小女生瑶瑶和三班的一个小男生豆豆在连续几天里都出现了不入校、哭闹、拒绝帮助和交流的问题,他俩成为了明显的"入学困难户"。

"锁定目标"后,按照计划,班主任便与家长取得联系,了解学生有没有特殊意义的故事,有没有具体的相关物件。经过沟通得知,豆豆有一件最为得意和珍惜的物件,就是曾在幼儿园环保手工制作比赛中获得特等奖的作品:树屋,这件作品绝对称得上是他最心爱骄傲的"宝贝"。瑶瑶平时喜欢安静地给家中的娃娃做一些漂亮的衣服,在她的家里,有很多件她自己设计、制作的娃娃新衣。团队老师们一拍即合,就用这些物件作为"心港"展区的"镇馆之宝"。

可最困难的是,如何把这些物件顺利带到学校进行展览呢? 经过一番商量后,大家决定以"物"借"物",为他俩设计一份特殊的"礼物":一是作品入选的"受邀通知书",二是写有他俩名字的专属"VIP 博物馆门票"。美术老师原创设计、班主任老师亲手颁发、家长与学生共同开启,建立了满满的仪式感。非常欣喜的是,两个学生都接受了学校的邀请,同意将作品带到学校进行展览。

周五早上,在学生、家长的双双护送下,两件"宝贝"被送到了博物馆。孩子们亲手将作品放进展柜,目睹老师为作品放上标签,孩子们脸上的表情更柔和、轻松了。VIP 专属门票上,则写着"×××同学,因为你的作品入选学校微型博物馆首期馆藏展,所以你拥有开馆当天首批观展的特权。同时,凭此门票,你还可以邀请班内 5 位好朋友,共同进行观展"。门票时限:一周。这既给了学生"特权",又给了他们"任务",促进了他们交往能力的提升。

一周内,两个孩子都陆续带领着班里的 5 位同学来到微型博物馆参观。在"镇馆之宝"前,两个小作者侃侃而谈,告诉同伴们这件作品的出处、为何会锁在展柜里……他们的同伴也为能"特邀"来到这里观展而感到兴奋和骄傲,还向两位小作者投来羡慕和赞赏的目光。

(二)"探"园

学生开始在校园的角落寻觅内心的家园,一隅一乐,一景一愉。"手拉手"的精心制作,展现校园美丽的景致,藏匿着孩子们对校园的热爱。

六年级大同学带领一年级小同学共同制作立体作品,可以展现校园一角,也可以合作完成其他手工建筑作品。通过这样的活动,一年级小同学不仅能熟悉校园,还能交到高年级的大朋友,提高动手能力,体验到合作的快乐。最值得一提的是其中一对姐弟合作完成的手工大作:"雍和宫"。他们对作品材料、制作过程、制作方法等了如指掌。每每给别人介绍自己的作品时,他们的脸上写满骄傲。

(三)"动"情

如此纯真烂漫的孩子,我们怎能不精心地呵护?哥哥姐姐的陪伴似乎让他们如释重负,有趣的数字、纸杯游戏更是让他们跃动其中。规则,合作,劳动……适应的种子悄悄萌芽,他们的内心也渐渐丰盈。

借助纸杯,同学们小组合作,完成老师研发的"纸杯造型摆""纸杯叠叠乐""纸杯桌面舞""纸杯传声筒"等游戏。他们在游戏的同时体验规则意识、学会交往和解决问题。借助字母数字卡牌,同学们小组合作,完成老师研发的"送它回家""找朋友""字母操""数字排排队"等游戏。他们在游戏的同时体会声母和韵母的分类,声母和韵母的拼读,感受拼音字母的外形,理解数字的意义,在潜移默化中学习知识。

(四)"遥"愿

童子歌,遥相愿。童谣朗朗上口,有趣活泼,幼小衔接的舞台上也少不了它的身影。四方适应,涵盖其中,浅浅童谣,深深期许,愿童谣韵律奏响孩子们小学生活的美好新乐章。

童谣是中国传统文化的重要载体,再加上它有语言生动、节奏轻快的特点。我们就将童谣和幼小衔接相结合,从"身心""生活""社会"和"学习"四个维度选编了60首入学适应童谣。通过诵读童谣,玩童谣游戏,学生受到传统文化的熏陶,在不知不觉中学会适应小学生活。

微型博物馆,为一年级新生开辟了一处主题化、开放式、印记式、沉浸式专属展览,这种新型的互动式场馆体验,不仅打开了一个新的衔接空间,更打通了情感空间、成长空间与想象空间。其实,只要用心去观察、去发现、去设计,学校处处都有"微型博物馆",为大家讲述属于成长的情感故事、教育故事。经纶小学借幼小衔接发扬共同体力量,依托项目团队,以课程为基础,用空间做媒介,借情感搭桥梁,为学生构建起助力成长的全方位空间,帮助其更好、更快地适应小学生活,培养提升社会情感能力。随着适应课程的推进,本届新生已经很快进入了良好的小学学习、生活,以"幼小衔接"为主题的微型博物馆展览也即将撤展。但是，相信它留给学校、项目团队和学生的不仅仅是其中的一个个鲜活的物件和生动的故事，更多的是无尽的收获成长、美好回忆和情感延续……

（济南市市中区经纶小学　王煦、鲍茜蒂、王庆绣）

利用家庭雕塑技巧，培养学生共情能力

在班主任工作中，提高学生自我管理能力是提升高中生社会情感能力的重要方式之一，也是对班主任工作能力的考验。

在实践中，我曾遇到这样一件事：一天下午外出开会回来后，我刚进教室，班长就告诉我，由于午自习铃声响起的时候，班级同学没有全部回到座位，造成午自修吵闹，被检查老师狠狠批评了。很显然，学生们的自我管理出了问题。问题摆在眼前，该怎么办？

一般来说，我们会采用说教、生生交流、游戏活动等方式来提高全体学生自我管理水平，这些方式都能起到一定的作用，但我想找到更多的方式来推动学生的变化。

一、他山之石

机缘来自于萨提亚模式中接触到的家庭雕塑技巧。

作为以通过身体感受触动内在情绪，以感受内在情绪促进认知变化，从而改变行为的心理治疗方式，我发现萨提亚模式在面对家庭或者工作坊时采取的雕塑技巧，与处理班级问题时的状态有异曲同工之妙。

在心理咨询过程中面对来访者的问题，家庭雕塑的带领者往往通过人与人之间的空间、距离、造型以及个体的姿态等非言语方式，直观而生动地再现家庭成员之间的互动关系，即通过展示出家庭内在力量的流动路线，促进参与者通过感受内在情绪产生共情，从而引起自我觉察并发生改变。可以发现，这与那些更倾向于理性改变认知的方式截然不同。那么，这种心理咨询专用技术是否可以运用到培养学生共情能力的过程中去呢？

在这次遇到的午自修事件中，需要拨开现象的迷雾，了解在"吵闹"过程中发生了什么，跳出"学生吵闹—老师说教"的循环，走一条新路，即深入学生的内在情绪感受，先激发共情再进行教育。

为什么说需要激发共情呢？班级吵闹这类问题，我们常归因于学生不够自觉，但我想这种不自觉是否源于学生对老师传统教育方式的麻木抵触呢？借用心理学术语,我们的教育是不是遇到了"阻抗"了呢? 如果是这样,现在这个问题就变成了处理学生的"阻抗"而不是学生"不自觉"了。这其中的区别在于:"阻抗"的形成既有主观因素也有客观因素,而不是"不自觉"这种强调主观因素的结论。从心理学角度而言,应对阻抗的方式是共情,这是不同于说教的另外一种方式,或许在这里可以找到改变的空间。由此,我想,向整个班级使用家庭雕塑技巧,让学生不仅仅是用脑去认知,更能用身体去感受自己的、他人的以及整个班级的情感,提高学生共情能力,从而改善自我管理能力,这也许具有一定的可行性。

二、可以攻玉

基于以上思考,当天下午,我开了次班会对这件事进行了处理。

我请同学们回忆铃声响起时自己在做的事,对现场进行了还原,让每位同学保持铃声响起刹那自己的位置和姿势。通过还原,教室场景清晰地重新呈现出来,有三组特别的现象成为午自修问题的中心:第一组现象,有三位同学正在进行数学讨论,其中一位同学坐着,另外两位站着;第二组现象,一位同学站着,另一位同学坐着,在聊天;第三组现象,身材高大的信息课代表走来走去催交作业。其他同学,一部分正在做作业,另一部分则在小声讨论。有意思的是,这三组现象都集中在教室靠窗的一侧。为了突出这一系列现象的特征,我要求使用较高音量争论的同学,相互尽量抬高手臂指向对方;走来走去的课代表则继续走来走去;站姿和坐姿的同学也各自保持自己的状态。

需要说明的是,通过在教室空间中摆出学生之间的距离与肢体形态来描绘象征性的过程与事件,还原午自修现场,其目的是让学生重新回到当时情境,但又能与当时的情绪经验维持一段距离。经由这种脱离,使学生对过去与现在情境中的复杂情绪有新的觉察,但教师并不用急于处理这种情绪,可以通过进一步调整,让学生继续积累情绪以加深感受。

回到雕塑现场,没有参与雕塑的同学虽然是旁观者,却已经有同学说,感觉好混乱啊。我适时追问,中午的时候有没有感觉呢? 学生回答,没有。听到这个回答,我没有继续问为什么。因为,学生的回答其实是一种观点,还没有进入到自己的情绪里,一旦询问为什么,就会又回到过去的经验里去,忽略当下的感受。

为了推动班级整体情绪的进一步积累,我让处于问题中心的同学分别在班级内寻找愿意替代他们当雕塑的同学,站在他们的位置并保持和他们一样的姿势。然后,让这些处于问题中心的同学从雕塑情境中脱离出来,站到第三视角观察整个班级。

在这一部分,远离中心点使当事学生对自己参与的人际模式进行了更为客观的觉察。因为不需要情绪宣泄，学生间矛盾冲突的处理也不是主要的方向，所以可以让当事学生直接进入第三视角进行观察。我们常常缺乏从第三视角观察自己的意识和机会，那么家庭雕塑就可以提供时机让学生尝试。当进入到观察者的角色时，学生一定会有不同的感受和领悟，这也是学生发生改变的契机。

在学生以各种角度观察雕塑后，我开始询问学生有什么发现。有的学生说，原来自己觉得很小的动作在旁人看起来这么明显。有的学生说，看了一会儿以后，有一种很烦躁的感觉。我继续追问，烦躁让你觉得怎样？学生回答，想要停止。

可以看到，我们的学生是有一定观察力和情绪感受力的，即便不太深刻，但这种宝贵的亲身体验是任何人都代替不了的。只要有了这种体验，再调动学生身体其他部分的参与，并给予他们一定的时间，这种不同的感受会让学生发生原本不被期望的变化。

当然，雕塑到这里并未结束，我让学生们回到自己位置，问一问代替他们站着的同学有什么感受。通过生生交流，进一步让学生意识到，处在自身角度有些问题是不会被发现的，需要养成从旁观者角度观察问题的习惯，才能提高自我管理的水平。

三、总结与分享

班会课进行到最后的分享阶段时，参与的同学都产生了一致的结论：教室的靠窗两组太过杂乱无序，而他们自身无意识的行为，实际上破坏了班级的环境。同学们还主动提出从三个方面进行改进：第一，即便只问一个问题，坐下来说比站着说对教室环境秩序的破坏要小的多；第二，可以提高课代表收作业的效率；第三，应当控制音量等等。

这些认识并非来自于教师的灌输，而是同学们亲眼所见、亲身体会自然产生的结论，是他们自己的思考成果。在我看来，这比任何说教都来得印象深刻。而事实也证明了我的猜想，在之后很长一段时间内，即便我不在教室，班级都能保持较为安静的学习环境。

回顾整个案例中，经由非语言的、象征性的家庭雕塑来接触第三视角这种意识外经验，可以让班级学生在较短时间内增加自身的觉察力和体验的深度，激发个体情感层面的自发性、创造力和归属感，从而让老师摆脱山重水复的失望和痛苦，得到一些柳暗花明的惊喜和快乐。我们有理由相信，人有自然发展自身潜质的倾向，只要有合适的机会和环境，并给予成长的经验，每个人都可以学会新的处理方式，而自我管理水平的改变也会在其中悄然发生。

（上海市上海财经大学附属北郊高级中学　沈昊）

以问题链为核心的教学设计：提高抗压力的挫折教育

基于"大五人格"模型,社会与情感能力确立了任务能力、情绪调节能力、协作能力、开放能力等能力框架,每个框架下又包含了不同的任务维度。结合学情,笔者选取了"情绪调节能力"中的"抗压力"这一子维度,以"挫折教育"为内容,围绕教学目标、课程设计、课堂教学、教学实施和教学评价等环节进行梳理与探索,设计了课程《我有……我能……》,意图引导学生探索自己拥有的资源,合力思考解决挫折的方法,树立能够超越生涯困境的信心,从而提高抗压能力,切实发挥心理健康教育的育人功效。

一、立足认知发展,细化教学目标

育人功效伴随着有效学习的产生而发挥作用。有效学习是基于理解的学习,是指学习者以高阶思维的发展和实际问题的解决为目标,以整合的知识为内容,积极主动地、批判性地学习新的知识和思想,并将它们融入到原有的认知结构中,并且能将已有的知识迁移到新的情境中的一种学习。因此,学生已有认知结构的发展状况是有效学习发生的基础,也是教师必须考虑的问题。分析学生已有的认知状态,结合发展需求,分析教材,细化教学目标,将为教学活动的进一步展开起到导向作用。

"挫折教育"属于《高中生心理健康自助手册》中的专题五"情绪管理"单元。以往教学中,学生学习了情绪 ABC 理论、换位思考、肌肉渐进放松技术、正念与冥想练习、曼陀罗绘画等情绪调节的方法。但在访谈中,笔者也发现当学生遇到真实困境时,对这些技术与方法的使用并不熟练,有时甚至缺乏使用的意识,以至于陷入困境,影响正常的生活学习。因此,笔者将教学目标细化为:1.使学生了解到生活中会遇到的挫折情境;2.使学生能够正视挫折;3.使学生知晓自身拥有的资源与力量;4.使学生掌握应对挫折的方法,并能够学以致用。

二、注重教学策略，优化课程设计

明确了教学目标，则需要相关的学习内容配套。课程作为学习内容的重要载体，设计符合教学目标的相关课程，是落实有效教学的重要步骤。在课程设计过程中，参考已有教学实践，选取适宜的教学策略，对落实教学目标具有事半功倍的作用。

"挫折教育"在不同教育阶段都有所涉及，这个话题既容易流于形式，又容易偏重道德输出，影响教学效果。因此，笔者以问题式学习为参照，结合课程目标进行课程设计。问题式学习以问题链为核心，通过情境创设引发学生探究兴趣，以小组合作等形式让学生围绕问题展开知识建构，并借此过程促进学生对知识的掌握，发展高层次的思维技能和解决问题的能力等。基于此，本节课的课程环节设计如下：

表6-4 课程环节设计

课程环节	教师活动	问题呈现	学生活动	设计意图
团体热身阶段：卡牌导入	PPT呈现卡牌。	请问你看到了什么？感受到了什么？	头脑风暴接龙。	1. 熟悉卡牌；2. 营造主人公屡屡受挫的氛围。
团体工作阶段：故事编写	1. 故事背景介绍。	在新的生活中，主人公小何会经历哪些事情呢？会遇到哪些人呢？会遭遇哪些新的困难呢？会遇到哪些"贵人"呢……小何最终又会如何解决这些困难获得"新生"呢？	以小组为单位，抽取三张卡牌，解读牌面信息，以"困境之旅"为主题，续写主人公小何的故事。	1. 了解学生对"挫折"的认识；2. 创设真实的挫折事件。
	2. 呈现每组故事卡牌，并请小组成员介绍；组织其他小组进行提问；对故事和问题进行反馈。	小组分享故事，其他小组提出质疑，如编写的故事合乎情理吗？合法吗？具体是怎么做的……	分享故事，并以小组为单位提出质疑；被问小组进行回答；提问小组进行追问或反馈……	通过小组间的自问自答以及教师反馈，规避不切实际的答案，联系以往的所学细化合理的解决方案，掌握面对困境的智慧。
	3. 主人公小何真实情况呈现。	大家对于困境有何看法？对于突破困境有什么看法？	小组讨论、分享。	通过"真实"与"假设"的对比，引发学生的情感共鸣。
	4. 呈现主人公突破困境之后的精彩人生；教师小结。	大家对于困境又有了怎样的看法？对于我们自己又有了怎样的思考……	小组讨论、分享。	通过"困境"与"收获"的对比，引发学生对挫折的进一步思考。

续表

课程环节	教师活动	问题呈现	学生活动	设计意图
团体转换阶段：自我探索之旅	结合上个阶段活动进行提问；针对学生回答进行反馈。	在你的生活中曾遭遇过哪些困境？目前遇到了哪些困境？未来会面临哪些困境？面对困境，你曾经使用过哪些方法？在本节课中，你又收获了哪些方法？你将如何应用这些方法摆脱困境？	学生思考并交流分享。	通过思考与交流，引导学生迁移解决实际问题，内化积极心理品质，提升问题解决能力。
团体结束阶段	教师小结。	略。	学生聆听。	归纳总结。

三、创设真实情境，推进课堂教学

　　传统教学中的问题通常是以教学内容为中心的，通过问题辅助教学，问题本身也是良构的，即学生可以通过教师引导在限定性的条件中寻找与之对应的答案。这对于基础知识的学习与技能掌握是十分必要而有效的。但是显然，首先"挫折教育"本身所涉及的不仅是认知过程，更是情绪情感与意志活动过程。其次，"挫折"带有浓重的主观色彩，同一境遇，有人认为是挫折，有人认为是挑战；同一应对方法，有人认为行之有效，有人认为丝毫没用；同一情境，有人越挫越勇，有人一蹶不振……这正是问题式教学策略所关注的劣构性问题，即没有固定答案的问题，但它更接近于复杂多变的现实生活。通过教师对问题的有效设计与课堂引导，学生能够在解决问题的过程中充分使用基础知识，并锻炼批判性的思维能力以及切实的解决问题能力。

　　显然，在本节课中，如何创设真实的问题情境，并引导学生合作解决劣构性问题是至关重要的一步。但高中生处在青春期后半段，自我意识迅速发展，较之低年龄段的学生，更不愿意在公开场合表达自己的经历、想法、情感等。因此，课前调查、个别访谈、课堂提问等方法都难以达成创设真实的问题情境的目的。针对此种情况，笔者使用 OH 卡牌作为工具，引导学生续写故事，在回答问题的同时投射出学生在现实生活中遭遇过（或知道的）的困境、对困境的看法以及解决办法等，并借助组间提问的方式进行澄清、呼应与内化。在保护学生隐私的同时促进交流，提升学生的问题解决能力。

四、关注生成资源，把握教学实施

学生是课堂的主体，也是自己知识的建构者、自我问题的解决者。问题式学习策略强调以学生为中心，通过小组讨论、团队活动等方式对问题进行自主探索。在这个过程中，学生经历了对知识的质疑、判断、比较、选择、综合、概括等过程，逐步发展出综合思考与解决问题的能力。在实际教学中，教师不仅要将预设的问题逐一"抛出"，更要留意课堂动态，把握生成性资源，引导课堂走向。

以本课为例，在"困境之旅"故事续写的过程中，某小组的故事是"小何到了新的学校，同学们嘲笑他衣衫褴褛、不懂时尚、乡村英语味儿很浓。为了让自己能尽快生活得宽裕些，小何去勤工俭学，却被亲舅舅骗入传销窝点，好不容易才被警察救了出来……他觉得活着真没意思，于是来到一片小树林，决定结束这一切，去往天堂这个"明媚的世界"。这个故事的结局显然不符合挫折教育的本意，但是却反映出了部分学生在囿于困境时的真实想法。在小组间提问后，这一故事也得到了很多同学的认可。笔者认为这是一个可遇不可求的机会，与其含糊其词或者灌输主流观点，不如就此与学生展开讨论，寻找扭转契机。笔者首先表示了对主人公选择的尊重，接着请该小组评估小何的情绪状态，然后提出了问题：小何选择的是怎样的一片小树林？为何会选择这样一片小树林？在他结束生命前会想到哪些人？会对他们分别说些什么？他们又会对小何说些什么？小何听到之后又会有什么想法？会对他产生什么影响？……思考这些问题后，再次评估主人公的情绪状态，笔者发现该小组原有想法有所松动，显然"小何"的支持系统起了作用，这其实也在暗示学生"面对困境，我不是一个人在战斗"。在此基础上，笔者结合心理咨询中的奇迹问话、空椅子等技术，使学生看到生命中的其他可能，以及自身的力量、他人的支持，"珍爱生命，积极寻求身边资源"的目的顺利达成。

五、整合多方评价，完善课程开发

教学评价不仅是对已有教学的总结，更可以帮助教师及时调整教学策略，增强课堂教学的有效性。在课后访谈中，学生表示通过本课学习，认识到"每个人都会遭遇不同的困境，只要自己不放弃，积极寻求解决的办法，总会渡过难关的"。同行评价认为，"面对问题式教学极具开放性的课堂，笔者能够恰当引导，在尊重学生的基础上使学生既能够认识到挫折的两面性，也能够树立信心，寻找方法，解决困境"。但也存在一些问题，如团体转换阶段时间过短，导致学生迁移应用不够深入；团体结束阶段过于仓促等。对此，同行们也纷纷提出了自己的建议，笔者将据此优化课程。

社会与情感能力对个体发展的重要性不言而喻，笔者作为一线心理教师，从最熟悉的课堂出发，希望通过课程设计与实施提升学生相应的能力。本节课经过不断的反思与实践，取得了一定的成效与经验，但也存在着一些困惑与问题如下：如何用量化指标来更加直观有力地说明学生相应能力的提升？如何将社会与情感能力的不同维度与心理课程对应起来？如何通过系列课程的开展引发学生在实际生活中活学活用……希望这些困惑能在不久的将来得到解决。

（上海市青浦高级中学　隋千里）

案例评析

当今世界正处于大发展大变革大调整时期,物质、科技层面的迅猛发展与精神世界的贫瘠形成了鲜明对照,二者的错位和失衡带来了人与社会的冲突、人与他人的冲突、人与自我的冲突,并由此产生了重重社会道德危机。社会与情感能力是个体在与环境因素相互作用下所形成的适应社会发展的核心能力,也是社会发展的重要人性基础,发挥着规范社会行为、维系社会秩序的作用。研究显示,社会情感能力水平较低的学生缺乏识别和调节负面情绪的能力,更容易通过道德推脱机制推卸自身责任,做出欺凌和暴力等攻击行为。[①] 加之我国教育界普遍重视学生认知技能的发展,忽视学生社会情感能力的培养,由此出现了"书呆子""小镇做题家",影响了基础教育的质量提升,关注中小学生的社会情感能力成为新时代我国实现基础教育转型升级的必然要求。[②] 因此,如何提升学生的社会情感能力,推动学生的社会性发展,提升教育质量,是教育需要着力关注与解决的重要理论和关键问题。

在具体的育人实践中,应当注意:教育需要思想、理念、情怀,需要制度设计和路径通道,更需要行之有效的、操作性强的方法和技术。针对学生社会与情感能力发展的具体问题,除了关注最新的社会与情感能力培养路径,还可以借助一些可操作的、经实践检验确实有效的方法和技术来提高育人效果。这些策略、技术、方法,可能来自心理学、社会学、管理学等不同的学科领域,可能是一线教师个人教育教学的经验总结,也可能由多主体共同参与、开发和建构。无论是哪种来源,只要能达到帮助学生调节情绪、提升情感能力的目的,都值得尝试使用。

当前,国内外研究者已在实践中摸索出多种方法和技术来培养学生的社会与情感能力。有的方法通过对学生进行心理健康疏导来培养学生的情绪情感能力,如认知行为疗法(CBT)就是一种广泛应用的心理治疗方法,通过帮助个体识别和改变负面的思维和行为模式,从而改善个体的情绪情感和心理健康。与之类似的是情感焦点治疗(EFT),它将个体的情感体验作为治疗对象,认为个体的情感体验对其心理健康有着重要的影响,通过探讨学生的情感体验来解决学生的心理问题。还有方法将艺术与心理治疗相结合,即艺术治疗(Art Therapy),利用绘画、雕塑、戏剧、音乐等艺术媒介来表达和探索学生的情感、思维和内心体验,在轻松愉悦的氛围中帮助学生处理内心冲突、发展人际技能、增加自我察觉和自信,获得社会与情感能力的提升。有的研究者则关注具体问题的解决,提出了解决问题疗法(PST),经由明确问

---

① 夏锡梅,侯川美.情绪智力与中学生攻击行为的关系:道德推脱的中介作用[J].中国特殊教育,2019(02):91—96.

② 毛亚庆,杜媛.社会情感学习与学校管理改进[M].北京:北京师范大学出版社,2021.

题、设立目标、制定解决方案、实施行动计划等步骤，帮助学生识别和解决遇到的问题，从而更好地应对挑战，提高自我效能感和控制感，尤其适用于学生的人际关系处理、压力应对等问题。也有方法强调问题解决的情境性，融合中国传统文化以及第三代认知行为治疗技术，情境心理治疗(SPT)应运而生，作为一种新的团体心理治疗技术，倡导者认为个体在不同情境下的行为和情感会有所不同，要通过个体心理之间及其与所处情境之间的互动来调整学生的身心健康。更有研究者在系统观的视域下提出了一种以家庭为工作对象、对家庭进行心理干预的团体心理治疗模式——系统性家庭治疗(SFT)，该治疗技术通过改变家庭成员的互动和沟通方式来改善家庭系统与个体的心理健康，对于建立和谐的亲子关系颇有成效。不同方法和技术的涌现为青少年的社会与情感能力培养提供了多样化的路径，协助他们更有效地应对生活中的各种挑战，建立积极的情感纽带，增强自我调控的能力，从而为他们的心理健康和全面发展奠定了坚实的基础。

本组案例呈现了多种具体的、操作性强的社会与情感能力培养技巧，展现了各种前沿技术在中国教育实践中的应用，如绘画艺术疗法、教育戏剧、焦点解决技术、团体辅导等，有的指向情绪调节、有的指向情感沟通、有的指向共情能力培养、有的指向群体的情感发展……不仅结合具体问题、具体事件对如何使用某种技术、方法进行了介绍，还展现了技术实施过程、实施效果，以及实施主体的反思，并指出了运用技术时的注意事项，告诫读者任何方法和技术作为工具都有特定的适用范围和条件，应当结合具体问题和具体情况灵活运用各种方法和技术。

《绘画艺术疗法：情绪的有效调节剂》，探索了一种通过绘画来调节情绪、增进人际关系、促进自我认知的方式，绘画心理活动的关注点不在于绘画技巧，而在于鼓励接纳作品，重视学生的绘画表达过程及情感展露。经实践证明，绘画艺术疗法对社会与情感能力的提升具有显著实效。

《教育戏剧：打开情绪互动之窗》，以《新龟兔赛跑》这一戏剧表演为媒介，创造了一个安全、自由的表达协商环境，潜移默化地影响了学生情感能力的发展。学生在戏剧表演中了打开心扉，学会了换位思考、协商冲突与合理表达自己的观点，进而正确认识了自我。

《教育问诊技术：重建班级社会情感能力的教学实践》，针对班级层面学生社会情感能力缺失或不完善的问题，作者引入了教育问诊技术，先进行初步"问诊"，发现典型事件和典型学生，继而依据七个"治疗"策略进行处理。而对于班集体的整体问题，作者强调要依托教育情境完善班级社会情感能力建构，从而推动学生个体社会情感能力和班集体社会情感能力的共同提升。

《焦点解决技术：提高新生入学适应能力》，针对学生入学初期的不适应问题，采用焦点解决技术来化解新生的不良情绪和心理困扰。焦点解决技术不纠结于当事人问题形成的原因,致力于帮助其发现可以改变的目标,以当事人为问题解决主体,从优势出发,循序渐进,最终实现"滚雪球效应"。

《"正向关注":情绪控制的积极策略》,通过分析一位"打人学生"的转变经历,展示了如何通过"正向关注"提高学生的情绪控制能力。该理念强调要以积极的态度看待学生,关注他们言语和行为的积极面、光明面或长处,利用其自身的积极因素促使其发生积极变化,激发其正向的亲社会行为。

《团体辅导:提升高中生自控力的实践》,针对高中生在自我管理方面普遍存在的"注意力分散,易在诱惑面前缴械投降"问题,设计了以"如何让手机拿起来、放得下"为主题的团体性教育活动,呈现了如何通过团体辅导——利用班会课教育阵地、借助同伴间的榜样互助等方式,提高学生的自控力。

《微型博物馆:搭建幼小衔接的情感桥梁》,针对幼小衔接过程中儿童情绪焦虑、自我管理能力不佳等问题,创设了场景式衔接的专属空间——微型博物馆,并让其中的每一个空间、物件、画面都能和一年级学生建立情感连接,帮助学生在学校里找到归属感和幸福感。同时,学校还研发了配套的"适应性课程工具"。微型博物馆,不仅打开了一个物理上的新型衔接空间,更打通了学生心灵上的情感空间、成长空间与想象空间。

《利用家庭雕塑技巧,培养学生共情能力》,借助对午自修事件的还原、分析、讨论,充分运用心理咨询专用技术——家庭雕塑技巧来培养学生共情能力,从而达到提升学生自我管理和自我教育能力的目的。家庭雕塑技巧,提供了第三视角的意识和经验,可以让班级学生在短时间内增加自身的觉察力和体验的深度,激发其情感层面的自发性、创造力和归属感,在反思中学会新的处理方式。

《以问题链为核心的教学设计:提高抗压力的挫折教育》,以"挫折教育"为内容,围绕教学目标、课程设计、课堂教学、教学实施和教学评价等环节设计专门课程,以问题链为核心,通过情境创设引发学生探究兴趣,引导学生合力探索应对挫折的方法,从而提高学生的抗压能力,帮助学生在面对挫折时勇敢迎接挑战。

参考文献

1. 曹梅. 打开课堂合作学习的黑箱：来自 CSCL 的经验[J]. 教育发展研究，2018，38 (20)：68—74.

2. 陈红燕. 从针对特殊的"治疗"到面向全体的"预防"　提升中小学学生社会与情感能力的德国实践[J]. 上海教育，2021(26)：58—61.

3. 陈永兵，徐志刚等. 情感文明学校的理论与操作实务[M]. 北京：北京师范大学出版社，2020.

4. 杜媛. 融合教育环境下特殊需要学生社会情感能力的培养路径[J]. 现代特殊教育，2023(03)：14—20.

5. 范国睿. 教育生态学[M]. 北京：人民教育出版社，2000.

6. 黄忠敬. 从"智力"到"能力"——社会与情感概念史考察[J]. 教育研究，2022，43 (10)：83—94.

7. 黄忠敬. 社会与情感能力：国际测评与中国表现[J]. 上海教育，2021(26).

8. 黄忠敬等. 社会与情感能力：理论、政策与实践[M]. 上海：华东师范大学出版社，2022.

9. 康翠萍，徐冠兴，魏锐，刘坚，郑琰，刘妍，甘秋玲，马利红. 沟通素养：21 世纪核心素养 5C 模型之四[J]. 华东师范大学学报（教育科学版），2020，38(02)：71—82.

10. 劳伦斯·E. 夏皮罗，扎克·佩塔海勒，安娜·F. 格林沃尔德. 美国儿童情绪自控训练手册：帮助孩子克服执拗易怒等坏情绪问题的心理课[M]. 孙晓敏，译. 北京：北京科学技术出版社，2020.

11. 李斌，缪露. 情感哲学与情感教育[M]. 西安：西北工业大学出版社，2015.

12. 李家莲. 情感的自然化[M]. 北京：社会科学文献出版社，2022.

13. 李建华. 道德情感论：当代中国道德建设的一种视角[M]. 北京：北京大学出版社，2011.

14. 露丝·雷斯. 情感的演化：20 世纪情绪心理学简史[M]. 李贯峰，译. 武汉：华中科技大学出版社，2020.

15. 卢立涛，王泓瑶，梁威. 以班本教研提升特殊学生群体社会情感能力[J]. 中小学管理,2021(02):53—55.

16. 马丁·霍夫曼.移情与道德发展:关爱和公正的内涵[M].杨韶刚,万明,译.哈尔滨:黑龙江人民出版社,2003.

17. 迈克尔·L.弗雷泽.同情的启蒙:18世纪与当代的正义和道德情感[M].胡靖,译.南京:译林出版社,2016.

18. 迈克尔·斯洛特.关怀伦理与移情[M].韩玉胜,译.南京:译林出版社,2022.

19. 毛亚庆,杜媛.社会情感学习与学校管理改进[M].北京:北京师范大学出版社,2021.

20. 乔纳·森特纳,简·斯戴兹.情感社会学[M].孙俊才,文军,译.上海:上海人民出版社,2007.

21. 乔纳森·海特.正义之心:为什么人们总是坚持"我对你错"[M].舒明月,胡晓旭,译.杭州:浙江人民出版社,2014.

22. 乔舒亚·格林.道德部落:情感、理智和冲突背后的心理学[M].论璐璐,译.北京:中信出版社,2016.

23. 莎伦·R.克劳斯.公民的激情:道德情感与民主商议[M].谭安奎,译.南京:译林出版社,2015.

24. 苏娜.社会责任教育的现状调查及教育对策[J].教育研究,2018,39(06):54—59+86.

25. 维尔纳·巴腾斯.情感暴力[M].王烈,译.北京:北京联合出版公司,2022.

26. 唐一鹏,郑杰,孙晓雪,黄忠敬.协作能力:中国青少年社会与情感能力测评分报告之三[J].华东师范大学学报(教育科学版),2021,39(09):62—76.

27. 吴念阳,张东昀.青少年亲子关系与心理健康的相关研究[J].心理科学,2004(04):812—816.

28. 夏锡梅,侯川美.情绪智力与中学生攻击行为的关系:道德推脱的中介作用[J].中国特殊教育,2019(02):91—96.

29. 徐冠兴,魏锐,刘坚等.合作素养:21世纪核心素养5C模型之五[J].华东师范大学学报(教育科学版),2020,38(02):83—96.

30. 扬·普兰佩尔.人类的情感:认知与历史[M].马百亮,夏凡,译.上海:上海人民出版社,2021.

31. 朱晓斌.教师与学生情感行为的发展[M].北京:教育科学出版社,2014.

32. 张海芸.论随班就读智力落后儿童缺乏自信心的原因和对策[J].中国特殊教育,2006(04):10—13.

33. Baumberger-Henry, M. Cooperative learning and case study: Does the combination improve students' perception of problem-solving and decision-making

skills? [J]. Nurse Education Today，2005，25(3)，238 - 246.

34. Fuller，M. C.，Ura，S. K.，Vannest，K. J. Improving cooperation skills through a mnemonic for self-monitoring[J]. Intervention in School and Clinic. 2020，55(5)，294 - 300.

35. Johnson，D. W.，Johnson，R. T. An educational psychology success story：Social interdependence theory and cooperative learning [J]. Educational Researcher，2009，38(5)，365 - 379.

36. Kids in Transition to School. 5 Tips for Teaching Cooperation[EB/OL]. [2023 - 08 - 09]. https://kidsintransitiontoschool. org/5-tips-for-teaching-cooperation/

37. National Center for Learning Disabilities. 7 Principles for Serving Students with Disabilities & Intersectional Identities through Social Emotional Learning Approaches. [EB/OL]. (2021 - 06 - 08) [2023 - 08 - 09]. https://ncld. org/inclusive-social-emotional-learning-for-students-with-disabilities/7-principles-for-serving-students-with-disabilities-intersectional-identities-through-social-emotional-learning-approaches/.